中国支付结算丛书

Transforming Payment Systems in Europe

欧洲支付体系的变革

［波兰］雅各布·戈尔卡（Jakub Górka） 编

邱甲贤 童 牧 田海山 杨钟祎 等 译

 中国金融出版社

责任编辑：黄海清　白子彤
责任校对：潘　洁
责任印制：张也男

First published in English under the title
Transforming Payment Systems in Europe
edited by Jakub Górka
Copyright © Jakub Górka 2016
This edition has been translated and published under licence from Springer Nature Limited.
All Rights Reserved
北京版权合同登记图字 01－2019－0163
《欧洲支付体系的变革》一书中文简体字版专有出版权属中国金融出版社所有，不得翻印。

图书在版编目（CIP）数据

欧洲支付体系的变革/（波）雅各布·戈尔卡编；邱甲贤等译.—北京：中国金融出版社，2020.11
（中国支付结算丛书）
ISBN 978－7－5220－0856－1

Ⅰ.①欧… Ⅱ.①雅…②邱… Ⅲ.①支付方式—研究—欧洲 Ⅳ.①F830.73

中国版本图书馆 CIP 数据核字（2020）第 204278 号

欧洲支付体系的变革
OUZHOU ZHIFU TIXI DE BIANGE

出版发行　中国金融出版社
社址　北京市丰台区益泽路 2 号
市场开发部　（010）66024766，63805472，63439533（传真）
网上书店　http://www.chinafph.com
　　　　　（010）66024766，63372837（传真）
读者服务部　（010）66070833，62568380
邮编　100071
经销　新华书店
印刷　北京市松源印刷有限公司
尺寸　169 毫米×239 毫米
印张　14.75
字数　258 千
版次　2021 年 2 月第 1 版
印次　2021 年 2 月第 1 次印刷
定价　56.00 元
ISBN 978－7－5220－0856－1
如出现印装错误本社负责调换　联系电话（010）63263947

译　　序

信息和网络技术的发展，促使支付体系快速电子化转变过程中，银行卡、预付卡、电子钱包、移动支付、二维码支付、区块链技术及数字货币等新兴支付工具和支付方式随之加速演变，支付体系的发展在社会经济金融活动中发挥着越来越重要的作用。

全球实践和研究显示，以挪威、瑞典、芬兰等为代表的欧洲国家的电子支付起步早且发展领先全球。虽然我国非现金支付工具起步较晚，但伴随着我国互联网市场的爆发式增长，以第三方支付为代表的支付市场在近几年迅速发展并领先全球。然而，与市场快速发展相比，支付研究却非常缺乏，国内支付领域的研究更是远远落后于市场的发展。与此同时，尽管国内外关于支付方面的研究不多，但欧美少数国家从不同角度对支付相关问题进行了相对全面和深入的研究，如挪威、瑞典等国家长期以来进行了全国性的支付工具成本收益的调查和核算，美国、加拿大等国家进行了较为全面的用户支付工具选择的调查和研究，等等。为加快我国支付领域的研究，以解决当前我国该领域快速发展过程中的问题，支撑相关政策的制定，更需要全面了解当前国内外支付体系发展现状以及当前对于前沿问题的研究。

支付的研究是在最近20年随着以银行卡为代表的电子支付发展才逐渐受到学者们的关注，具有理论基础缺乏、研究不足等特点。支付作为一个交叉性领域，涉及经济、金融、管理、技术创新等多学科知识，研究涉及范围广、难度大且研究人员少。《欧洲支付体系的变革》一书各章节由Bartzsch、Bott、Jonker等10位来自比利时、芬兰、德国、荷兰和波兰5个国家的中央银行、大学、商业银行等机构长期从事支付领域工作和研究的专业人士撰写，涵盖了如银行卡交换费问题及监管、银行和非银行支付机构间竞争、区块链技术下数字货币的影响、移动支付的发展、非现金对现金的替代及影响、消费者支付工具选择等当前欧洲支付体系最新现象和各类前沿问题。各章节采取不同方法对各类支付问题进行了分析，涉及管理学、经济学、计算机等学科领域。例如，第3章引入行为经济学中的"自由家长制"（libertarian paternalism）理论分析消费者对支付工具选择；第 4 章通过向量误差修正模型、动态线性回归模型分析了现金、非现金支付工具间的发展和替代关系；第 5 章采用双边市场理论，分析了近 20 年全球争议不断的银行卡交易费制定和监管问题；第 2 章、第 6 章采用市场调查和统计数据，分析移动支付市场及现金和非现金影响因素；第 7 章、第 8 章分别对移动支付市场新技术和区块链技术进行了阐述和分析。该书不仅体现了当前全球支付领域的最新发展和问题，更体现了全球支付领域的前沿研究观点，对我国支付体系发展、政策制定和学科研究具有较强的参考、借鉴价值和意义。

本书在中国金融出版社的帮助下，自 2018 年底起开始组织翻译工作，由邱甲贤、童牧和田海山主持，西南财经大学大数据研究院和中国支付体系研究中心师生共同合力完成。该书翻译过程中前后进行了超过六次翻译和修订，范苗苗、张楚格、朱昕瑶、任政夷、张伟、苗雨莹、蒋富媛、崔琪、周申豪、王亚敏、白胜高、雍驰、陈新雁、杨钟祎、李玉卓、王震寰、胡宇辰、何辉、郭志勇参与部分章节译稿和校稿，邱甲贤负责整本书译稿和最终修订。本书译者长期从事支付体系研究工作，至今出版了《大额支付结算的经济学分析：中央银行视角的理论与政策》《货币、支付与流动性》《支付体系的制度变迁与货币政策》《支付工具成本收益与定价研究》等多本"中国支付结算丛书"专著和译著，《欧洲支付体系的变革》一书将进一步丰富丛书内容。希望本书的出版能为当前从事和有志于未来从事支付研究和工作的人士提供一些思路和启发，对当前还未成形的支付体系研究理论的建设有所助力。

本书所涉及学科知识范围广、专有词汇多，很大程度上加大了翻译的难度。特别感谢中国金融出版社编辑部老师对本书修订给出的详细建议，大幅度提升了本书翻译的质量。限于译者认知和能力有限，存在翻译不足或不当之处，欢迎和感谢各界专家指正。为便于读者将文中人名、产品名、公司名等和注释、参考文献对应起来，本书并未对该类词汇进行翻译；同时，原著中个别图表只是为了呈现变化趋势，所以未对图表中数值加上单位，为尊重原著，译者未对此进行订正。

本书得到了国家自然科学基金青年项目（71603031）"基于支付结构视角的支付工具成本收益与定价研究"、中央高校基本科研业务费专项资金（JBK2004022、JBK2003014）"欧洲支付体系的变革"和"基于用户两阶段选择的支付工具市场演化及影响机制研究"资助。

邱甲贤
2020 年 8 月

致所有对货币和支付体系的狂热者

目　　录

图片列表 ·· IX

表格列表 ·· XI

前言及致谢 ··· XIII

参与者简介 ··· XIX

1　一个支付市场——21世纪数字经济下的支付选择
　　Jürgen Bott 和 Udo Milkau ·· 1

2　欧洲：从现金交易到非现金交易的转变
　　Janina Harasim ·· 23

3.　"助推"可以推动我们进入一个更少现金的社会吗？
　　Leo Van Hove ·· 56

4　德国的现金持有量和对"德国"钞票的需求：非现金支付扮演怎样的角色？
　　Nikolaus Bartzsch 和 Franz Seitz ··· 93

5　规范银行卡支付交换费
　　Nicole Jonker ··· 123

6　IBANs 还是 IPANs？在银行和非银行支付服务提供商之间创造一个公平的竞争环境
　　Jakub Górka ··· 149

7 移动支付：第二次浪潮
   Malte Krueger ………………………………………………………… 176

8 去中心化区块链和中心化实时支付账本：发展趋势和基本要求
   Harry Leinonen ……………………………………………………… 195

图片列表

图 1.1　从现金经济（左）到当前银行四方支付（右）的示意图 ……………… 3
图 1.2　中央分类账的"商业平台"（左）与去中心化的共识系统（右）
　　　　之间的比较 …………………………………………………………… 8
图 1.3　三种通用类型间可能的发展或混合的比较："市场竞争"
　　　　的可互操作银行，"竞争市场"的业务平台，以去中心化、
　　　　平等的点对点网络为第一原则设计的分布式共识系统 …………… 11
图 2.1　按区域划分的支付工具组合分布 ………………………………… 26
图 2.2　在欧盟内部使用非现金支付工具的交易量 ……………………… 27
图 2.3　2005—2020 年欧洲非现金交易量增长和现金交易量占比 ……… 28
图 2.4　2001—2013 年现金价值占狭义货币（M1）的百分比 ………… 29
图 2.5　现金占狭义货币（M1）的百分比——2013 年的跨国比较 …… 30
图 2.6　2012 年欧盟国家零售支付交易量中现金的占比 ………………… 31
图 2.7　各国声称较 12 个月以前更少使用现金的人所占比例 …………… 32
图 2.8　为减少现金使用需要克服的挑战 ………………………………… 33
图 2.9　2011 年和 2014 年拥有支付账户的欧盟公民 …………………… 36
图 2.10　新技术创新的接受率 …………………………………………… 38
图 2.11　2013 年全球 B2G 电子商务中各区域所占份额 ………………… 39
图 2.12　欧洲市场支付工具使用占比变化（2005—2020e） …………… 41
图 2.13　非接触式支付普及的决定因素 ………………………………… 43
图 3.1　社会现金成本占 GDP 的百分比 ………………………………… 60
图 4.1　流通中的德国钞票 ………………………………………………… 94
图 4.2　流通中的欧元 ……………………………………………………… 98
图 4.3　德国欧元的金额区域分布 ………………………………………… 99
图 4.4　德国欧元的发行量占比区域分布 ………………………………… 100
图 4.5　德国和欧元区的欧元累计净出口 ………………………………… 100
图 4.6　德国货币的出货量（按面额大小） ……………………………… 101

图 4.7	德意志联邦银行投入流通的各面额欧元数量占比结构	102
图 4.8	除德国外的欧元体系投入流通的各面额欧元数量占比结构	102
图 4.9	现金和银行卡在零售支付中的价值比重	103
图 4.10	欧盟的银行卡支付	103
图 4.11	德国银行卡支付的交易量	106
图 4.12	小、中、大额现金的实际价值	107
图 4.13	小额现金的向量误差修正模型内生变量	110
图 4.14	短期误差序列	112
图 4.15	长期误差序列	113
图 4.16	大额现金的向量误差修正模型内生变量	114
图 4.17	短期误差序列	116
图 4.18	长期误差序列	116
图 4.19	中额现金的协整方程	118
图 5.1	四方模式的银行卡产品和支付流程	125
图 5.2	2011 年欧洲各国银行卡支付使用差异大	128
图 5.3	2011 年欧盟国家的高银行卡使用率与低交换费关系	129
图 6.1	2014 年欧盟各国电子货币机构数量	155
图 6.2	当前支付机构和电子货币机构的运作方式	163
图 6.3	手机钱包的功能	169
图 7.1	肯尼亚客户交易日均金额	182
图 7.2	Apple 向发卡机构提供的服务	185
图 8.1	传统电子支付基础设施	203
图 8.2	基于证券结算的支付基础设施	204
图 8.3	虚拟货币支付基础架构	205

表格列表

表 1.1　基于付款人和收款人角度，当前端对端的购买和支付流程中支付方式的分类 ⋯⋯⋯⋯⋯⋯⋯⋯⋯⋯⋯⋯⋯⋯⋯⋯⋯⋯⋯⋯⋯⋯⋯⋯ 6
表 1.2　基于 Pratz 等人（2013）描述的方法，欧洲银行业的收入发展 ⋯⋯⋯ 8
表 1.3　可互操作系统、中心化平台、去中心化分布式账本系统类型三者之间的比较 ⋯⋯⋯⋯⋯⋯⋯⋯⋯⋯⋯⋯⋯⋯⋯⋯⋯⋯⋯⋯⋯⋯⋯⋯⋯⋯ 12
表 2.1　按结算类型使用的现金和非现金工具 ⋯⋯⋯⋯⋯⋯⋯⋯⋯⋯ 24
表 2.2　2008—2012 年按地区划分的非现金交易——数量和增长 ⋯⋯⋯ 25
表 2.3　2013 年特定支付工具在非现金交易量中所占份额最大的国家 ⋯⋯ 27
表 2.4　流通中的纸币和硬币量占 GDP 的百分比 ⋯⋯⋯⋯⋯⋯⋯⋯⋯ 28
表 2.5　替代现金的创新支付工具 ⋯⋯⋯⋯⋯⋯⋯⋯⋯⋯⋯⋯⋯⋯ 42
表 2.6　监管框架对支付市场的影响 ⋯⋯⋯⋯⋯⋯⋯⋯⋯⋯⋯⋯⋯ 46
表 2.7　欧洲国家现金支付的限制汇总 ⋯⋯⋯⋯⋯⋯⋯⋯⋯⋯⋯⋯ 48
表 4.1　单位根检验 ⋯⋯⋯⋯⋯⋯⋯⋯⋯⋯⋯⋯⋯⋯⋯⋯⋯⋯⋯ 108
表 4.2　协整秩检验 ⋯⋯⋯⋯⋯⋯⋯⋯⋯⋯⋯⋯⋯⋯⋯⋯⋯⋯⋯ 110
表 4.3　小额纸币向量误差修正模型的预测和检验结果 ⋯⋯⋯⋯⋯⋯ 111
表 4.4　协整秩检验 ⋯⋯⋯⋯⋯⋯⋯⋯⋯⋯⋯⋯⋯⋯⋯⋯⋯⋯⋯ 114
表 4.5　大额现金向量误差修正模型的预测和诊断检验结果 ⋯⋯⋯⋯ 115
表 4.6　中额现金 DOLS 方程的估计和诊断检验统计 ⋯⋯⋯⋯⋯⋯⋯ 117
表 5.1　欧盟国家借记卡和信用卡的平均交换费 ⋯⋯⋯⋯⋯⋯⋯⋯⋯ 129
表 5.2　三大洲间的银行卡使用和交换费用之间没有关系 ⋯⋯⋯⋯⋯ 130
表 5.3　不同监管规则概述 ⋯⋯⋯⋯⋯⋯⋯⋯⋯⋯⋯⋯⋯⋯⋯⋯⋯ 139
表 6.1　各国的国际银行账户号码（IBAN）示例 ⋯⋯⋯⋯⋯⋯⋯⋯ 157
表 6.2　波兰的国际银行账户号码（IBAN）结构 ⋯⋯⋯⋯⋯⋯⋯⋯ 157
表 6.3　国际银行账户号码发布的信息（2015 年 6 月）⋯⋯⋯⋯⋯⋯ 159
表 7.1　调查结果：您在互联网上信任哪些支付服务提供商？⋯⋯⋯⋯ 189
表 8.1　部分虚拟货币发行策略示例 ⋯⋯⋯⋯⋯⋯⋯⋯⋯⋯⋯⋯⋯ 202

前言及致谢

如今移动及电子钱包、即时支付、加密货币、大数据、云计算、可穿戴、非接触、单击购买、社会媒体、物联网等是我们每天都能阅读和听到的流行词汇。人们不仅逐渐了解到这些关于科技的词汇，更热衷于发现一切新产品和新科技相关的事物。消费者和商业习惯在不断创新的推动下发生了前所未有的加速变化。

欧洲和全球支付格局正在经历一个持续转变的过程。尽管很难预测未来长期的发展，但这本书试着去分析当前的问题和趋势，这将有助于了解和确定未来发展方向。

本书共8章，涵盖了一些关于欧洲支付体系的热门话题，如现金和非现金支付工具的替代、支付成本，现金/存款需求和支付文化等基本问题，以及双边平台、互操作性、私人电子货币、分类账户、区块链、移动支付、监管挑战及银行和非银行支付机构间的竞争等一些新的支付现象和问题。

第1章中，Jürgen Bott和Udo Milkau分析了支付如何从基于现金的支付系统到当前可互操作账户网络、集中式业务平台及最终去中心化虚拟货币点对点系统（如比特币）的演进。Bott和Milkau强调数字化的影响，认为数字化引起了支付服务巨大的增长，使市场出现新支付中介并建立起安全和可信赖的银行基础设施，货币可通过信用转账、直接借记、银行卡及最近的混合支付机制等非现金支付工具转移。数字化在付款方和收款方这个双边市场产生了破坏性的创新。它的结构变得更加多层次化和复杂化，可持续增大与动态破坏相伴而生。单一欧元支付区（SEPA）项目促进了欧洲支付的一体化和标准化，它为传统领域银行和非银行之间的竞争（零售支付中的竞争与合作关系），以及中心化支付平台（传统银行平台、卡支付平台和以PayPal为代表的可选择型的支付业务平台）之间的竞争提供了指导方针、规则和规章。Bott和Milkau发现一种逐渐加强且越来越重要的破坏性创新，如去中心化支付数字货币将不需要银行中介和中央信用机构（如中央银行）。这种去中心化机制是基于区块链协议的一个分布式的、公开的和透明的记账方式。对此，作者分析了这种创新的优点和缺陷。

第2章中，Janina Harasim 概述了现金和非现金支付工具（如信用转账、直接借记、银行卡、支票和电子货币）的发展趋势，描述了欧洲和全球支付组合的变化。她使用近几年现金和非现金支付工具需求的最新统计数据，预测现金使用会下降，以及即使是针对小交易金额，也会有更便宜和更好的替代性支付工具。她认为解决金融普惠和金融教育问题很重要，是发展非现金支付的先决条件。此外，她认为诸如非接 EMV 卡、近场和远程移动支付、电子钱包、电子信用转账和电子直接借记等支付工具的创新具有很大的潜力。然而，对于创新的快速发展，她强调其关键性的决定因素，特别是需要解决临界规模问题，并建立共同的技术标准，加强支付相关利益方的合作和激励消费者和商户。如修订的《支付服务指令Ⅱ》（PSD2）、《交换费条例》（IF/MIF 规则）和国家现金限制条例等欧洲相关支付制度，对零售支付市场及其参与者产生了影响。如 Harasim 所认为的，尽管制度的设置并不总是能达到其目的，但也不能低估其作用。在流通中减少现金使用的关键因素是消费者愿意改变他们的支付习惯。

第3章中，Leo Van Hove 验证了"自由家长制"是否提供了新的方式来阻止消费者使用现金。关于"自由家长制"或"助推"的概念源于行为经济学，是指选择中很小变化可以影响消费者决策，如通过引导消费者使用某种支付工具。Van Hove 解释了什么是所谓的"助推"，即提供软激励措施，太强或太具有侵略性的激励并不能称为"自由家长制"。他在为所谓的"现金战争"（war on cash，WOC）辩护时提到中央银行关于支付工具社会成本的研究，这些研究表明，相比借记卡而言，现金支付是一种非常昂贵的支付方式。因此，从政策角度而言，应减少现金使用。此外，Van Hove 详细阐述了政府、中央银行、商业银行和商户可以应用到支付领域的"助推"的类型。然而，关于"助推"效应的实证研究很少，对此讨论了4个与这方面相关的研究。最后，他提出在支付工具选择中引入"自由家长制"来改变支付选择是一个值得探索研究的问题。

Nikolaus Bartzsch 和 Franz Seitz 在第4章实证分析了现金是否仍为当前主要的支付工具，或者银行卡是否对现金的需求有负的影响。他们采用向量误差修正模型对德国发行的欧元纸币中小额和大额现金的需求，以及动态线性回归

(DOLS)对中额现金需求分别进行了估计。在欧洲货币体系中，德国是欧元纸币的主要发行者，不仅满足了本国货币的需求，也满足了国外对欧元的需求。根据当前的数据，德国发行的纸币中超过70%在国外流通，而其中很大一部分是在欧元区以外的国家流通。德国欧元纸币累计净发行量的增长几乎完全是由外国需求驱动的。Bartzsch和Seitz认为持有现金有5个方面的原因：交易、财富储存、可选择的支付工具、影子经济的规模以及非居民的需求。他们通过选择适当的变量对此进行经济验证，并解释现金的需求。对于小额、中额和大额不同类型的现金需求估计结果和结论不同，然而研究表明，现金仍然是一种重要的支付工具。欧元在欧元区外受到了高度肯定，因此表现出国外对于欧元的强劲需求。与此同时，还有其他因素在不同程度上影响着现金的持有。Seitz和Bartzsch采用短期和长期动态模型，估计了银行卡支付相对于其他支付手段而言对交易和储藏的影响。

第5章中，Nicole Jonker着重于分析银行卡交换费，或者更具体而言，是不同国家在其制度下的银行卡交换费。四方银行卡模式下，交换费是由收单行支付给发卡行的费用。长期以来，交换费一直被质疑增加了商户受理银行卡的成本，并由此间接增加了消费者零售价格（双边市场）。经过多年的诉讼和调查，不同国家公共当局决定通过限制这些费用进行干预，并通过引入其他政策来提高支付市场透明度和市场竞争。Jonker讨论了澳大利亚、美国、西班牙、波兰和欧盟所采取的监管措施，这些国家和地区近年来使用2015年6月开始生效的交换费条例形式，并对各国家和地区的监管措施进行了比较，总结了所存在的相似性和不同之处。Jonker评估了这些措施的利弊，并试图分析确定其对支付市场和其参与者（主要是消费者和商户）的影响。

Jakub Górka在第6章讨论了如何使非银行支付服务提供商—支付机构（Payment Institutions，PIs）和电子货币机构（Electronic Money Institutions，EMIs），与根深蒂固的传统银行具有同等的竞争地位。他认为几个相互关联的问题至关重要：（1）具有按照国际银行账号标准分配账号的权利；（2）能接入指定支付系统和中央银行基础设施；（3）可通过第三方（TPPs）接入银行账号。Górka根据国际标准和现行立法[包括修订后的《支付服务指令Ⅱ》(PSD2)]对这些问题进行了分析。Górka进行了关于国际银行账户号码（IBANs）/国际支付账户号码（IPANs）调查，并试图在单一欧元支付区国家建立主管部门负责分配银行标示符/分类代码，以及允许非银行支付服务提供商为其用户支付账户发行 IBANs/IPANs。并且为了解这些市场新进入机构与银行的区别，Górka 进行了关于支付机构（PIs）和电子货币机构（EMIs）理论的风险评估。Górka 认为这些新进入者在促进欧洲支付市场竞争和创新中起到了非常重要的作用，其所提供的服务包括移动钱包（在未来移动钱包可能成为具有即时支付功能的完全成熟的支付账户）将给消费者和企业带来增值。

第 7 章中，Malte Krueger 讨论了移动支付。正如他所展示的，移动支付受到了繁荣和萧条周期的影响。文中描述了两次移动支付浪潮：第一次发生在 2000 年网络泡沫之前；第二次发生在现在。两次繁荣被 10 年的市场停滞区分开。Krueger 研究了在欧洲成功推出移动支付的关键因素，到达临界规模并非易事。Krueger 首先分析一些新技术，如近场通信（NFC）、主机卡模拟（HCE）和代币化（tokenisation）等技术随着智能手机和移动网络的普及而增长。本章介绍了 M－Pesa、Apple 和 Square 的成功案例，以及移动点对点支付和实时资金转账。Krueger 还指出不同的支付服务提供商，包括电信、银行和购物平台具有的不同作用，探讨了欧洲政策并作出了批判性评论，总结和分享了他对未来移动支付发展的看法。

Harry Leinonen 在第 8 章中对当前正在发展的去中心化的区块链和常见的基于分类记账的支付系统，以及已经存在多年的传统中心化的批量支付系统进行了比较。比特币、莱特币、点点币和其他虚拟货币数量不断增长且越来越受欢迎，并对此进行了详细的分析。Leinonen 介绍了区块链技术，指出该技术可以应用到除了虚拟货币系统外的其他领域，如传统支付或证券清结算系统。他强调去中心化的区块链账本的优点在于可以在基于云的环境中提供全球性的实时支付，并对虚拟货币结算媒介、账户单位和金融工具等功能进行了分析。关于比特币成本、独立于第三方机构或即时性交易确认过程的一些错误传言在本章中得到澄清。此外，Leinonen 还描述了比特币系统相对于国家货币价值的缺陷及其风险。他认为将虚拟货币纳入监管范围虽是一项挑战，但也是必然需要，并建议对不同交易或业务类型虚拟货币提供许可认证，以保护消费者权益并确保市场公平竞争。

本书各章节由来自 5 个国家（比利时、芬兰、德国、荷兰和波兰）公共和私有机构的学者和专业人士撰写，目的是确保能从不同的视角提出不带偏颇性

前言及致谢

的观点。令人惊讶和值得强调的是,所有这些观点都是相互补充的。欧洲支付体系正经历着多方面不断的变革,其中多方面在本书中均进行了分析。

感谢我的同事,即各章节的作者,很高兴能和他们在这个令人激动的项目上进行合作。此外,感谢麦克米兰出版社(Palgrave Macmillan)的编辑们,对本书的出版提供了很多的帮助。

参与者简介

Nikolaus Bartzsch 在德国德意志银行工作，负责包括对现金需求进行预测、建模、拆分和德国现金周期性分析，并公开发表了一些上述问题的文章。Nikolaus Bartzsch 在波恩大学完成经济学学习后，参与了汉堡州立银行的实习生项目。2000 年，Nikolaus Bartzsch 进入德意志银行经济部门，并从事货币市场流动和金融账户相关工作。

Jürgen Bott 是德国凯泽斯劳滕应用科技大学的教授，也是几所大学和商学院的客座教授和讲师。在他获得法兰克福大学的博士学位之前曾就职于摩根大通、德意志银行和麦肯锡。Jürgen Bott 是欧盟委员会的学术顾问和监事会成员，同时也是多家银行和国际组织（包括国际货币基金组织）的顾问。

Jakub Górka 是波兰华沙大学管理系的助理教授，目前也是支付体系市场专家组（PSMEG）成员，帮助欧盟委员会进行支付问题相关的立法或政策的制定。他曾完成两本关于支付和货币的书籍以及大量的研究论文、报告和商业文章。Jakub Górka 为波兰国家银行、财政部门以及从事支付业务的私营非营利机构和商业企业提供了专业的意见。

Janina Harasim 是波兰卡托维斯经济大学银行和金融市场教授，是分管科学、研究和学术人员发展的副校长，波兰科学院成员。她讲授的课程包括银行竞争战略、支付体系和零售市场。Janina Harasim 近期的研究聚焦于零售银行、金融服务和零售支付市场的变革等相关问题，并独立或合作研究公开发表了 120 多篇研究文章，是波兰银行协会建立的非现金支付和小额支付联盟的监事会成员。

Nicole Jonker 是荷兰中央银行零售支付体系政策部门的高级经济学家，参与了各种实证研究，相关论文发表在诸多国际期刊上，如 *Applied Economics*，*De Economist*，*Journal of Banking and Finance*，*Journal of Economic Perspectives*，*Journal of Economic Behavior and Organization*，*Journal of Financial Market Infrastructures*，*Kyklos and Review of Network Economics*。Nicole Jonker 获得了阿姆斯特丹大学经济

学博士学位,参与了零售支付体系相关(包括银行卡和交换费)的政策制定工作。

Malte Krueger 是德国阿沙芬堡应用科学大学经济学教授,并在法兰克福做 PaySys① 咨询顾问。Malte Krueger 获得科隆大学经济学博士学位,曾在西班牙银行、安大略西部大学、杜伦大学、卡尔斯鲁厄大学、法兰克福大学及欧洲委员会做研究员。他关于支付问题的研究文章发表在多期学术和行业杂志上。

Harry Leinonen 是芬兰财政部门金融市场部的金融顾问,工作重点为支付和结算体系。多年来,他参与了多个国内和国际委员会(特别是欧洲中央银行和委员会)关于支付和证券问题工作小组的工作。Harry Leinonen 曾在芬兰银行业进行了 20 多年与支付系统活动相关的工作,之后几年在芬兰银行担任顾问,发表和出版了多篇和多本相关问题的文章和书籍。

Udo Milkau 是德国中央合作银行战略和市场发展部门的负责人。毕业之后,他在 CERN、CEA de Saclay 和 GSI 担任研究科学家。他在获得了法兰克福歌德大学博士学位后,进入德国中央合作银行之前,在汽车行业和咨询公司担任管理职务,也曾担任法兰克福歌德大学的兼职讲师。目前 Udo Milkau 是布鲁塞尔欧洲合作银行协会支付服务工作组和欧洲中央银行业务经理联络小组(OMCG)成员。

Franz Seitz 是德国威登应用科技大学经济学教授,获得了雷根斯堡大学的博士学位,在此之前曾在德意志联邦银行工作,在德国和国际期刊上发表了大量关于支付体系和现金相关问题的研究论文。多年来,Franz Seitz 一直担任欧洲中央银行和德意志联邦银行顾问。

Leo Van Hove 是布鲁塞尔自由大学的经济学教授,讲授课程包括货币经济学和信息经济学。他目前的研究领域包括支付工具、网络效应、电子商务和融资渠道,相关的研究文章发表在 *Journal of Money*, *Credit*, *and Banking*, *International Journal of Electronic Commerce*, *Economic Modelling*, *The Service Industries Journal*, *Energy Economics*, *European Journal of Operational Research*, *and Journal of Media Economics* 等期刊上,是中央银行和支付服务企业定期邀请讲座嘉宾。

---

① PaySys:德国支付系统咨询公司。——编者

1 一个支付市场

——21世纪数字经济下的支付选择

Jürgen Bott 和 Udo Milkau

1.1 引言

Michel Callon 提出了一种界定"市场"（market）的方法，他在《英语》（English language，1998）一书中提出了市场（market）和集市（marketplace）之间的区别："市场是指一种供求相互制约以寻求协调的抽象机制，集市更接近于一般经验，指的是交易发生的地点。""集市"一词意味着买卖双方之间存在有组织的交易，如街头集市或购物中心。这些交易的对象——货物或服务——都有价格，这个价格将在交易结束时支付。

从这个角度来看，支付是交易的一部分（结算价格），但是支付本身存在市场吗？回顾历史，一位英国绅士用英镑（银币）支付给商户（如木匠或裁缝），而用基尼[①]（金币）支付给艺术家或律师；在缺钱的情况下，他可能用汇票（纸）支付，甚至是祖母的瓷器（贵重物品）。支付本身对交易的一方或双方代理都是需要付出代价的，无论是货币还是非货币，如延迟、便利、贸易惯例、形象或信任。如今，用户取决于具体情况，有多种不同的支付工具选择：现金（纸币）、信用转账、信用卡、PayPal、iTunes 账户、荷兰的 iDEAL、英国的 Faster 和 Paym、瑞典的 Swish、中国的支付宝和财付通、肯尼亚的 M-Pesa、食堂代金券、商户奖励积分、Open Metaverse Pent（用于在不同虚拟世界中进行支付的系统）、基于去中心化共识机制的虚拟货币（如比特币）等。

显而易见，这个清单包含了多个不同事物：支付工具、支付系统、支付服务提供者和"数字替代品"。尽管从银行业的角度来看，这份清单似乎是一个奇

---

① 英国旧货币名。——编者

怪的混合体，但这些可以作为消费者的支付选择或作为商户的受理支付选择。德意志联邦银行（Deutsche Bundesbank）董事会成员 Carl–Ludwig Thiele 描述支付的未来将会是"丰富多彩"的（Thiele，2015，原作者英译）。这种"丰富多彩"的发展是一种被称为"市场"的典型新兴现象，正如 Russell Roberts（2005）所定义的："我们称这些［新兴］现象为'市场'。我们在经济学中所研究的大多数市场为买卖双方间分散的、无组织的交互。"

与中央计划和监管的支付系统相比，将支付理解为不同的、动态发展的支付选择是一个新的观点。一方面，支付系统环境可能在几十年内是静态的，但会随着时间的推移而不断演变，包括发展上的飞跃。例如，目前的"数字化"（如互联网和智能手机）以边际差异成本提供了实际上掌握在消费者手中的技术解决方案，这引发了一波新支付产品的浪潮。另一方面，支付只是覆盖了整个商业过程中流程最后的一小部分。支付与这些不同流程中的具体情况密切相关，这取决于行业、情况、交易频率和交易方之间的关系，如与定期向公用事业的变动支付相比，在一家有小费的餐馆中的一次性支付过程显然不同。

为了更深入地了解支付市场以及从现金到可互操作网络、中心化商业平台和去中心化共识系统的发展，有必要首先简要了解一下从以现金为基础的生态系统向具有（工资）银行账户的传统四方支付系统的过渡。这种过渡在 20 世纪 50 年代末 60 年代初在许多欧洲国家出现。

1.2　支付产业化

在许多欧洲国家，工资信封（pay envelope）的时代结束于 20 世纪 50 年代末至 60 年代初。这一发展说明了从以现金为基础的经济向电子支付系统的转变，这种转变是由意识到电子支付优势的创新公司发起的。作为德国一家中型企业的主题专家，Karl Weisser 谈到了支付系统的发展："令人惊讶的是，在电子和自动化时代，许多公司在工资核算和支付方面仍然使用属于日工时代的方法。"（Karl Weisser，1959，原作者英译）这些"实体经济"的创新者将电子和自动化产业模式应用于银行业，并建立了四方支付系统：一方的是公司/商户及其银行，另一方的是雇员/消费者和他们的"零售"银行。在此之前，银行对连接公司/商户和雇员/消费者的贡献主要限于现金分配和收集服务。银行的核心服务，即公司业务（股本、债券和贷款）和零售业务（储蓄与贷款）的期限、规模和风险转换，或多或少与支付是分开的。随着工资账户的引入，银行开始沿着诸如"购买—支付"的流程链，成为经济体系中不可或缺的一部分。

引入零售经常账户以及银行部门之间的支付结算是一项巨大的创新，因为它将银行在运营账户方式中的可信、安全和稳定的优势与电子化和流程自动化产业模式相结合。随着支付的首次产业化（见图1.1），基于账户的零售支付服务已经成为银行核心服务的一部分。电子支付是在银行监管领域建立起来的，支付费用通常由支付的发起者支付。

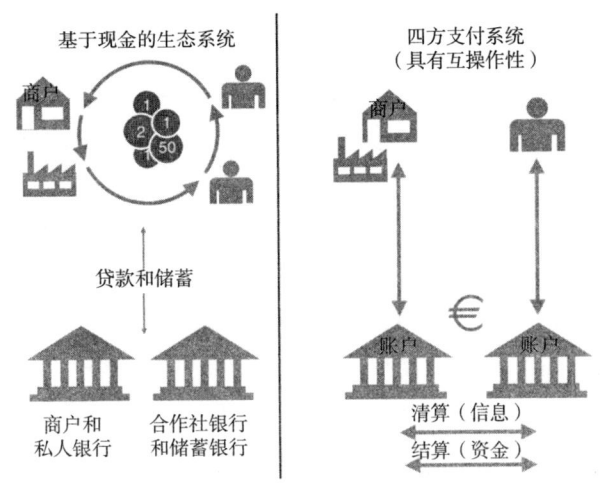

图1.1　从现金经济（左）到当前银行四方支付（右）的示意图

通过几乎无缝地将无现金支付服务纳入银行核心职能，银行丰富了客户的业务流程。它们凭借综合运营和金融特征为经济繁荣作出了巨大贡献。随着支付标准的进一步发展，以现金为基础的格局转变为高效的支付生态系统，因为作为重要组成部分的经常账户几乎是所有电子支付和银行间流动性结算的中心。目前，在德国，约80%的支付交易是消费者与商户之间的"零售"支付（B2C，通过信用转账、直接借记和银行卡支付的账单支付）或企业与雇员之间的支付（包括养老金或社会福利支付），只有大约10%是私人客户之间点对点支付（Milkau，2010）。必须指出的是，在德国零售点的所有支付交易中，大约80%仍然是现金交易（Wörlen等人，2012），而在其他欧洲国家现金交易则少得多。然而，欧洲引入工资账户（和信用卡类似的账户）是我们公认的当今支付产业基础的典型四方支付模式的起源（如Kokkola，2010）[1]。在现实中，现金支付和电子支付多混合使用，而且使用比例在不同国家存在不同。

1.3　支付中的可持续效率与动态中断

基于账户的支付系统已经发展了数十年，且不断优化。欧洲中央银行实证研究发现，零售支付系统的电子化促进了经济增长。采取最充分的支付方式来丰富购物（shopping）和购买（buying）过程对于经济整体具有重要意义（Martikainen 等人，2012）。

欧洲发展的最高点是发展单一欧元支付区（Single Euro Payments Area，SEPA）以协调欧洲经济"成为世界上最具竞争力和最具活力的知识型经济体"（Lisbon Agenda，2000），这是政治议程的一部分。单一欧元支付区支持"欧洲数字议程"（European Commission，2010）："只有一体化的支付市场才有可能为企业和消费者提供安全、高效的支付方式。"欧盟委员会 DG 内部市场和服务部门（European Commission DG Internal Market and Services）最近要求进行的一项研究报告（PwC，2014）显示："单一欧元支付区每年可为所有参与方共同节约 219 亿欧元，这是一笔由价格趋同和流程效率带来的经常性年度收益。"

欧洲银行业从一开始就以欧洲各银行之间自我监管的方式支持单一欧元支付区长期的社会效益。欧洲各银行对单一欧元支付区以及零售支付互操作性进行了大量的投资，因为所有遵守单一欧元支付区计划的参与者都需要对其各自的支付系统负责。在这里的支付中既没有"一般的基础设施"（如电网或电信网络），也没有"公共物品"（如街道或铁路）。

然而，可持续效率的发展和单一欧元支付区的成功引入，并没有解决典型四方支付模式的缺陷。如图 1.1 所示，该模式将支付处理过程与买卖双方间的交互分离开来。数十年来，商品和服务市场中的信息在非银行领域以"非电子方式"进行交换，而与支付相关的信息则随银行内部银行间支付信息清算和资金结算的处理流程一起传输，且银行内部的信息是可以相互操作和使用的。

这种四方模式在市场上没有技术创新时可以很好地运行。但随着"数字化"的飞速发展，支付行业也出现了颠覆性的创新[2]。Clayton M. Christensen（Christensen 和 Bower，1995；Christensen，1997）提出了"颠覆性创新"一词。虽然他的方法被其他人批评缺乏预测能力（如 Danneels，2004），且不能达到超越技术产品的创新[3]（如 Markides，2006），但他的模型却可以很好地适用于支付的变化。他提出（技术）创新出现在细分市场，且最初扎根于简单的产品中，然后发展成为颠覆性的竞争对手。以 PayPal 为例，其源于两家公司（成立于 1998 年和 1999 年的 Confinity 和 X. com），分别通过 Palm Pilot 或电子邮件进行支付。截至 2014 年底，它拥有约 1.57 亿活跃数字钱包。今天，PayPal 是"商业平台"的原型，在 PayPal 分类账中，不同 PayPal 客户的账户之间以预付款方式进行支付交易。与此同时，特别是在德国等欧洲国家，PayPal 发展成为一种新型的支付清算服务，促进了 PayPal 外银行客户账户间的支付流程。在这种情况下，每

1 一个支付市场

笔交易通过单一欧元支付区直接借记或信用卡交易直接与付款人账户结算，且收款人通常在一天结束或一周结束时将其资金转账到他们的银行账户。

2000年以来，这一发展的结果是这些新进入者成为支付领域的中介[4]。这些中介进入银行与支付机构和用户（商户或消费者）之间的传统关系中。可以从两个不同的角度来描述这些新进入者。从客户的角度看，他们为用户的支付需求提供"丰富多彩"的支付解决方案组合。从支付领域的角度看，它们可以区分为三大类：

- 互操作支付系统之上的增值服务提供商；
- 集中式业务平台；
- 去中心化的共识系统（或具有区块链协议的公共账本系统）。

典型的增值服务提供商为卡基支付中的收单机构（在销售点，POS），通常为支付服务提供商（在电子商务中）或"超级商户"（例如，瑞典iZettle公司将廉价的读卡器与智能手机结合在一起，再加上以iZettle的名义代表商户处理信用卡支付）。它们基于传统支付领域，并没有从根本上改变现有的可互操作支付模式。相比之下，集中式业务平台和分布式共识机制则一直在颠覆性地改变原有的支付生态系统[5]。

1.4 单一欧元支付区重装上阵

在关注这些新的发展前，要重点记住这些机会是基于单一欧元支付区的成就。约10年前，欧洲中央银行（ECB，2006）就指出，只有着眼于未来，单一欧元支付区才能显现其主要成效：

> 正如第三次进展报告中所强调的，只有着眼于未来，单一欧元支付区才能显现其主要成效。这就是为什么单一欧元支付区不限于将现有的国家程序、基础设施和标准直接转换为欧洲版本。相反，**单一欧元支付区预测未来10年后的支付体系应该是什么样子，并重视信息技术进步带来的可能性创新**。这迫使欧洲行动者们重新思考迄今为止他们认为理所当然的事情。在此背景下，单一欧元支付区项目在早斯本议程（议程旨在促进欧洲经济的竞争力和活力）中作出了重大贡献。如今，欧洲支付系统在自动化方面通常处于世界领先地位。要保持这种竞争优势，就必须找到创新的解决方案以应对欧洲支付领域的技术挑战（ECB，2006，p.8，作者强调）。

欧盟委员会内部市场和服务总局（EC，2006）估计，单一欧元支付区的整体经济效益每年约为1220亿欧元。根据Leinonen（2005）计算，在其中占最大比例，约1000亿欧元产生于集成的端到端购买流程中的电子发票。遗憾的是，在以下关于单一欧元支付区实施的讨论中，流程集成这一方面被淡化了，使电子发票与单一欧元支付区的支付分离。

尽管如此，最初的愿景仍然是正确的。见表1.1中端对端的采购到支付流程中的支付分类，实时和批量支付均可以集成于相同的"数字"基础，实现基于XML的单一欧元支付区信息的可互操作交换。单一欧元支付区仍然有可能实现最初的愿景。

表1.1 基于付款人和收款人角度，当前端对端的购买和支付流程中支付方式的分类

基础层	如在单一欧元支付区中的XML（SCT、SDD、SCF）					
速度	实时性（中介可用性或最终保证）			延期可用性		
支付类型	即时支付*（收款人实时可用资金）	在线银行支付（具有实时反馈的SCT）	对收款人具有即时担保的卡支付	基于SCT的电子发票支付	直接借记（SDD）	信用转账（SCT）
整合	通过实时接口	通过PSP（支付服务提供商）	POS或PSP	电子发票与在线银行账户的整合	SDD授权	IBAN

注：*参见ERPB（2014）。

1.5 支付中的数字化

基于移动/互联网技术（又称"数字化"）的发展并未改变经济学的基本规律，却引发了各种客户访问方式以及服务的变化[6]。Milkau和Bott（2015）总结了数字化的一些特征，这些特征会影响支付：

- 通信标准的开放；
- 技术的消费性，即消费者手中持有智能设备；
- 信息透明度和边际化交易成本（O. E. Williamson关于交易成本经济学的研究[7]）。

开放式通信、"永远在线"的设备和搜索、购买、监控等方面成本的边际化使消费者可以自己选择单一的服务，这包括电子商务中的支付服务，以及在销售终端提供的越来越多的支付服务。

与此同时，数字化的相同特征也为在用户与传统商品生产商和服务提供商之间新的中介机构奠定了基础。例如，书店这类具有信息不对称优势和（有限的）获取产品信息的传统"实体"中介被亚马逊和其他所谓的集中式商业平台

所取代。这些集中式商业平台促进了买方和卖方之间的交换，即代表市场双方的代理商，如亚马逊（书籍、消费电子产品等），谷歌和脸书（个性化广告），以及苹果（通过 iTunes 提供的音乐或应用商店）等。这就是西班牙对外银行（BBVA）的首席执行官 Francisco Gonzáles（2013）发表声明的背景，他最近对此进行了概括："银行需要同亚马逊和谷歌竞争，否则就死定了。"

将这些集中式商业平台和银行作为"可互操作"的支付服务提供商进行比较，前者促进买方和卖方之间的一般交互（广告、搜索、订购、监控等），而后者则是促进了买方和卖方之间的一种特殊类型交互——支付。两者都具有同一个最终目标，即实现买方和卖方的交易，并均是沿着交易流程处理对应的电子信息（见图 1.2 左）。尽管如此，作为"可互操作"支付行业的一部分，集中式商业平台和银行代表了如 Kemppainen（2014）所描述的支付市场的不同市场竞争模式：对市场的竞争与市场中的竞争。

传统的基于银行支付行业的互操作性建立在共同商定的规则和法规之上，如单一欧元支付区形式。这导致了 10 年前 Kemppainen（2003）所说的"零售支付中的竞争—合作关系"。同样，银行一直在与其客户合作，包括如与端到端的购买支付或工资支付流程中的客户以及专用支付或卡处理器等提供商长期保持合作，并在不断变化的经济中寻找新的合作伙伴。正如 Carl - Ludwig Thiele 最近所写的那样（2014a，作者的翻译）："银行和非银行在支付方面的合作和共存不再是可逆的。"

集中式商业平台的"市场竞争"模式是一种对抗模式，其特点如 PayPal 联合创始人 Peter Thiel（2014）所说："如果你想创造和获得持续价值，那就要建立垄断。"如 Minor 等人（2011）在一项实验分析中所发现的那样，平台竞争呈现出一种总体趋势，即发展成为垄断结构"赢家通吃"或者针对不同客户群体（如地区、社区、特殊兴趣爱好等）分别成为寡头垄断。如 Hotelling（1929）所描述的，动态发展显示出路径依赖性并且可以产生暂时的次稳定双寡头垄断。总而言之，集中式商业平台中介形式如图 1.2（左）所示：平台在顶部（试图赢得整个市场），银行在底部（作为可互操作的金融机构）。

对于新的"数字"参与者的市场份额进行初步估计，可以采取 Pratz 等人（2013）的预测作为起点（见图 1.3 和表 1.2）。他们预测，欧洲支付收入分为三部分：标准电子支付（主要是银行）、信用卡支付（银行、卡组织和新进入者）和替代支付方式（主要是非银行机构，尤其是商业平台）。人们可以将这一发展理解为传统银行业支付收入的停滞。考虑到欧洲发行银行的交换费将受到欧洲监管的限制，非银行参与者预计呈现指数级的增长率。

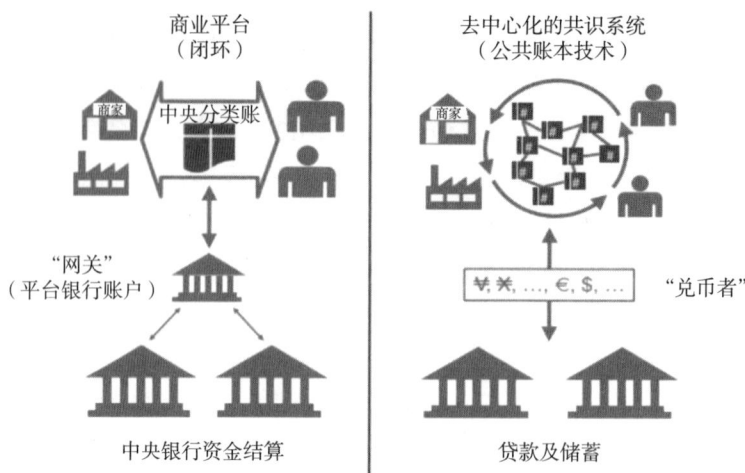

图 1.2　中央分类账的"商业平台"(左)与去中心化的共识系统(右)之间的比较

如图 1.2（左）所示，目前集中式商业平台需要一些通往银行业的途径，以实现银行账户之间资金的最终转移以及银行系统内中央银行资金的结算。因此，集中式商业平台可视为连接银行账户的新型清算系统。例如，PayPal 促进了互联网商店和消费者之间电子商务的支付——但是从消费者到商户的银行账户的转账是欧洲标准的单一欧元支付区交易。如果一个人不想一直把钱存在 PayPal 里承担这种信用风险，那么这笔钱必须转移到银行系统。但是，如果公司确实开始直接向员工的 PayPal 或 iTunes 账户支付工资，会发生什么？

表 1.2　基于 Pratz 等人（2013）描述的方法，欧洲银行业的收入发展

收入来源	收入增长	主要参与者
替代付款方式	指数型的	包括新的"数字"非银行参与者，如集中的商业平台，但也可能是银行的开放市场
卡支付	有机且温和的	成熟行业（卡组织，发行人，收购者）以及 ApplePay 等新市场进入者（使用现有基础）
标准电子支付（包括 SEPA）	有机且温和的	在中央银行资金的最终结算方面对银行具有独特和排他性地位的传统银行业中的银行和支付机构

1.6　支付的去中心化

在英格兰银行季刊（Ali 等人，2014）中，作者认为：

"……数字货币的关键创新是'分布式账本'，它允许支付系统以完全

去中心化的方式运作，无需银行等中介。"（p. 262，作者强调）

由德意志联邦银行、法兰克福大学欧洲金融可持续结构（SAFE）研究中心和伦敦大学学院于 2015 年 1 月组织的国际研讨会——2015 年 P2P 金融系统，从分布式（计算机）系统理论、博弈论和密码学方面讨论了这些"分布式账本"的发展及其潜在优势。所有这些概念自然都有假设和限制，并且诸如比特币系统之类的实际运行中可能偏离原始概念。

数字货币支付交易的基本概念，如比特币交易，由具有"共识系统"和"区块链"协议的"分布式账本"组成。正如 Milkau 和 Bott（2015）所阐述的，这个概念相当复杂。它的开发是为了解决如拜占庭将军问题（如何在没有任何信任和没有中央"权威"的分散系统中处理安全的邮件传输）和双花问题（避免数字支付消息被多次复制并发送）等许多科学问题。这个基本概念必须与商业应用区分开来，如虚拟货币的交换和比特币作为资产的使用。

近年来，从欧洲中央银行（ECB，2012）到中国香港金融管理局（HKMA，2015）等许多金融服务机构都对虚拟货币作为货币或资产进行了研究。美国证券交易委员会（SEC，2013）讨论了"使用虚拟货币的庞氏骗局"，荷兰中央银行（DNB，2014）认为"虚拟货币不是一种可行的替代方案"。所有这些中央银行和金融服务当局都认为，目前货币政策和货币当局对货币供应的控制不存在风险，原因仅仅是比特币数量与流通中的美元或欧元相比很小。但今天，消费者使用虚拟货币的确会面临风险，香港金融管理局（HKMA，2015）指出应"提醒公众注意与比特币相关的风险"。

Antonopoulos（2014）在最近出版的《掌握比特币》（*Mastering Bitcoin*）一书中对比特币进行了系统的概述，读者可以参考本书对整个比特币生态系统中的节点、矿工、矿池、交易所、钱包供应商等各类参与主体的详细讨论。今天，这个生态系统的结构不是通常理论上的一个统一的点对点系统，仅进行简单支付交易的消费者不喜欢在比特币网络中作为一个计算机节点进行运行。Eyal 和 Sirer（2014）指出"比特币不再去中心化"[8]，也如 Ito（2015）所写的那样，"目前正在以矿池和核心开发的形式中心化发展，而比特币协议设计的初衷需要去中心化才能发挥作用"。

虽然目前比特币在现实世界中的实施似乎模糊不清并且最初始的理念受到威胁，但人们仍然可以同意英格兰银行的观点，即对于支付而言，"分布式账本"（通过实施分布式共识机制）是一项真正具有新机会的创新。图 1.2（右）说明了一个理想的世界，其中所有支付用户（消费者/商户和雇主）都是分布式共识系统的平等参与主体，并且所有支付用户都基于开源软件的实现和消费性硬件，如移动设备来运行统一的节点[9]。

作为一种真正的点对点支付网络，理想的分布式公共账本系统的实现需要更多的理论研究和实践检验。然而，这种做法的结果可能是建立一个均匀分布的支付系统，而没有任何与使用现金类似的中央技术中心（见如图1.1左图与图1.2右图）。这样的理想系统的实现可以为所有用户带来好处，但会将银行与支付生态系统分离，并减少银行对传统储蓄和贷款提供者的作用。在诸如汇款支付的利基市场，当然也包括如"丝绸之路"的"暗网"中的非法交易支付，对于已经使用比特币付款的用户，只要他们主观认为与传统银行支付某一方面相比更好，他们就会继续使用比特币。

1.7　分布式公共账本技术的进一步认识

分布式账本技术有三个层次：（1）分布式公共账本及其在网络节点上的本地副本；（2）公共账本中交易交换的协议；（3）共识系统实现分布式本地副本的同步，即保持分布式账本一致性。这须与传统的支付系统进行比较。传统支付系统包括以下内容：（1）每个银行有不同的账本；（2）用于清算不同账本账户之间交易的互操作协议；（3）中央银行货币结算（或在国际支付中的商业货币），以实现最终清结算目的；（4）通常在不同账本之间进行的对账操作以保证会计原则。此外，一个显著的差异是"信任"的问题，因为去中心化系统首先假设网络中的节点完全不可信任，而受监管的银行则作为客户账户的保管方。这种"由监管、立法和审计保障的信任"取代了分布式公共账本的共识机制。但是，异步去中心化共识始终是一种妥协，因为 Fischer，Lynch 和 Paterson 在他们的开创性论文《一个错误过程的分布式共识的不可能性》（*Impossibility of Distributed Consensus with One Faulty Process*，Fischer 等人，1985）中指出，不可能对所有情况强制执行共识。再加上另一个问题，即在分布式账本的本地分离副本中可能存在所谓的区块链序列"分叉"，分布式公共账本的运营成本与会计原则相矛盾，或者至少对于账本的最终性和正确性方面有着截然不同的解读。

最后，值得一提的是，在可互操作的银行（"市场竞争" – with "competition in the market"）、商业平台（"竞争市场" – with "competition for the market"）和分布式账本系统（作为具有共识的平等点对点网络）之间的元竞争（meta – competition）存在两方面发展。表1.3总结了这三类竞争者存在的不同本质特征，有两个重要结论：第一，对于商业平台（商业业务平台与中央银行平台，如 RTGS + /TARGET2）或分布式账本有不同的形式，表现为在公共分布式账本中使用不同的共识算法或者私人分布式账本中使用不同的"协议"机制（见表1.3）；第二，如图1.3所示，从早期的理论概念到长期的现实世界的实现需要一段发展的过程，如比特币系统发展为一个真正的点对点网络，并向着层次结构进一步发展为用户视角的"平台"，需要将外部用户与内部的"中心"结构分离开来。

然而，可以想象这样一个系统，其中带有区块链的分布式分类账实际上是以预先配置的方式"在消费者手中"运行（在专用移动设备上或"云"中，可通过移动电话应用程序访问）。在这种配置中，不再存在由一些非透明的小公司系统提供的中央黑匣子，但是作为付款人和收款人，每个用户都是去中心化账本的一部分。

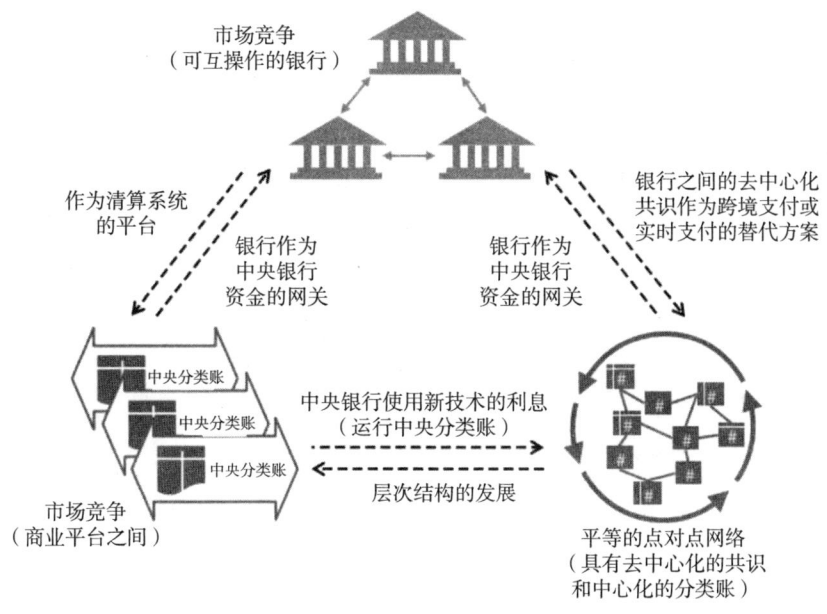

注：双箭头表示现实中三种不同理论选择之间的发展路径。

图1.3 三种通用类型间可能的发展或混合的比较："市场竞争"的可互操作银行，"竞争市场"的业务平台，以去中心化、平等的点对点网络为第一原则设计的分布式共识系统

此外，由于商业平台需要银行作为中央银行货币世界的门户，且银行评估以去中心化的共识系统（银行之间）作为跨境支付或实时支付的替代方案，因此存在一些混合方案。目前银行正在分析此类发展和潜在合作，并提出如何为最终用户（即付款人或收款人）带来利益。

表 1.3　可互操作系统、中心化平台、去中心化分布式账本系统类型三者之间的比较

替代系统	优点	缺点
可互操作系统	●"市场竞争"带来的效率，批量支付的成本相当低 ●共同商定的规则，包括退回/拒绝交易等 ●利用 AML/CFT 监管——保护客户资产（客户数据）安全 ●中央银行资金结算（如通过 RTGS+/TARGET2） ●管理系统性风险，作为监管和监督的一部分 ●由监管、法律和审计为系统提供（代理）信任	●参与者之间需要达成协议而导致发展缓慢 ●客户账户批量付款延迟（D+1） ●所有银行中多个实施的成本（例如，在 SEPA 迁移的情况下） ●虽然由银行支付，但仍被视为对于"公共基础设施"或"社会福利"的危险 ●存在安全错觉的危险 ●与代理银业业务中的 Nostro 和 Loro 账户之间的重大成本进行调节（SWIFT 支付）
中心化平台	●由于规模经济而产生的效率 ●中心化账本中的实时处理（所有交易均为"在线"交易）	●发展成单极的趋势（"争夺市场"） ●交易对手方风险（平台提供商） ●冗余和/或业务连续性管理的成本 ●系统性风险（所有参与者都作为"枢纽"链接到中央账本）
分布式账本： （1）公共分布式账本	●无须信任网络，也无须中央机构实施信任 ●公共分类账和开源开发 ●抵御失败或欺诈的能力（作为概念的基本假设！） ●区块链是去中心化计算机系统发展的真正创新 ●容错去中心化网络的有效性（全年无休，24×365） ●以私人创业为基础的创新社区 ●比特币作为第一个有效实现方案，使分布式账本系统在现实世界中运行	●由于理论上的限制，先验的异步分布式共识系统总是妥协[a] ●理论（假设）与现实世界发展之间的差异：例如，网络从平等主义的对等系统发展为分层结构，因为并非所有用户都希望作出贡献（使用活动节点），而只限于发送或接收交易 ●由共识机制和"工作证明"而导致的效率限制 －某些欧元交易的"生产"成本很高（因为工作证明必须是设计成本高昂） －速度有限，因为共识（即对新区块的"挖掘"）平均需要 10 分钟才能实现 －"不可更改"是普遍认为在 6 个区块（相当于 1 个小时）之后形成，但目前的分叉实例（见下文）不支持对不同改变的任何定义。 －有限的可扩展性，因为区块大小和挖掘频率是任何大批量交易业务的障碍 ●需要通往现实世界的网关以获得与中央银行资金的连接 ●具有可追踪交易的公共账本（非匿名！） ●"更新"开源软件的问题，因为所有用户都已经确信，并且同步保存所有节点（例如，2015 年 7 月 4 日比特币在 6 个区块内的临时分支，是由网络中的软件更新不一致造成的） ●比特币的替代共识机制工作证明，如与硬币所有者与硬币保卫者之间没有"利害关系"方面的问题，即网络的各个节点没有"积极的"激励[b]

替代系统	优点	缺点
分布式账本： （2）私有分布式账本	• 具有已知参与者的"私人"网络解决方案，即网络中的"白名单"节点 • 不需要低效的共识机制，如工作量证明，这些机制被已知参与者之间的有效协议或多数表决机制所取代 • 交易验证速度（几秒钟） • 附加功能，如调用"智能合约"以触发网络中的进一步操作	• 各种履行方式，包括瑞波共识协议（RCP），内部账本协议（ILP），超级账本（Hyperledger）协议等 • 在节点子集中具有（多数）投票的协议，每个服务器维护一个由此服务器[c]"信任"的唯一节点列表，在2014年12月所谓的"Stellar Fork"之后出现不透明的情况[d,e]，对现有实施的经验有限 • 其他拜占庭协议，特别是2015年5月[f]草案中公布的"联邦拜占庭协议"（FBA），将在实际实施中进行审查和测试 • 当前发展呈碎片化，存在许多不同的虚拟货币和不同的达成共识的协商机制方法

资料来源：[a] Fischer 等人（1985）；[b] Poelstra（2015）；[c] Cohen 等人（2015）；[d] Higgin（2014）；[e] Craig（2015）；[f] Mazières（2015）。

1.8 一个在元竞争中无法实现均衡的支付市场

自工资和信用卡账户的推出，支付领域保持了大约40年的稳定。2000年以来，基于移动/互联网的技术已经造成了支付领域的"数字颠覆"和形式的变化。在20世纪，支付工具是有限的且标准化的，用户可以选择现金、卡、信用转账和直接借记。这些支付工具通常是不可相互替代的，而是与特定的支付流程相关。关键在于系统的效率和银行间的互操作性，这是单一欧元支付区在欧洲层面达到最高水平的一种方法。

21世纪初，研究开始着眼于双边支付市场，以促进不同类型参与者（消费者和商户）间的交互，并试图通过对双方收费或激励来吸引他们"加入"。该领域研究的一个里程碑是2004年1月23日至24日在图卢兹举行的双边市场会议，会议研究成果由 Rochet 和 Tirole（2006）编著[10]。然而，双边市场被描述为由消费者和商户组成的市场，但中间存在一些"中性"工具（通常指银行卡）。与此同时，银行在持续提高支付效率方面投入了数十年的资金，优化了传统支付工具（发起或身份验证）、支付信息清算和结算（资金转移）的四方模式结构。

Clayton M. Christensen 认为这种发展可被视为"效率陷阱"。特别是在电子和移动商务领域，从消费者的角度来看，银行将其放弃给非银行创新机构以创造新的支付产品。类似于20世纪50年代或60年代由雇主引入工资账户和工资电子支付，使"数字化"从根本上改变了支付市场，并在多层次生态系统中产生了远离均衡的动态发展。

第一层为传统的支付行业，为互操作性和受监管的金融机构之间的"市场竞争"模式。它们具有基于共同规范的相互可互换的支付产品（如单一欧元支付区的信用转账或直接借记）。第二层包括当前的"竞争市场"的数字颠覆者，在与客户的关系中充当中介，其目标为在其业务平台上寻找客户。虽然今天存在某种"冷"共存，但支付宝在中国的主导地位可以看作进一步发展的一个例子。第三层是基于"消费者＝生产者"模型[11]的真正去中心化点对点支付系统，代表未来潜在的发展。人们可以在分布式账本中"共享"支付，并在分享自拍或在街对面的新餐厅发表评论时运行区块链协议。所有这三个层面共同构建了一个生态系统，在互操作性（市场竞争）、中心化（竞争市场）和去中心化（非传统竞争的点对点系统）之间形成了元竞争。

除此之外，越来越多的公众讨论将这个生态系统的某些部分定义为某种"公共物品"。如下 2014 年的三种说法虽然没有统计意义，却或许能说明目前的发展情况：

- "相对于现金，社会规划者希望支持使用银行卡。由于该模型预测卡使用量是交换费的递减函数，因此最佳应对方法是设置较低的费用甚至是补贴。"（Korsgaard，2014）
- "成员国应确保信用机构免费或以合理的费用提供第 17 条［具有基本特征的支付账户］所述的服务。"（EU，2014 年）
- 最近欧洲零售支付委员会（ERPB，2014）的一篇论文解释说："这场争论似乎已经从讨论商业案例转移到承认即时支付'福利商品'的性质，以及用户对相关解决方案的期望。"（作者强调）

基于这些独立的观点可见，尽管单个银行为实现单一欧元支付区的实施做出了重大投资，但具有单一欧元支付区信用转账和直接借记功能的可互操作支付行业的第一层似乎被视为某种"公共基础设施"。

这种对复杂支付生态系统的干扰迫在眉睫，危及支付系统的效率、稳定性和安全性。2012 年 10 月 22 日和 23 日，在芝加哥联邦储备银行举行的芝加哥支付研讨会上解决了没有互操作性的创新问题：与会者在消费者支付市场讨论中指出，今天的不相关创新正在不断增加多种、不兼容、闭环的解决方案。许多人表示担心，这种"分裂"会削弱消费者的体验和信心，并限制支付创新的采用（Federal Reserve Bank，2012）。具有元竞争和潜在外部干扰的市场的未来发展需要进一步的理论研究和经验数据分析。Roth 和 Milkau（2015）通过数据说明了用户对单一欧元支付区转移的犹豫，这些数据通过指数函数拟合发现，如果用户（至少大多数）认为不可以通过单一欧元支付区信用转账和直接借记等新支付工具获得个人"可测量"的收益,他们将尽可能延长转移时间。用户从对利益的心理衡量的角度进行支付选择,而这种选择有时会相当主观(见Thaler,1985)。但"消费者选择"也可以作为一个起点,从另一个角度来描述支付生态系统。

1.9 消费者选择——从支付工具到支付"按钮"

实际上没有人热衷于支付,有人会同意支付是"性感的"吗?人们只想要在互联网上买书、买比萨、预订旅行或退房。关于消费者支付选择有很多深入的分析,通常是比较现金、支票、卡、电子支付等传统的零售支付方式(参见例如Rysman,2010;Cohen和Rysman,2013;Schwartz和Ramage,2014;Bennett等人,2014;Hasan等人,2014;Bundesbank,2015)。

但是,如果研究"数字化"支付情况,电子商务中的消费者可以在结账时选择PayPal、iDEAL、VISA、MasterCard、SOFORT、发票支付、货到付款和其他选项。显然,这些不是通常在消费者支付选择研究中分析的支付方式。数字化将消费者的选择从支付方式(提供经常账户的银行在市场竞争中,会或多或少提供相同的支付服务)转变为"支付品牌"。在电子商务中,人们不会使用"SEPA"支付,而会选择使用值得信赖的支付品牌。在极端情况下,他们甚至不会选择选项,而只需使用亚马逊的"一键点击按钮"付费。对于消费者来说,这是一种高效且相当方便的过程,可以在后台根据消费者的个人资料和预先选择/首选的支付方案来完成购买和结账。

数字化将为用户带来传统支付行业所要求的成果,如Heidi Miller在2004年SIBOS年度国际会议上的著名演讲,她呼吁通过数字化简化、提高用户效率、创新和降低成本:

> 客户告诉我们他们需要在自身的效率和生产力方面取得实质性的进步;他们希望我们帮助他们重新设计支付链,加快订单到付款周期,释放营运资金,并与内部交易和信息系统无缝集成;他们希望跨越国界实时获取信息;当然,他们希望以更低的成本获得更高的价值[……]客户无法理解为什么隔夜快递服务能够告诉他们包裹从离开目的地到到达目的地的确切位置,而银行无法告知他们在整个支付过程中跨境支付的位置(Miller qtd in Bott,2009)。

这些电子商务支付方式使用的销售点越多,从传统供应方提供的支付方式转向竞争市场中的强大品牌的消费者选择就越多。如果在10年后,我们询问消费者和商户在不同的购买/销售情况下如何支付或受理（一项思维实验），如使用现金、ApplePay、AribaPay、亚马逊 One–Click、VISA 或 MasterCard、PayPal One Touch、忠诚度奖励计划（loyalty reward program）、食堂"Snelen Simpel Betalen"[12]、iDEAL、Faster Payments 等。当然，有些人会说他们通过信用转账或直接借记来支付。但是，有多少人会回答"通过 ACH 清结算行账户的单一欧元支付区支付工具"？在不同支付情况下，客户将通过名称或品牌识别来选择不同的支付选项。选择这些名称或品牌的标准可以是价格，包括折扣、便利、忠诚奖励或特别优惠、支付速度和类似的评价标准。反之亦然，商户可以通过评估转换率（电子商务）、结账速度（销售点）、在整个购买/销售过程中的优化集成或生产商—供应商—服务提供商的生态系统集成以及总成本计算来选择其支付方式。这似乎是未来支付的市场。

1.10　结论——一个远离均衡的市场

总而言之，从目前我们暂时的理解来看，支付生态系统是一个远离均衡的多层次的双边市场，这需要进一步研究来分析不同参与者之间的相互依赖性。在这种复杂的市场结构中，任何干预都可能导致意想不到的后果，如 Thiele（2014b）在阐述"MONNET"的例子时所指出的那样，即使只是这个市场结构的一部分，支付行业也需要一个稳定的监管框架来发展。任何创业方式都需要一些经济上的可预见性——尤其是自 Chamberlin（1933）的研究以来，我们知道，单维市场竞争的双寡头垄断（元稳定的）均衡在第三家公司加入这个市场后将变得不稳定。然而，当前的支付市场正处于数字化颠覆性力量引发的巨大转型之中，这是一个令人兴奋的关于远离均衡的市场动态发展的"真实世界"的实验。

注释

1. 一些非官方的汇款系统——通常是"Hawala"系统（El‑Qorchi，2002；Passas，2006）——它们的工作方式类似，处理不同国家（hawaladar）代理商之间的信息传递和基础结算。

2. 虽然本次讨论的重点是国内零售支付，包括单一欧元支付区领域的支付，但"数字化"也消除了"国内"和"跨境"之间的差异。如果有人在互联网上购买并以 PayPal 为例，那么它只是买方和卖方之间的支付——独立于"真实世界"的边界和不同的支付系统。

3. 如 Casadesus–Masanell 和 Ricart（2010）或 Amit 和 Zott（2012）所讨论的那样，讨论产品创新和商业模式创新之间的差异超出了本文的范围。对于支付行业而言，创新阶段已经通过互联网技术触发并被包含在支付产品中，之后那些第一批企业家改变了支付行业的整个业务。

4. "物联网"的发展可能带来新的创新浪潮，就像在 2015 年拉斯维加斯举行的消费电子展（Consumer Electronics Show，CES）上展示的那样，之前具有"智能"功能的一切事物均在被炒作，如智能活动跟踪器（如健身追踪器）、智能家居（暖气和电表）和智能汽车（如谷歌的自动驾驶汽车项目）等。尽管对于消费者而言，真正好处仍然是相当不透明的，但这种技术为分析消费者的行为提供了很好的机会，从而为预测性和规范性分析提供了机会，而这些分析又可以被个性化，如用于个性化的实时广告。

5. 虽然本次讨论的重点是商户/行业与消费者之间的零售支付，但在企业与企业之间的支付业务中也存在类似的影响。

6. 例如，通过"分享"自制文本、歌曲、照片、视频等。

7. 参见 Williamson（1981），Williamson（2009）和 Gibbons（2010）。

8. 有关详细讨论，请参阅 Eyal 和 Sirer（2013）及 Eyal（2014）。

9. 与今天的情况相比，比特币"矿工"需要专用硬件［专用集成电路（ASIC）芯片］。

10. 另一篇评论文章是 Rysman（2009）。

11. 这种模式伴随着"公地悲剧"的危险，即保留一种激励机制使（大量）参与者重复博弈而又不试图以牺牲其他人的利益为代价来获取个人利益。这是 Hardin（1968）撰写的一篇文章的标题。Elinor Ostrom 等人（1999）在他们的开创性文章《重访下议院：地方教训，全球挑战》（*Revisiting the Commons：Local Lessons, Global Challenges*）中进行了更深入的分析。

12. 请参阅 Equens（2012）关于"快速便捷支付"作为一种面向餐饮业者提供的指尖生物识别支付的发展。

参考文献

R. Ali, J. Barrdear, R. Clews, and J. Southgate (2014) 'Innovations in payment technologies and the emergence of digital currencies', Bank of England, *Quarterly Bulletin*, Volume 54 No. 3, 3Q2014.

R. Amit and C. Zott (2012) 'Creating value through business model innovation',

Sloan Management Review, 53 (3), 41–49.

A. M. Antonopoulos (2014) *Mastering Bitcoin – Unlocking digital cryptocurrencies*, O'Reilly Media, Sebastopol, CA, USA, December 2014.

B. Bennett, D. Conover, S. O'Brien, and R. Advincula (2014) 'Cash continues to play a key role in consumer spending: Evidence from the diary of consumer payment choice', Federal Reserve System's Cash Product Office (CPO), April 2014.

J. Bott (2009) 'The Single Euro Payments Area – New alliances required to tip the market', ECRI Research Report No. 10, aei.pitt.edu/11454/1/1871, accessed Feb 1, 2015.

Bundesbank (2015) 'Zahlungsverhalten in Deutschland 2014', Deutsche Bundesbank, 2015.

M. Callon (1998) 'Introduction: The embeddedness of economic markets in economics', *The Sociological Review/Special Issue: Sociological Review Monograph Series: The Laws of the Markets*, Edited by Michel Callon, Volume 46, Issue S1, pp. 1–57.

R. Casadesus-Masanell and J.E. Ricart (2010) 'From strategy to business models and onto tactics', *Long Range Planning*, 43 (2), pp. 195–215.

E.H. Chamberlin (1933) *The theory of monopolistic competition: A re-orientation of the theory of value*, Harvard University Press, Cambridge, MA.

C.M. Christensen (1997) *The innovator's dilemma: When new technologies cause great firms to fail*, Harvard Business School Press, Boston, MA.

C.M. Christensen and J.L. Bower (1995) 'Disruptive technologies: Catching the wave', *Harvard Business Review*, January–February 1995.

D. Cohen, D. Schwartz and A. Britto (2015) 'The Ripple ledger consensus process', ripple.com, 20 February 2015; https://ripple.com/knowledge_center/the-ripple-ledger-consensus-process/ (accessed 21 May 2015).

M. Cohen and M. Rysman (2013) 'Payment choice with consumer panel data', Federal Reserve Bank of Boston, *Working Paper* No. 13–16.

M. Craig (2015) 'The race to replace Bitcoin', Observer, 5 February .2015; http://observer.com/2015/02/the-race-to-replace-bitcoin/#ixzz3aySVvO4Z (accessed on 23 May 2015).

E. Danneels (2004) 'Disruptive technology reconsidered: A critique and research agenda', *Journal of Product Innovation Management*, 21 (4), pp. 246–258.

De Nederlandsche Bank (DNB) (2014) 'Virtual currencies are not a viable alternative', *DNBulletin*, 8 May 2014.

European Commission (EC) (2006) 'Consultative paper on SEPA incentives', European Commission, Internal Market and Services DG, 13 February 2006, p. 41f, http://ec.europa.eu/internal_market/payments/docs/sepa/sepa-2006_02_13_en.pdf (accessed 28 January 2015).

European Central Bank (ECB) (2006) 'Towards a Single Euro Payments Area – Objectives and deadlines fourth progress report', February 2006.

European Central Bank (ECB) (2012) 'Virtual currency schemes', October 2012.

M. El-Qorchi (2002) 'The Hawala system', *Finance and Development*, A quarterly magazine of the IMF, 39 (4).

Equens (2012) 'Albron selects Equens for "Quick and Easy Payments"', Equens press release, 15 May 2012.

Euro Retail Payments Board (ERPB) (2014) 'Pan-European instant payments in euro: Definition, vision and way forward', ECB, 12 November 2014, https://www.ecb.europa.eu/paym/retpaym/shared/pdf/2nd_eprb_meeting_item6.pdf (date accessed 4 January 2015).

European Union (EU) (2014) 'Directive 2014/92/EU of the European Parliament and of the Council of 23 July 2014 on the comparability of fees related to payment accounts, payment account switching and access to payment accounts with basic features', *Official Journal of the European Union*, L 257, Volume 57, Art. 18, 28 August 2014.

European Commission (2010) 'A digital agenda for Europe', COM(2010) 245, Brussels, 19 May 2010.

M.J. Fischer, N.A. Lynch and M.S. Paterson (1985) 'Impossibility of distributed consensus with one faulty process', *Journal of the ACM*, 32(2), pp. 374–382.

I. Eyal (2014) 'The miner's dilemma', ArXiv 1411.7099, November 2014, http://arxiv.org/abs/1411.7099 (accessed 1 February 2015).

I. Eyal and E.G. Sirer (2013) 'Majority is not enough: Bitcoin mining is vulnerable', 15 November 2013, http://arxiv.org/pdf/1311.0243v5 (accessed 1 February 2015).

I. Eyal and E.G. Sirer (2014) 'It's time for a hard Bitcoin fork', hackingdistributed.com, 13 June 2014, http://hackingdistributed.com/p/2014/06/13/in-ghash-bitcoin-trusts/ (accessed 1 February 2015).

Federal Reserve Bank (2012) 'Fed and industry leaders discuss the future of payments at the Chicago Payments Symposium', Federal Reserve Financial Services, *FedFocus* December 2012, https://www.frbservices.org/fedfocus/archive_general/general_1212_01.html (accessed 30 March 2014).

R. Gibbons (2010) 'Transaction cost economics: Past, present, and future?', *Scandinavian Journal of Economics*, 112(2), pp. 263–288.

F. Gonzáles (2013) 'Banks need to take on Amazon and Google or die', *Financial Times* (Europe), 3 December 2013.

G. Hardin (1968) 'The tragedy of the commons', *Science*, 162 (3859), pp. 1243–1248.

I. Hasan, E. Martikainen and T. Takalo (2014) 'Promoting efficient retail payments in Europe', *Journal of Payments Strategy & Systems*, 8 (4), pp. 395–406.

S. Higgin (2014) 'Stellar network fork prompts concerns over Ripple consensus protocol', Coinbase, 9 December 2014, http://www.coindesk.com/stability-questions-dog-ripple-protocol-stellar-fork/ (accessed 10 March 2015).

Hong Kong Monetary Authority (HKMA) (2015) 'The HKMA reminds the public to be aware of the risks associated with Bitcoin', 11 February 2015, http://www.hkma.gov.hk/eng/key-information/press-releases/2015/20150211-3.shtml (accessed 13 February 2015).

H. Hotelling (1929) 'Stability in competition', *The Economic Journal*, 39 (153), pp. 41–57.

J. Ito (2015) 'Why Bitcoin is and isn't like the Internet', 18 January 2015, https://

www.linkedin.com/pulse/why-bitcoin-isnt-like-internet-joichi-ito (accessed 30 January 2015).

K. Kemppainen (2003) 'Competition and regulation in European retail payment systems', Bank of Finland Discussion Paper No. 16/2003, 9 June 2003.

K. Kemppainen (2014) 'Competition–cooperation nexus in the European retail payments market: Views from a network industry perspective', *Journal of Payments Strategy & Systems*, 8 (4), pp. 386–394.

T. Kokkola (ed., 2010) 'The payment system: Payments, securities and derivatives, and the role of the Eurosystem'. European Central Bank.

S. Korsgaard (2014) 'Paying for payments – Free payments and optimal interchange fees', ECB Working Paper 1682, June 2014.

H. Leinonen (2005) 'Bank provided e-invoicing structures and benefits', Memorandum Suomen Pankki – Financial Markets and Statistics, 9 December 2005.

Lisbon Agenda (2000) 'Presidency conclusions', Lisbon European Council, 23 and 24 March 2000.

C. Markides (2006) 'Disruptive innovation: In need of better theory', *The Journal of Product Innovation Management*, 23, pp. 19–25.

E. Martikainen, H. Schmiedel, and T. Takalo (2012) 'Convergence in European retail payments', ECB Occasional Paper Series, No. 147.

D. Mazières (2015) 'The stellar consensus protocol – A federated model for Internet-level consensus', Draft, Stellar Development Foundation, 15 May 2015; https://www.stellar.org/papers/stellar-consensus-protocol.pdf (accessed 23 May 2015).

U. Milkau (2010) 'A new paradigm in payments: The strengths of networks', *Journal of Payments Strategy & Systems*, 4 (3), pp. 277–288.

U. Milkau and J. Bott (2015) 'Digitalisation in payments: From interoperability to centralised models?', *Journal of Payments Strategy & Systems*, Vol. 9, No. 3., pp. 321–340.

D. Minor, T. Hossain and J. Morgan (2011) 'Competing match makers: An experimental analysis', *Management Science*, 57(11).

E. Ostrom, J. Burger, C.B. Field, R.B. Norgaard and D. Policansky (1999), 'Revisiting the commons: Local lessons, global challenges', *Science*, 284, pp. 278–282.

N. Passas (2006) 'Demystifying Hawala: A look into its social organization and mechanics', *Journal of Scandinavian Studies in Criminology and Crime Prevention*, 7, pp. 46–62.

A. Poelstra (2015) 'On stake and consensus', 22 March 2015; https://download.wpsoftware.net/bitcoin/pos.pdf (accessed 23 May 2015).

A. Pratz, J.W. Bloos, O. Engebretsen and M. Gawinecki (2013) 'European payments strategy report – Winning the growth challenge in payments', A.T. Kearney, Inc.

PricewaterhouseCoopers (PwC) (2014) 'Economic analysis of SEPA – Benefits and opportunities ready to be unlocked by stakeholders', high-level analysis by PwC's Corporate Treasury Services as requested by the European Commission DG Internal Market and Services, European Union, 16 January 2014.

R. Roberts (2005) 'The reality of markets', Library of Economics and Liberty, 5

September 2005.

J.C. Rochet and J. Tirole (2006) 'Two-sided markets: A progress report', *The RAND Journal of Economics*, 37 (3), pp. 645–667.

G. Roth and U. Milkau (2015) 'Payments from a cooperative bank's perspective: SEPA and beyond', *Journal of Payments Strategy & Systems*, 9(1).

M. Rysman (2009) 'The economics of two-sided markets', *Journal of Economic Perspectives*, 23 (3), pp. 125–143.

M. Rysman (2010) 'Consumer payment choice: Measurement topics', in: The Changing Retail Payments Landscape: What Role for Central Banks?, An International Payment Policy Conference Sponsored by the Federal Reserve Bank of Kansas City (pp. 61–81).

S. Schwartz and A. Ramage (2014) 'From mail to mobile – A new generation in payments', Payments Studies Group, The Federal Reserve Bank of Richmond, 31 March 2014.

Securities and Exchange Commission (SEC) (2013) 'Ponzi schemes using virtual currencies', SEC Pub. No. 153, 7(13).

R. Thaler (1985) 'Mental accounting and consumer choice', *Marketing Science*, 4(3), pp. 199–214.

P. Thiel (2014) 'Competition is for losers', *Wall Street Journal*, 12 September 2014.

C.L. Thiele (2014a) 'Trends und Perspektiven im Zahlungsverkehr', Die Bank, N. 4/2014, p. 19: 'Das Mit- und Nebeneinander von Banken und Nichtbanken im Zahlungsverkehr ist nicht mehr umkehrbar.'

C.L. Thiele (2014b), 'SEPA – Der Wegbereiter für den Zahlungsverkehr von morgen', Keynote Speech auf der Payments Konferenz der Euro Finance Week, Frankfurt, 19 November 2014 ('aber das Scheitern der inzwischen schon fast in Vergessenheit geratenen Initiative für ein europäisches Kartensystem ("MONNET") hat uns gezeigt, dass stabile Rahmenbedingungen in diesem komplizierten Geschäft entscheidend sind. Und der bis dahin von der EU-Kommission verfolgte einzelwirtschaftliche Ansatz war in dieser Hinsicht eher abträglich. Denn der Aufbau von Infrastrukturen im Zahlungsverkehr macht hohe Investitionen notwendig.')

C.L. Thiele (2015) 'Die Zukunft des Bezahlens', Speach, Deutsche Bundesbank, 5 May 2015, Wie sieht die Zukunft des Bezahlens aus? Meiner Meinung nach bunt und vielfältig.

K. Weisser (1959) 'Bargeldlose Lohn- und Gehaltszahlung: ihre Durchführung in der Praxis', Betriebswirtschaftlicher Verlag Dr. Tb. Gabler GmbH, Wiesbaden.

O.E. Williamson (1981) 'The economics of organization: The transaction cost approach', *The American Journal of Sociology*, 87 (3), pp. 548–577.

O.E. Williamson (2009) 'Transaction cost economics: The natural progression', The Sveriges Riksbank Prize in Economic Sciences in Memory of Alfred Nobel 2009, Prize Lecture, 8 December 2009, http://www.nobelprize.org/nobel_prizes/economic-sciences/laureates/2009/williamson-lecture.html, (date accessed 8 August 2014).

H. Wörlen, M. Altmann, H. Winter, J. Klocke, J. Novotny, and R. Uhlitzsch (2012)

'Payment behaviour in Germany in 2011 – An empirical study of the utilisation of cash and cashless payment instruments', Deutsche Bundesbank, 17 October 2012.

2 欧洲：从现金交易到非现金交易的转变

Janina Harasim

2.1 欧洲国家的现金和非现金交易——总体趋势

2.1.1 现金和非现金支付的使用：各自优势

传统的支付系统是围绕现金建立的。除现金外，包括在零售支付中最常使用的卡支付的非现金支付工具大概是在19世纪40至50年代才出现的，而可能成为现金替代品的创新支付工具的历史甚至更短。

目前，即使现金和非现金支付的领域和范围不同，它们也被认为是等价的。一般而言，现金和非现金支付的供应以及其使用规模和范围取决于许多因素，如监管框架、参与支付执行的利益各方［支付服务提供商（payment services providers，PSP）、收单机构、清算和结算机构及包括消费者和商户在内的支付终端用户］、经济和社会决定因素（如经济水平或收入差异）、文化因素（如个人关系的重要性）或者技术因素（互联网和移动设备）。

法人之间的交易以非现金支付为主。公共机构之间（G2G）或企业之间（B2B）的支付主要以非现金的形式进行，这主要是因为非现金交易更安全、更舒适和更便宜。非现金支付能够降低巨额成本［现金社会成本涉及个人（尤其是穷人）、企业和政府］和影子经济的规模。然而，在法人与自然人之间的交易中，则不常使用非现金支付工具。这是因为即使B2C和G2C的支付采用非现金形式（如支付工资和社会福利发放），也会以相反的方向进行转移。例如，购买商品和服务时的支付或定期付款（如票据付款、信用分期付款和保险费的支付）仍常使用现金执行（见表2.1）。

表 2.1　　　　　　　　按结算类型使用的现金和非现金工具

具体内容		贷方		
		消费者（C 或 P）	企业（B）	公共机构（G）
借方	消费者（C 或 P）	P2P 现金为主，很少为信用转账	C2B 现金、支付卡，直接借记（账单支付），很少为信用转账	C2G 现金或信用转账
	企业（B）	B2C 信用转账为主，很少为现金	B2B 信用转账为主，现金可能受到限制	B2G 信用转账为主
	公共机构（G）	G2C 信用转账为主，很少为现金	G2B 信用转账为主	G2G 信用转账为主

注：C 指消费者（Consumer）或 P 指个人/点（Person/Peer），B 指商户（Business），G 指政府（Government）；CT 指信用转账（Credit Transfer），DD 指直接借记（Direct Debit）。

资料来源：笔者总结。

因此，现金在个体消费者参与进行的支付领域使用最频繁。其中，个人对个人或者点对点（P2P）的交易是现金主导最主要的领域。现金也经常用在 C2B（消费者对企业）的交易中，这些交易往往体现为面对面实体交易或者最常见的互联网远程交易，而这类交易通常被称为"零售支付"。零售支付被视为消费者的低价值支付，因此，不包括企业之间（B2B）、企业和公共机构之间（B2G）或公共机构之间（G2G）的低价值支付。

零售支付具有很多特定功能，如下：
- 通常是大量交易者产生的频繁支付，以及与消费者和商业部门的商品和服务的购买有关；
- 比大额支付的使用场景和范围更广泛的一系列支付工具，例如，在销售点的支付以及远程消费者和商户交易的支付；
- 广泛使用私营机构系统进行交易及结算（Bank for International Settlements，2002，p.6）。

2.1.2　非现金交易的发展速度和支付组合的变化

近年来，世界各地的非现金交易数量不断增加。然而，与大多数发达国家聚集的地区相比，发展中国家聚集的地区（CEMEA 即中欧、中东和非洲，以及拉丁美洲和亚洲发展中国家）非现金发展更加多样化且达到了更高水平的增长

(见表2.2)。在发达国家中,仅亚太地区的发达国家报告了非现金交易量有两位数的增长速度。欧洲和北美洲非现金交易的增长速度相对较低,这在一定程度上解释为非现金交易在该地区已经显著发展。

表 2.2　2008—2012 年按地区划分的非现金交易——数量和增长

地区	按地区划分的全球非现金交易数量(十亿笔或美元)					CAGR(%)
	2008年	2009年	2010年	2011年	2012年	2008—2012年
新兴亚洲	11.8	13.6	16.4	19.5	23.9	19.3
CEMEA	11.7	15.3	19.4	23.3	28.8	25.2
拉丁美洲	18.9	23.8	25.6	29.3	32.5	14.6
成熟的亚太地区	22.0	26.3	27.2	30.1	33.5	11.0
欧洲(包括欧元区)	74.2	77.2	80.8	84.2	87.6	4.3
北美洲(美国和加拿大)	111.2	113.1	116.6	124.0	127.9	3.6
全球	249.8	269.4	286.0	310.4	334.3	7.6

资料来源:Capgemini 和 RBS (2013,p.7),Capgemini 和 RBS (2014,p.7)。

2008—2009 年,世界大多数区域发生金融和经济危机之后,非现金交易的增长速度明显放缓(Capgemini 等人,2011,p.9)。在之后几年中,这一速度开始再次增长,但主要体现在发展中国家。美国 2011 年这一数字较上年增长 6.4%,但 2012 年下降了一半,仅为 3.2%。造成这种情况的原因之一是新的交换费规定,限制了发行方从商户收取的借记卡交易的交换费上限[1]。同期,欧洲非现金交易的增长速度下降幅度较小,从 2011 年的 4.3% 降至 2012 年的 4.0%。与此同时,欧洲的情况呈现多样化发展。较上一年同期相比,欧元区国家 2011 年非现金交易的增长率明显低于其他欧盟国家。西班牙和爱尔兰的非现金交易量与 2010 年相比甚至有所下降(分别下降了 1% 和 0.8%),非现金交易量增长最快的是芬兰增长率为 10%,欧洲的平均增长率为 4.2%。在欧元区以外的国家,非现金交易量增长最快的是波兰(14.6%)以及英国和丹麦(各占 7.6%)(Capgemini 等人,2013,p.8)。2012 年欧洲非现金交易的增长速度受到政府和银行组织(例如荷兰或瑞典)采取不鼓励现金用于低值交易行动的影响。

特定地区非现金交易的多元化发展水平伴随着特定支付工具的应用存在很大差异(见图 2.1)。基础的非现金支付工具包含信用转账、直接借记、支付卡和支票。

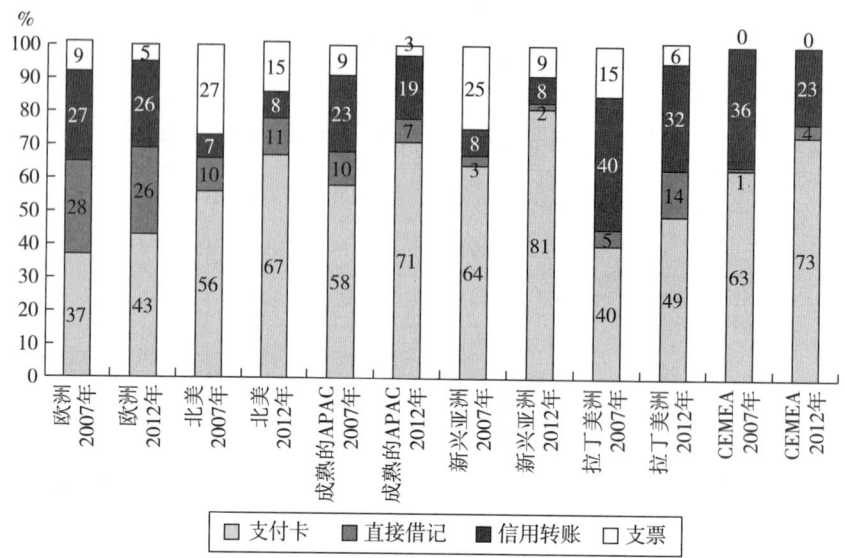

注：APAC 为亚太经合组织。

图 2.1　按区域划分的支付工具组合分布

[数据来源：Capgemini 和 RBS（2013，p.11；2014，p.9）]

支付卡使用量的增加及支票的份额下降是近些年来普遍发生的现象。结果导致支付卡成为全球基础的非现金支付工具。但是支付卡支付在不同国家非现金支付中所占的份额有着很大不同，如在亚洲的新兴国家中最大，超过了 80%，而令人惊讶的是，在欧洲国家它所占的份额最低，2012 年才达到 43%。

然而，各地区间不存在相似之处。在北美和一些新兴亚洲国家里，支票是第二重要的支付工具，而在拉丁美洲、CEMEA（中欧、中东和非洲）和成熟的亚太地区，非现金支付中 19%～32% 则是通过信用转账完成。直接借记与支票的使用在这些地区占比都相对较少，其中拉丁美洲最大，于 2012 年达到 14%。

欧洲支付工具的组合则完全不同。虽然支付卡在欧洲也是非现金交易的基础使用工具，但优势不像其他地区那么明显。比较典型的一个特征是，直接借记和信用转账在非现金支付工具组合中占有较高的份额，于 2012 年在非现金支付交易中占比总共达 26%。此外，支票的使用量有所下降，在 2012 年仅有 5%。各支付工具完成的交易量如图 2.2 所示。

尽管如此，欧洲各国在各非现金支付工具的使用量还是存在着很大差异。通常情况下，支付卡和直接借记在欧盟 15 个国家使用更多，而信用转账则在新的欧盟国家中更受欢迎（见表 2.3）。

2 欧洲：从现金交易到非现金交易的转变

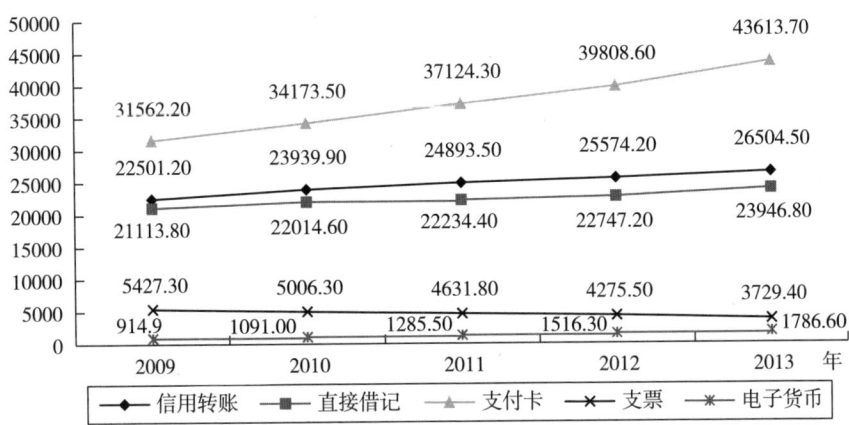

图 2.2 在欧盟内部使用非现金支付工具的交易量

[资料来源：EBC Statistical Data Warehouse（ECB, 2015）]

表 2.3 2013 年特定支付工具在非现金交易量中所占份额最大的国家

支付工具	第一位		第二位		第三位		欧盟	欧元区
	国家	占比（%）	国家	占比（%）	国家	占比（%）	占比（%）	占比（%）
信用转账	保加利亚	80.1	匈牙利	57.5	克罗地亚	55.8	26.5	25.9
直接借记	德国	49.8	西班牙	47.1	奥地利	36.2	23.9	29.0
支付卡	丹麦	71.8	葡萄牙	67.6	爱沙尼亚	66.9	43.6	37.5
支票	马耳他	26.3	塞浦路斯	16.4	法国	13.6	3.7	4.4
电子货币	卢森堡	87.7	意大利	5.4	希腊	2.2	1.8	2.3
其他	意大利	6.5	匈牙利	1.2	奥地利	0.9	0.4	0.6

资料来源：该数据统计源于欧洲中央银行（European Central Bank, 2015）。

非现金支付进一步增长似乎呈现出不可逆转的发展趋势。Kearney（2013, p.3）预测，在不久的将来，非现金支付量在占全世界非现金交易总量三分之一的欧洲将比近几年呈现更快的增长趋势。这将导致现金在零售支付中的份额从 2015 年的约 70% 下降到 2020 年的 60%（见图 2.3）。

2.1.3 现金支付的份额和它的主要使用领域

应指出的是，非现金交易的迅速增长并不意味着货币流通中的现金被替代（Górka, 2009, p.53）。在当代货币体系中，货币供应量的大小和流通中的现金份额是中央银行（增加或减少银行系统中的货币数量，并通过修改准备金影响货币供应）、商业银行（以现金和非现金形式发放贷款创造货币）和非银行实体（决定以现金或非现金形式储存其资源）之间博弈的结果。其中，消费者对流通中的现金份额有决定性的影响。

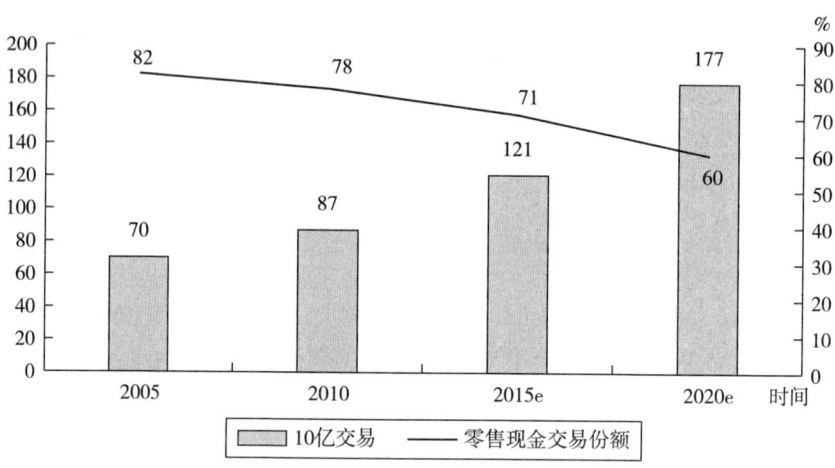

图 2.3　2005—2020 年欧洲非现金交易量增长和现金交易量占比

［资料来源：基于 A. T. Kearney（2013，p. 3）］

这一论断似乎被国际清算银行的数据所证实。报告显示，近年来非现金交易伴随着流通中的纸币和硬币相对生产总值（GDP）的增长而快速增长，特别是在这一比率相对较高的国家（见表 2.4）。除了印度以外，几乎所有的国家和地区都发生了这种情况：瑞典和南非共和国都报告了这一比率的下降；韩国、墨西哥和土耳其则报告其略有增长；加拿大、澳大利亚和英国在分析期间的水平则相对稳定（BIS，2014，p. 443）。

表 2.4　　　　　　　　流通中的纸币和硬币量占 GDP 的百分比

地区	2008 年（%）	2013 年（%）	变化率（个百分点）
欧元区	8.50	10.23	+1.73
中国香港特别行政区	10.88	14.29*	+3.91
印度	12.27	11.49	−0.78
日本	17.17	19.74	+2.57
俄国	10.61	12.46	+1.85
新加坡	7.74	8.49	+0.75
瑞士	9.13	11.40	+2.27
美国	6.05	7.40	+1.35

注：＊表示 2012 年的数据。

资料来源：国际清算银行（Bank for International Settlements，2013，p. 439；2014，p. 443）。

2 欧洲：从现金交易到非现金交易的转变

现金仍然是许多地区的基本支付工具，拉丁美洲、亚洲国家（亚太地区的发达国家除外）和非洲的居民几乎只使用现金。根据麦肯锡的数据，2007年，印度尼西亚、印度、哥伦比亚、俄罗斯、中国和墨西哥98%~99%的支付是由现金完成的（Denecker等人，2009，p.10）。直至最近，在"金砖四国"仍是现金占绝对的优势。然而，近年来"金砖四国"非现金交易的发展使巴西、中国和俄罗斯跻身非现金支付量最大的10个国家之列（Capgemini等人，2012，p.6）。而与美国类似，欧洲和亚太地区的发达国家是现金使用相对较少的地区。

M1货币供应中的现金比例是衡量现金周转率的基本标准之一。近年来，欧盟这一比率稳定在17.1%~19.7%的范围内波动，而在欧元区，这一比率从2001年的10.5%明显增长到2008年至2009年的17%~18%（见图2.4）。特别是在2008年观察到的M1中现金占比增长证实了这一论点：金融危机和经济崩溃伴随着对非现金支付信任的丧失以及对现金信任的增长，或者至少是对现金需求的增长。因此，2008年后现金占M1余额份额相对较高可以被视作缺乏对经济形势稳定信心的证明，但这也可能是欧洲持续低利率的结果。

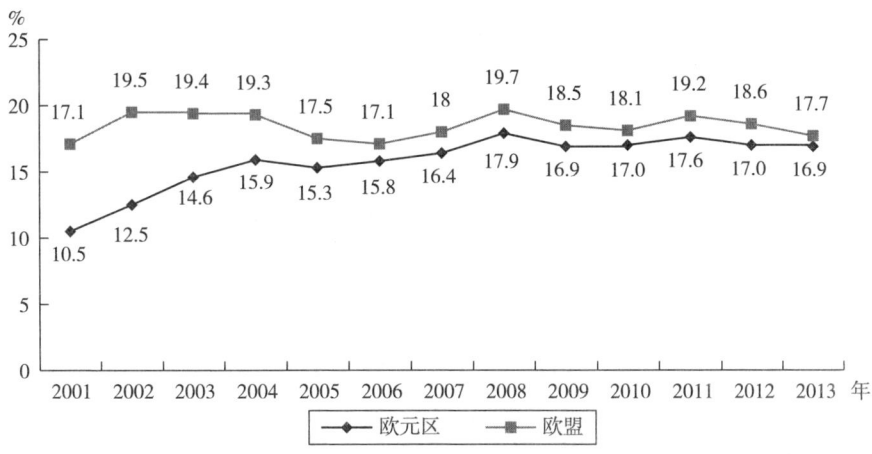

图2.4　2001—2013年现金价值占狭义货币（M1）的百分比

[资料来源：EBC Statistical Data Warehouse（ECB, 2015）]

欧洲国家的特点是各国在狭义货币M1中现金占比存在显著的差异。2013年，现金占比超过30%的国家包括罗马尼亚、匈牙利和保加利亚，而瑞典和英国则低于5%（见图2.5）。

应该强调的是，狭义货币中现金比例高的国家同时也是金融排斥率（以每个居民的银行账户数量和非现金交易数量衡量）相对较高的国家。

尽管如此，许多欧洲国家对现金仍然有很大的投入，这表现为现金支付在

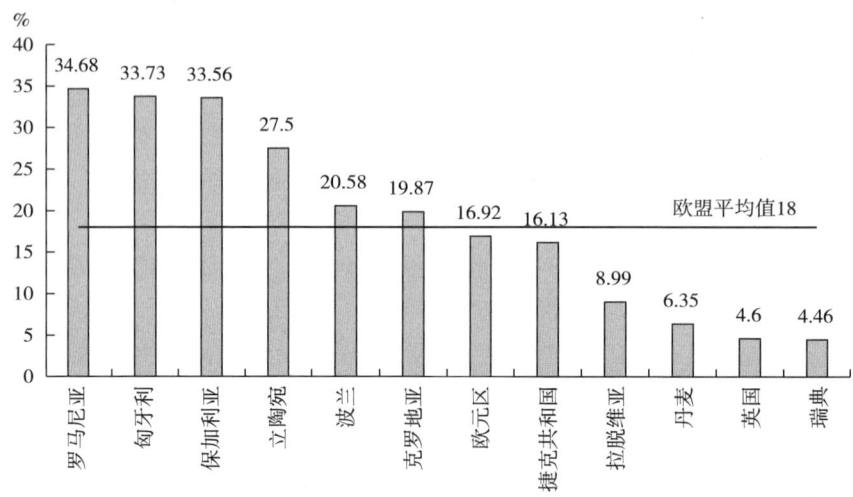

图 2.5 现金占狭义货币（M1）的百分比——2013 年的跨国比较

[资料来源：EBC Statistical Data Warehouse (ECB, 2015)]

支付交易总量中占比很大（在支付交易金额中所占的比例要低得多）。根据麦肯锡的数据，2007 年欧洲国家的零售支付中现金占比相对较高，但差异明显。据报道，中欧和东欧的国家这一比率最高，甚至超过 90%（如波兰为 94%），德国现金支付占 75%；芬兰、瑞典和法国的现金使用率最低，在零售支付中所占的比例分别为 47%、54% 和 55%（Denecker 等人，2009，p. 10）。之后的几年，这一比率正在下降，但下降的速度相当缓慢。欧洲中央银行的数据显示，欧盟国家 2012 年的平均比例达到 59.7%，其中，欧盟 15 国的平均占比达到 54.5%，其余国家的平均占比为 75.8%。现金在零售支付交易中所占比例最高的希腊（96.6%）和占比最低的卢森堡（29.1%）之间的差距达到 67.5 个百分点。根据欧洲中央银行的数据，现金在支付中仍然非常重要的国家主要包括希腊、意大利、马耳他、塞浦路斯和西班牙等南欧国家，以及新成员国，包括保加利亚、罗马尼亚、立陶宛、波兰、捷克和斯洛伐克。前者，除了文化因素外，很可能是因为它们是旅游发达的国家，而后者则是非现金支付发展时间相对较短的结果。另外，西欧的一些小发达国家（卢森堡、丹麦和荷兰）和斯堪的纳维亚国家（芬兰和瑞典），如图 2.6 所示，这些国家之间的差异非常显著。现金在交易总量中所占比例为 75%~97%，而在发达的非现金交易国家，这一比例则为 29%~38%。

特别是在销售点进行的低价值交易中，现金是一种首选的支付方式。在所谓的小额支付[2]中，现金占比是最高的，因为在金额极低的交易中，使用支付卡是不

2 欧洲：从现金交易到非现金交易的转变

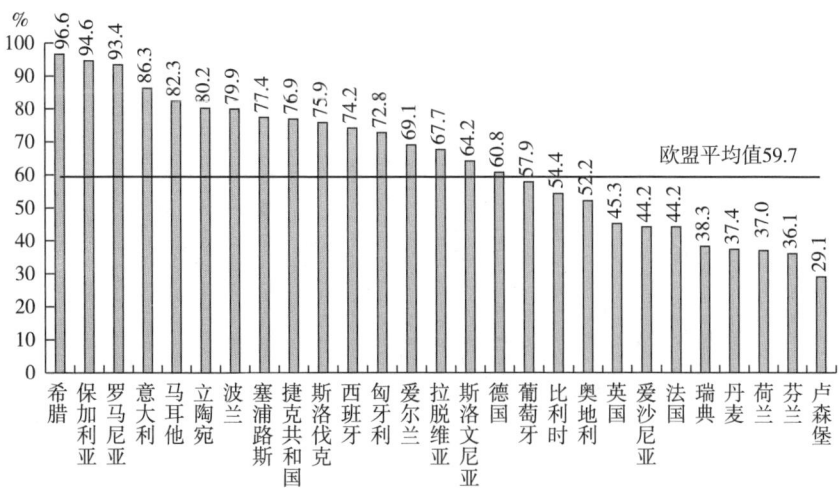

图 2.6　2012 年欧盟国家零售支付交易量中现金的占比

[资料来源：基于文献（Schmiedel 等人，2012，p. 22）]

经济的。现金的支付倾向和支付金额成反比。研究表明，现金主要用于咖啡馆、快餐店和个人对个人的支付，以及在小商店、城市交通、自助售货机购物和支付服务费用（如休闲活动）（Deutsche Bundesbank，2012，p. 40，pp. 52 – 57；Koźliński，2013，pp. 121 – 143，pp. 165 – 169；Sveriges Riksbank，2015）。

从宏观经济的角度来看，现金交易所占比例如此之高是不利的，因为现金的成本高且难以减少影子经济。2006 年，欧洲支付理事会（European Payment Council，EPC）评估了欧盟的现金成本每年超过 500 亿欧元，占 GDP 的 0.4% ~ 0.6%（European Payment Council，2006，p. 7）。欧洲中央银行也得到了类似的结论，即根据 13 个欧盟国家[3]调研估计 2012 年这些成本达到 450 亿元，约占参与这次调研的这些国家 GDP 的 0.96%。现金交易的成本由中央银行和商业银行承担，它们与纸币和硬币的发行，现金交易的基础设施分配、维护，以及纸币和硬币的销毁有关。

荷兰国际集团（ING Group）2015 年 4 月进行的一项研究为改变消费者对现金的态度带来了些许的希望。在该研究中，半数欧洲人宣称他们使用现金的频率低于 1 年前。而这种消费者转变的希望甚至更大，因为在包括土耳其、波兰、西班牙和罗马尼亚现金使用比例高的国家，这类人的比例高于欧洲平均水平。另外，在奥地利和德国，声称较少使用现金的人的比率最低（见图 2.7）。

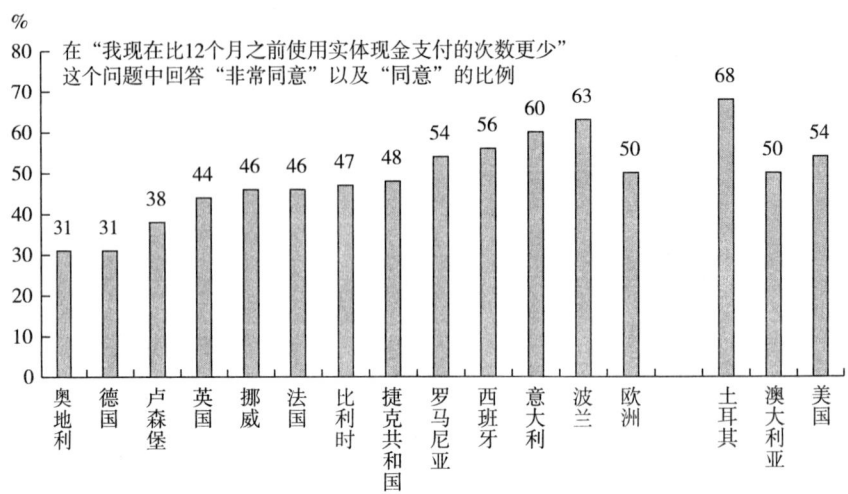

图 2.7　各国声称较 12 个月以前更少使用现金的人所占比例

[资料来源：ING（2015，p.21）]

2.2　减少现金使用需克服的挑战

2.2.1　为什么使用现金支付以及如何改变

在零售支付中经常使用现金的原因有很多，除了习惯之外，最重要的原因是消费者看重现金具有的特征，如匿名性和便利性以及支付成本低。

匿名性是现金的一个特别特征，因为与其他支付工具相比，现金不留下任何交易的痕迹。因此，对于愿意保持匿名的人来说，现金仍然是交易支付的最佳方式。现金支付也很便利，虽然便利首先被认为代表着易用，但它通常与支付的速度有关。对实际持有的意识和随时获得现金的可能性是对许多人来说非常重要并有助于现金使用的另一个因素。

现金使用相关的成本有很多，其评估和感知的方法在很大程度上取决于评估人员在现金流通中所在的位置。消费者认为现金是免费的，这是因为现金支付不像非现金支付那样需要额外收取费用。然而，这种思维方式是错误的。导致这种思维的原因是所购买商品和服务的价格相同，而与支付工具无关。然而，主要涉及非现金支付的一些支付成本（如交换费）隐藏在商品和服务的价格中。因此，使用现金的用户承担了非现金支付所需的支付基础设施成本，即使他们不使用非现金支付。对于大多数商户而言，现金似乎也是免费的，是因为他们并没有将公司内部现金交易的相关成本纳入成本结构。由于上述原因,使用价格刺激(通常被认为能有效影响用户行为改变)来减少现金支付可能是非常困难的。

因此,减少现金交易绝非易事,而且可能带来许多需克服的挑战(见图2.8)。

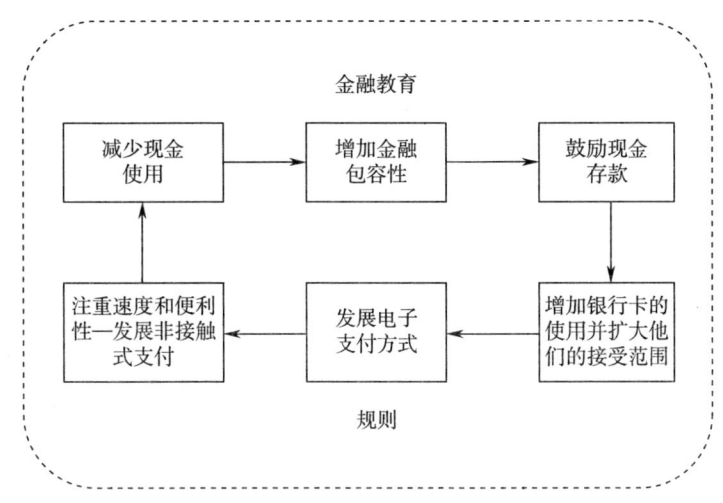

图 2.8 为减少现金使用需要克服的挑战

(资料来源:笔者总结)

首先,需要向尽可能多的社会成员提供基本金融服务,包括支付账户。但是,需要申明的是,它不一定是标准的银行账户。这是因为越来越多的非银行支付服务提供商(PSPs)提供了无须使用银行账户的创新支付方式,或者将该账户仅作为流动性的来源。因此,它为消费者提供使用基本账户的权利,并允许非现金支付,而这也可以由包括支付机构在内的非银行金融机构提供。

减少现金使用也有利于:

- 从纸质支付(支票或"纸质"信用转账和直接借记)转向电子支付(支付卡和基于电子方式的信用转账和直接借记,也称 ACH 支付);
- 支付创新的发展,特别是那些可能成为面对面交易中替代现金的创新。

政府的导向举措,包括鼓励非现金支付的政策也将是非常重要的。应该采取一般性措施促进非现金支付便利性、高速性和安全性的提高,以及鼓励电子支付的教育性行为。本章第 2.2.2 节至第 2.2.6 节介绍了有利于减少现金交易,从而发展非现金支付的主要举措。

2.2.2　金融普惠性的增加

用现金进行支付或许是一个选择性的问题，但选择现金有时是由无法访问银行账户而导致的，因此是金融排斥的衍生结果。欧盟委员会将金融排斥定义为"人们在主流市场中难以获取或使用适合其需求的金融服务和产品并使其能够在其所属社会中过正常社交生活的过程"（European Commission，2008，p.9）。大量研究证明，缺乏获取金融服务的机会会导致贫困陷阱和不平等（Banerjee 和 Newman，1993；Aghion 和 Bolton，1997；Beck 等人，2007）。所以金融排斥通常会导致社会排斥，而这种关系反过来也成立。因此，用金融普惠性的概念来描述，即为所有相关的参与主体提供基本的金融服务，包括非现金支付账户的使用，是减少现金交易的初始条件。在发达国家，金融的普惠性通常被定义为个人、家庭或群体获得适当金融服务或产品的能力（The UK Cards Association，2015）。另外，在发展中国家首先强调的是向最弱和最贫穷的人提供获得基本金融服务的机会，而这些服务应该是简单、方便、透明和低价的。通过这种方式，印度储备银行和南非银行协会等机构界定了金融的普惠性[4]。越来越多的研究表明，金融普惠性可以对个人产生重大的有益影响，这为促进普惠金融的政策提供了经济和政治上的依据。正规的账户使工资发放、汇款和政府付款变得更加容易，并且它还可以鼓励储蓄和开放信贷渠道。

尽管人们对普惠金融问题越来越感兴趣，但衡量金融普惠性的方法仍然相当不完善。早期，每个居民的银行账户数量被认为是衡量金融普惠率的主要指标，但这一衡量方法有许多局限性（Allen 等人，2012，p.3）。同时，考虑到非银行机构可以保留账户以实现非现金支付，世界银行制定了更完善的金融普惠性衡量标准。传统金融机构（银行、信用社、合作社、邮局或小额金融机构）的账户仍然是世界银行衡量金融普惠性的基本标准。因为对大多数人来说，拥有这样的账户被视为进入传统金融部门的一个入口点。

无法获得金融服务的问题似乎与欧洲无关，但实际上即使是高度发达的国家也存在没有机会获得金融服务的问题。根据世界银行2011年的数据，高收入和发展中国家的金融机构账户普及率差别很大：高收入国家普及率较高，89%的成年人称他们在正规金融机构有账户；但该比例在发展中国家只有41%。在各地区中，中东和北非的金融机构账户普及率最低，只有18%。该区域金融机构账户普及率在具有不同个人特征的群体之间差异很大——拥有账户的比率随着富裕程度和教育程度的提高而增加；城市居民的账户普及率也高于农村居民；此外，男士比女士拥有账户的人数更多（Demirguc-Kunt 等人，2013，p.2）。

根据 3 年后公布的数据（2014 年，编者注），所有国家的金融普惠规模都有不同程度的改善。在发达国家，94% 的成年公民在正规金融机构有账户，而在发展中国家这一比例为 54%。然而，在后一组中特定区域之间存在巨大的差异——账户普及率从中东的 14% 到东亚及太平洋的 69% 不等。该报告首次对世界范围内罕见的移动货币账户进行了区分。1% 的受访者表明了它为唯一账户；此外，1% 的受访者拥有一个移动货币账户和一个正规金融机构账户。然而，在一些地区，移动货币账户更受欢迎，如在撒哈拉以南的非洲地区，12% 的成年人和多达三分之一的账户所有者只拥有移动货币账户。在 13 个非洲国家中，移动货币账户的普及率为 10% 甚至更高，这一比率在肯尼亚最高，达到了 58%。这是 M-Pesa 移动支付系统发展的结果。在撒哈拉以南非洲以外地区，移动货币账户的所有权仍然有限。在南亚，拥有移动货币账户的成年人比例为 3%，拉丁美洲和加勒比海地区为 2%，其他地区仅为不到 1%（Demirguc-Kunt 等人，2015，pp. 11-13）。

在欧洲，人们拥有正规金融机构账户的比例在 2011 年达到了 86%（世界平均水平为 50%）（Demirguc-Kunt 和 Klapper，2012，p. 11）。这个数据意味着大约有 5800 万 15 岁以上的欧洲消费者在当时没有银行账户，并显示约有 2500 万人需要这样一个正式账户。欧盟中各国没有拥有正规金融机构账户公民的比例也大相径庭，从仅有 1% 的荷兰和瑞典（丹麦和芬兰的比率接近于零）到 55% 的罗马尼亚。平均来说，欧盟大约有 14% 的人没有银行账户。

56% 没有支付账户的人都表示自己不需要也不想要一个这样的账户。其中，老人（55 岁以上）和退休人员占主导地位；在受教育程度较低的人群中，这种现象也更为普遍；能够共享他人的付款账户也是 9% 的消费者没有账户的一个常见原因；7% 的人是因为年纪太小无法开户；5% 的人因为其他种种原因拒绝开户，这些原因包括缺乏固定收入、信用记录不良、文件不足或者没有明确理由（European Commission，2012b，p. 25）。

2014 年，欧盟 15 国和其他国家的金融普惠规模均有显著的增长（见图 2.9）。

与此同时，意大利、罗马尼亚、保加利亚和波兰在这方面改善最大，这几个国家在 3 年前拥有正规机构支付账户的人数相对较低。

无法访问银行账户会对支付服务提供商（PSP）和消费者都产生负面影响。支付服务提供商在内部市场上提供服务或者进入新市场的动力较小，这将限制竞争，从而影响价格的上涨以及提供给消费者的服务水平下降。无法使用基本的支付账户会使消费者不能充分利用内部市场，并阻碍跨境交易和远程交易等。

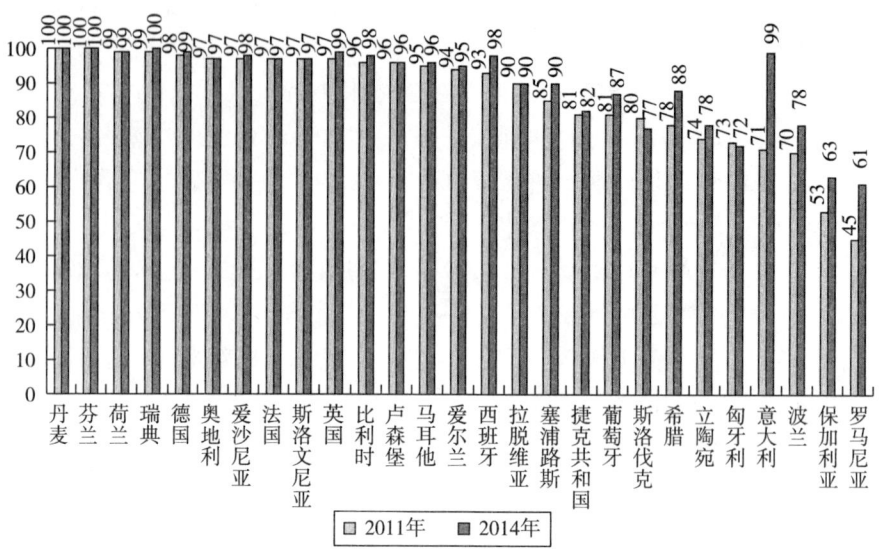

图 2.9　2011 年和 2014 年拥有支付账户的欧盟公民

[资料来源：Demirguc – Kunt 和 Klapper（2012，pp. 50 – 52），Demirguc – Kunt 等人（2015，pp. 83 – 84）]

因此，欧盟委员会制定了一项指令，该指令对支付账户基本功能的访问、支付账户的转换以及与支付账户相关费用的可比性等问题进行了规范。欧洲议会于 2014 年 4 月接受，并于 2014 年 7 月颁布了支付账户指令（Payment Account Directive，PAD）。成员国将在两年的时间（直到 2016 年 9 月 18 日）将该指令列入国家立法并生效。该指令的目的是让想要开设和使用支付账户的消费者能够在欧盟的任何地方获取基本支付服务从而进行日常支付交易。排除其他因素，这一措施应该可以减少金融排斥。

关于支付账户的指令涉及三个方面：

- 支付账户的开户：这些条款为所有欧盟消费者提供了开设支付账户的权利，无论他们身在何处、是否为信贷机构所在国家的居民及财务状况如何，他们都可以使用基本的支付业务，如领取工资、退休金、水电费津贴或支付水电费等。
- 支付账户的转换：为那些在同一会员国中想要转换支付账户，或者在银行持有支付账户并想在另一国家开设账户的消费者建立简单快捷的程序。
- 支付账户费用的可比性：使消费者更加容易比较欧盟各国中支付服务提供商的手续费。

成员国有义务确保那些具有基本功能的银行账户不仅仅由那些只使用互联网工具维持经常账户的信用机构提供。关于开户问题，相同的原则也应该适用于那些即使不是特定成员国的居民、没有永久居住地址，但是拥有合法居住权的消费者。这些人在很多时候都只能有限地开立一个具有基本功能的账户，通过这个账户他们可以进行任何支付。

然而值得强调的是，成员国对于支付账户的协商表明，不同成员国对于需要什么样机构和支付账户基本功能规则的问题上存在巨大分歧。成员国就仅涉及欧盟公民应有权利（而不是强制）开设此类账户的意见达成一致。但如果涉及改善此类账户的准入和提高支付账户相关费用透明度的可能措施，则其态度相当多样化。此外，讨论还涉及这种账户的功能。其中，借贷（透支）的可用性这一点受到了特别的批评。

最后，成员国普遍认为信贷机构以及其他支付服务提供商（PSP）应该提供具有基本功能的支付账户。并且支付账户指令（PAD）将涉及 10～20 种消费者最常使用、产生最高成本的支付服务。账户内的服务应免费提供，或者所收取的费用应该合理（其金额应与国家收入水平相对应，并考虑特定成员国信贷机构收取的平均费用）。

然而，支付账户指令在增加金融普惠规模方面的效率将主要取决于详细的解决方案，包括提供此类账户机构的价格策略。这是因为虽然互联网开通账户已经很便宜了，有些甚至是免费的，但它仍然没有解决无法获得金融服务的问题。原因在于使用它们需要访问计算机和互联网，以及需要掌握使用的基本技能。然而，大多数没有银行账户的人是老年人或受教育程度较低的人，他们通常没有互联网接口，也没有这种技能。由于同样的原因，这些人将无法利用价格比较网站作为基本工具，对支付账户相关的费用进行比较。

最后，应特别指出的是，在许多国家，特别是那些在货币供应中存在大量现金的国家（包括波兰），分析证明了银行服务的使用在长期来看可以转化并体现为 M1 中的非现金比例增加（并且因此减少现金的比例），但不需要减少现金比例（Gumuła，2013，p.47）。当开立账户是法律义务时，就会产生这样的情况。由于拥有一个账户并不会改变支付习惯和偏好，因此，银行服务的使用有利于增加账户存款且用于支付时提高非现金周转率。

2.2.3 电子支付工具的发展

电子支付是减少现金使用的另一种方式。电子支付的迅速增长是一系列因素的结果，其中最重要的因素包括通信和信息技术的发展以及电子商务的拓展和社会文化的变化，特别是当代消费者生活方式和行为的变化。

技术的发展是无法阻止的。此外，100 多年来，采用新技术的速度越来越快。如果以飞机为例，它需要 68 年才能获得 5000 万用户，而无线电则需 38 年，互联网在 7 年内达到了这个数量的用户，非接触卡则为 4 年，而对于银行中的移动应用，预测表明它只需花费 2 年的时间（见图 2.10）。

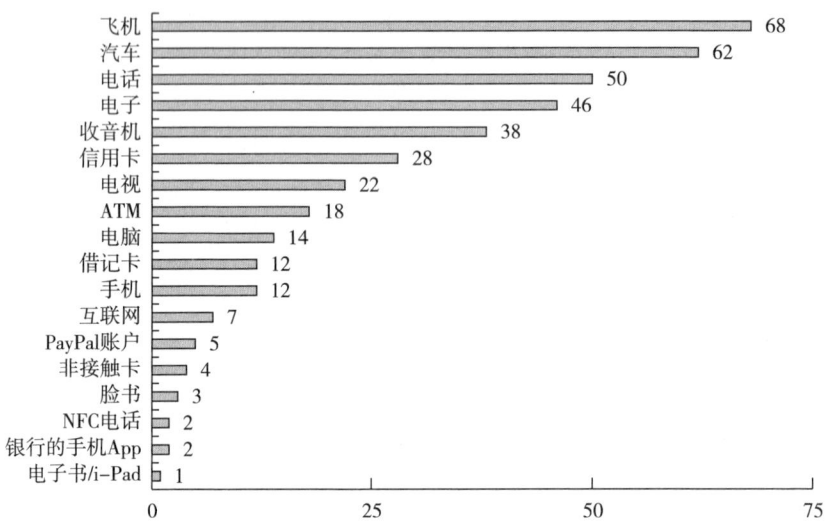

注：＊需要获得 5000 万用户。

图 2.10　新技术创新的接受率

［资料来源：笔者基于 King（2013，p. 299）的统计］

现代技术显著影响了购物和使用金融服务的方式，导致我们更频繁地以远程的方式购物，主要是在互联网上进行（EFMA，McKinsey 和 Company，2012，p. 5）。然而，现代通信和信息技术的发展对支付方式产生的影响最大。它与支付服务的特定功能相关联，该功能不是单独的金融服务，而是最常用于购买商品或服务交易的最后环节要素。正因为如此，它的形式应该根据"基本"交易的性质和方法进行调整，这样才能使买卖双方的价值和可用性达到最大化。

对于电子支付，我们可以将其区分为两类：基于传统支付工具的电子支付（卡支付和 ACH 支付，即电子信用转账和电子直接借记）和支付创新产生的电子支付（如非接触式卡、移动支付或在线支付）。需强调的是，ACH 支付只能在有限程度上取代面对面交易中的现金。而支付创新，特别是非接触式卡，在该领域具有更大的可能性。远程交易的情况则略有不同。电子商务中现金支付相对较少，而替代现有支付方式的创新发展也进展缓慢。显然，在网上进行的交易其付款过程也应该在网上进行。PayPal 或谷歌对此认为是它们向客户提供支付方式的同时考虑到了适合购买流程的交易环境。在这方面，移动支付具有

2 欧洲：从现金交易到非现金交易的转变

最大可行性，因为移动电话（通常为智能手机）不仅可以用于支付，而且可以立即收集与我们想购买商品相关的有用信息（如有关账户余额、债务水平，以及在不久的将来偿还信贷分期付款的日期或有关商品/服务价格的信息）。

如 A. T. Kearney 研究表明，尽管在线支付发展迅速，欧洲电子商务仍然主要通过支付卡进行支付。最大的一类国家被称为"卡市场"，包括丹麦、英国、法国、挪威、西班牙和瑞士（即卡片普及率高的国家），这些国家的网上买家更喜欢用信用卡进行支付。德国是 ACH 支付占主导地位的国家，其在线市场主要是通过信用转账（预付和发票）和直接借记完成。根据 A. T. Kearney 的说法，这并不是因为消费者和商户的偏好，而是因为缺乏有针对性的、方便的解决方案。最现代的支付方式在所谓的在线银行电子支付（online banking e‐payment, ObeP）市场中得以应用，如荷兰、瑞典、芬兰和波兰的银行已提供了便捷的银行账户在线支付方式（A. T. Kearney，2013，pp. 9‐10）。

由于电子商务在全球范围内正在动态增长——在过去 5 年中，B2C 领域电子商务销售额的平均增长率超过了 20%，因此，普及在线支付使消费者能够以安全、快速和方便的方式完成交易的需求变得越来越迫切。电子商务基金会的数据显示，2010 年全球电子商务销售额达到了 8200 亿美元，2015 年将增长到 22.5 亿美元（E‐commerce Foundation，2014b，p. 18）。2013 年，欧洲有 5.65 亿（69.2%）居民使用互联网，近三分之一的人在网上购物，其营业额（3611 亿美元）继亚太地区之后世界排名第二，超过了美国（见图 2.11）。英国、德

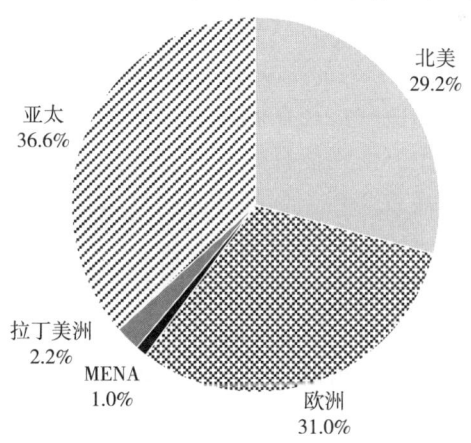

注：MENA 指中东和北非区域。

图 2.11 2013 年全球 B2G 电子商务中各区域所占份额

[资料来源：E‐commerce Foundation（2014b, p. 14）]

国、法国是欧洲三大电子商务市场，3个国家于2013年占欧洲电子商务总营业额的近61%（E-commerce Foundation，2014a，p.19）。与此同时，欧洲电子商务市场具有巨大的发展潜力，可以以最具创新性的方式同时预测电子支付的动态发展。

消费者支付习惯的演变是社会和文化变化的结果，是支持用电子支付取代现金和纸基支付的第三类因素。相互间更容易获得信息使消费者的意识和需求更显著。消费者拥有获取、处理和使用知识的技能，这导致他们越来越希望成为他们所使用的产品和服务的共同创造者。消费者行为变化的最大转折点是在移动技术的影响下发生的。平板电脑和智能手机等移动设备从最初只是为一小群对技术创新着迷的人设计的，最终成为大众消费产品。它们不仅用于通信，而且是信息、娱乐和教育的来源，也是获取地点或金融服务的途径。

消费者价值观的层次也在发生变化——对于越来越多的消费者而言，自己的需求变得越来越重要。这个特征在最年轻、最有前景的消费者群体中最为明显，这一消费群体通常被称作"Y世代""千禧一代""彼得潘"或者"回巢族"，而他们的习惯（包括支付习惯）正在成型。"千禧一代"这个术语通常指的是20世纪80年代初到21世纪初期出生的人。他们的独特性表现为相互联系、实践型、技术娴熟且有社会意识。Y世代所带来的机会迫在眉睫且至关重要——到2015年，他们的年度支出预计达到2.45亿美元。随着这一人口群体的富裕程度、影响力和财务需求的增长，金融机构需要吸引他们并赢得他们成为长期客户。Y世代与其先行者X世代相似，他们更喜欢低成本的金融服务，重视便利性、具有从事更多网络活动和更快服务的能力（Deloitte，2008，p.5）。被视为支付工具易用性的便利性正在成为当代消费者在支付领域所需要的基本特征之一。面对面交易中，便利性意味着可以接受更多支付方案且处理时间更短。消费者在线交易的需求类似，支付舒适度意味着使用的容易程度、速度及易于登记和结账（A. T. Kearney，2013，p.9）。

需要强调的是，对消费者支付工具所需特征的调查表明，消费者还非常重视支付工具的其他特征，如安全性或使用成本。20世纪90年代中期以来，在世界各地开展的100多个研究项目的结果证实了这一点，其目的是确定影响消费者持有（即决定首次获得或使用某种特定支付工具）并继续使用各种支付工具的因素。尽管这些因素似乎根据支付情况和受访者的社会人口统计特征（其中最重要的是年龄）有所不同，但被列为关键因素的是支付工具的成本、安全性和易用性（ECB，2012，p.78）。

最后应该强调的是，如果消费者更多地通过便利性、安全性和成本，或者是综合考虑这些因素，使电子支付对现金和纸基支付的传统支付工具的替代并不容易。因为许多国家，特别是那些并不发达的国家，明显地倾向于使用现金支付，如在波兰现金被认为是最舒服和最安全的形式，且与非现金支付相比，现金同时允许更好地控制费用的支出。在这些国家，现金在日常支付中的使用主要出于习惯，也出于缺乏金融知识和对金融机构的信任。这些习惯的改变需要时间、针对这种变化的激励措施以及相应的教育措施。

2.2.4 替代现金的创新型支付工具

由于支付创新的发展，在面对面交易中替代现金的支付工具可能会在未来几年变得更加普及。这是因为，银行多年来专注于提供传统或典型的支付工具，而这些创新支付工具极大填补了银行不感兴趣的市场。这部分市场主要包括小额支付，尤其是仍然使用现金支付的小额支付。

当前使用创新支付工具的占比仍然很小，但预测显示，到2020年它们在欧洲非现金交易数量中的份额可能达到20%（见图2.12）。与此同时，信用转账和直接借记的份额预计将下降五分之一以上，而借记卡和信用卡的份额将保持稳定。

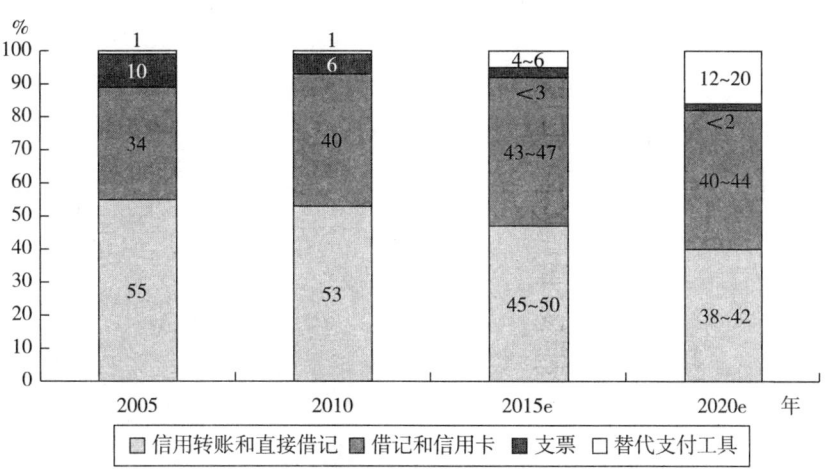

图2.12 欧洲市场支付工具使用占比变化（2005—2020e）

最近出现的大多数支付工具创新都有利于促进非现金交易的发展，但只有少数可能直接替代现金。由于这些创新支付工具数量众多且种类繁多，所以在市场上识别这些可替代现金的创新支付工具并不容易。对此，最近几年进行过两次旨在确定零售支付创新的大规模调查。

在由世界银行于 2010 年对超过 101 家中央银行进行的调查中,确定了 173 项支付创新。P2B 支付和 P2P 支付是最常见的由支付工具创新提供商提供的支付类型。不到 10% 的支付工具和方式支持政府支付。绝大部分创新支付工具或方式由非银行支付服务提供商通过电子渠道进行结算,并具有成熟的定价模型。与此同时,这些创新的支付工具或方式也具有常见的缺点,包括交互性有限、缺少与清算和结算机构的直接联系,以及安全性相对较低(World Bank,2011,pp. 44 – 45)。

一年后由 CPSS 进行的类似调查中,三十家中央银行报告了零售支付领域的 122 项创新,可分为以流程为导向的创新和以产品为导向的创新。一方面,以流程为导向的创新主要集中在后台流程,即支付流程中通常只有支付服务提供商才能接触的创新,这些创新旨在提高支付流程的有效性。另一方面,以产品为导向的创新赋予了从用户的角度而言直观可见的支付工具功能创新。这些创新可以进一步进行分类,如用于启动支付的设备类型(如卡或移动电话)或完成支付的渠道(如互联网、移动电话网络或 POS)的创新。在国际清算银行的报告中,分为了五种产品创新:卡支付、互联网支付、移动支付、电子账单提交和支付(electronic bill presentment and payment,EBPP),以及基础设施和安全方面的改进(Bank for International Settlements,2012,pp. 12 – 15)。

零售支付市场的创新通常以产品为导向(新的支付工具)或以流程为导向(新方法/支付方式被视为包括其启动、处理、结算和清算,以及接收支付的流程)。最近在零售支付市场上出现的大多数新解决方案是渐进式创新(如非接触式卡或 EMV 卡)。另外,包括移动支付、在线支付、电子货币和虚拟货币的全新的支付创新更为少见(Harasim 和 Klimontowicz,2013,pp. 88 – 89)。

考虑到基本类型支付创新的发展速度和消费者持有率,非接触式支付被认为是替代现金最主要的支付工具。非接触式支付包括非接触式卡(基于 RFID 技术)和近场移动支付,尤其是近场通信(Near Field Communication,NFC)支付(见表 2.5)。在不久的将来,电子货币和虚拟货币在该领域的潜力将小得多。另外,如支付卡(主要是信用卡)、信用转账和直接借记等在线交易中所使用的创新支付工具则是传统非现金支付工具的主要竞争对手。

表 2.5 替代现金的创新支付工具

支付工具	创新程度		交易类型		替代现金程度
	渐进	全新	面对面交易	在线交易	
非接触式卡	X		X		+ + +
近场移动支付(NFC)		X	X		+ + +

续表

支付工具	创新程度		交易类型		替代现金程度
	渐进	全新	面对面交易	在线交易	
远程移动支付		X		X	+
在线支付		X		X	+
电子钱包/电子货币		X	X	X	+ +
虚拟货币		X		X	+ +
电子信用转账	X			X	+
电子直接借记	X			X	+
EMV 卡	X		X	X	+

资料来源：笔者总结。

2.2.5　非接触式支付普及的决定因素

很多因素决定了非接触式支付是否会成为现金真正的竞争对手，这些因素可以分为三类（见图2.13）：

- 支付市场特定特征产生的因素；
- 支付服务提供商的因素；
- 支付服务用户（消费者和商户）的因素。

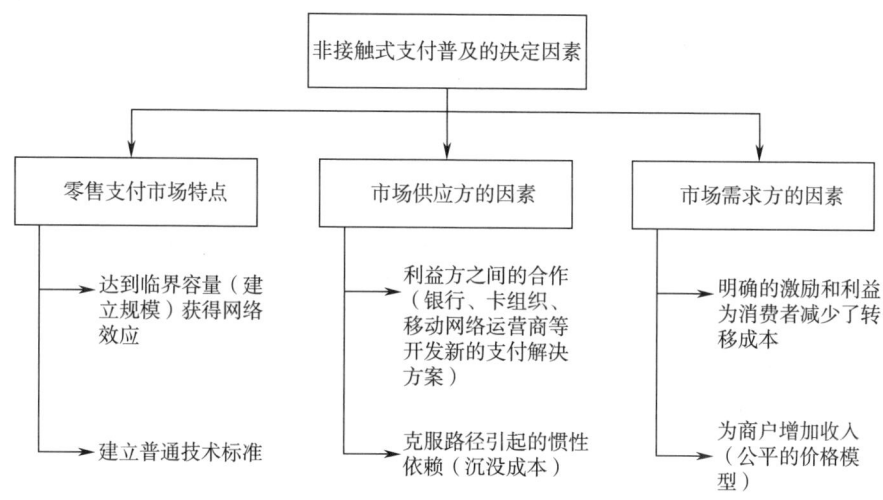

图2.13　非接触式支付普及的决定因素

快速获得大量的消费者和商户对于支付创新的成功十分重要。关于非接触式支付，支付市场相关的特征显示，短时间内非接触式卡支付比近场移动支付更有利。卡支付要达到临界数量要容易得多，这是由于非接触功能通常被添加（通常是免费的）到新发行的卡上，这使卡的数量能够快速增长。此外，相对较少的应用技术标准也有利于非接触式卡的普及。其中，由 MasterCard 实施的 PayPass 技术和由 Visa 实施的 PayWave 技术的两个标准具有根本重要作用。作为快速达到临界数量的例子，波兰在 2009 年底有 32 万张非接触式卡在流通，约占发行支付卡的 1%，该数据在 5 年后达到 2570 万张，即非接触功能卡在支付卡市场占比增加到了 71.3%（National Bank of Poland, 2015, p. 10）。然而，英国市场是欧洲最大的非接触式卡市场，于 2014 年时有 5800 万张非接触式卡在流通。英国信用卡协会（The UK Cards Association, 2015）的数据显示，2014 年英国消费者使用非接触卡的次数为 3.192 亿次，2014 年非接触式卡的消费量增长超过三倍，达到 23 亿英镑（是前 6 年总和的两倍以上）。

与非接触式卡支付相比，近场移动支付的情况稍微差一点。尽管智能手机和平板电脑的数量在不断增长，但并不等同于移动支付的快速普及。大量的技术解决方案是造成这种情况的主要原因之一。然而到目前为止，它们都没有成为大多数市场参与者可能采用的标准。最有希望的方案与近场通信技术有关，但目前尚未开发出通用标准。在移动支付发展快速的东南亚国家，日本的经验表明，克服这些障碍（从而实现大规模普及的可能性）需要的不是竞争，而是所有相关方（电信、银行和技术解决方案提供商）的合作。然而，正如先前的经验所表明的那样，这并不容易，因为它们的利益往往是相反的。这方面非接触式卡情况就与近场移动支付的情况有所不同。

银行（与卡计划合作的银行）是推广非接触式卡的领导者，同时在零售支付市场中占据主导地位。非接触式卡是一种渐进式创新，不是银行提供的其他支付工具的竞争者，相反，它们相互补充，从而提供更丰富的服务。这是因为使用传统支付卡的大部分支付都在 15～150 美元，非接触式卡用于小额支付，而现金是小额支付使用最多的支付工具。非接触式功能通常加入新发行的借记卡或信用卡中，允许市场参与者（商户、商户收单机构、卡组织、卡外包服务商、发卡机构和许多其他供应商）进一步减少对设备、软件和人员的沉没投资。

另外，来自行业外部的新竞争者（例如移动设备生产商或电信）是近场移动支付的发起者。传统支付工具未能满足识别用户需求的能力被视为新支付服务提供商的最大竞争优势（Sullivan 和 Wang, 2007）。新竞争对手也有大量成熟的客户数据库，其数量远远超过单个银行。例如，苹果公司拥有超过 5 亿名用户，最大的移动网络运营商沃达丰（Vodafone）拥有约 4 亿客户，而花旗集团和桑坦德银行各自拥有约 1 亿客户。新支付服务提供商完全了解消费者的购买习惯,可以很好地识别他们的需求。他们对零售支付市场的兴趣源于为用户提供由其提供的产品和简单支付工具组成的套餐,完成付款。因此,理想的支付应该与销售过程结合在一起,并以对用户来说最"友好"的方式进行。零售业获得的经验使其提出的支付工具具有更大的灵活性、创新性和简单性。与银行提供的传统支付工具相比,它们在更大程度上满足了客户在速度、成本和支付简单性方面的需求,同时确保相对较高的保护水平、防止滥用和提供更快更容易的退款或投诉程序。此外,相对于银行,新竞争对手制定决策、实施新解决方案及应对市场变化的速度更快(Harasim, 2013, pp. 97 - 98)。

支付服务商的条件决定了非接触式的成功支付与其用户的需求相关联。假设在双边市场中有两类最终用户:消费者和商户。对于消费者而言,最重要的是支付的便利性和实用性(包括其速度和易用性),以及安全性和成本;而对于商户来说,通过接受特定支付工具获得的收益(如增加收入的形式)和成本(如以 POS 终端支付或与支持支付相关的其他服务形式)之间的关系特别重要。

从消费者的角度来看,非接触式支付的最大优势在于其易用性和速度,这一点得到了国内外研究的证实。Edgar、Dunn 和 Company 在 2010 年进行的研究结果表明,受访者认为付款的速度和排队等候时间的减少是实施非接触式支付所带来的最重要的优势。这里需说明的是,这些优势必须同时存在,因为如果排队等待时间没有减少,那么支付会持续几秒钟的优势将不再重要(Edgar, Dunn 和 Company, 2011)。波兰的研究表明,所有非接触式支付(即非接触式卡、离线非接触式卡、电话 RFID 标签和带有 PIN 的 NFC 手机)都比通过传统卡支付更快。但就支付速度而言,只有离线非接触式卡能和现金竞争(Polasik 等人, 2013, p. 13)。非接触式支付的便利性还与不需要交易确认或输入 PIN 有关。另外,尽管非接触式支付不被认为是一种非常安全的支付方式,但迄今为止,不需要携带现金进行低价值支付意味着更大的安全性。

非接触式支付的大规模使用也可以给很多商户带来好处,主要表现为与收入增加相关。因为减少服务时间就可以服务更多的消费者,这在餐馆、运输等大规模服务的情况下尤其重要[5]。此外,一般而言,非接触式支付的消费者比那些使用现金支付的消费者花费更多(20% ~ 30%)且更满意,这将促使进一步的购买。使用非接触式支付还可以降低与现金相关的成本,包括其保险或盗窃损失。但是,许多商户将这些成本视为固定成本,并且认为通过减少这些费用只能节省有限的成本。一些商户将这些节省的费用与它们为接受卡支付的费用相比较,对非接触式卡的经济可行性进行了批判性评估。尽管如此,大多数商户都明白,适当部署的非接触式技术对最终用户有着巨大的好处,特别是在特定的商业领域（Edgar, Dunn 和 Company, 2011, p. 18）。除了经济利益之外，商户可以获得有关消费者偏好和购买习惯等更多信息，这在建立忠诚度计划或其他营销活动时也会有所帮助。

可以注意到，消费者和商户的某些需求是相似的，并且可以是互惠互利的来源（如与支付速度相关的那些），但也存在相互矛盾的需求，如关于支付成本等。因此，考虑到所有市场参与者的利益的商业模式的发展，包括假定在相关方之间适当划分成本的价格策略，对于用户采用支付创新是至关重要的。然而，通常在实践中，至少在早期阶段，达到市场临界数量的方法之一可能是让市场价格敏感度较低一方补贴更具价格敏感度一方的定价策略（Bank for International Settlements, 2012, p.19）。

2.2.6 监管框架在减少现金使用和促进非现金交易增长方面的作用

监管可能以不同的方式影响支付市场及其参与者。本章探讨的监管概念更加宽泛，不仅包括政府法规，还包括市场参与者（通常是支付服务提供商，例如单一欧元支付区）采取的具有自律性质的自下而上的举措[6]及所有有助于减少现金使用的举措和计划（如欧洲数字议程）。由于大多关于支付市场监管具有多样性（自上而下或自下而上）和范围广（全球、区域或国家）的特征，使其对现金使用和非现金交易发展的影响难以评估。这是因为最近实施的法规大多针对的是提高市场效率相关的各种问题。此外，许多这些法规还同时涉及与支付服务有关的许多方面，如市场准入、透明度、标准化、创新、消费者保护等。凯捷（Capgemini）、苏格兰皇家银行（RBS）和欧洲金融管理局（EFMA）表示，这些规定反映了近年来在支付市场上明显观察到的，包括系统性风险降低和控制、服务透明度、创新、标准化和融合的一些趋势（Capgemini 等人, 2012, p. 27）。表 2.6 显示了直接或间接涉及支付市场以及影响其形态和功能方式的最重要的欧洲和世界性法规，同时还有近年来在支付市场所见的最重要趋势。

表 2.6　　　　　　　　　　监管框架对支付市场的影响

监管范围	监管对支付市场影响示例	被选法规
系统性风险降低和控制	在银行寻找最稳定的长期融资来源（包括零售客户账户和预付卡的资源）（+）	反洗钱法（2005） 巴塞尔协议Ⅲ（2010）
	由于支付过程成本增加以及从实体企业到受益方的直接处理速度降低（直接处理过程，STP），导致支付系统效率降低（-）	
	支付系统和信用支付工具的安全性和可靠性增加（+）	

续表

监管范围	监管对支付市场影响示例	被选法规
服务透明度	支付服务的支付成本和价格结构的透明度增加（+） 减少收取隐藏费用的可能性（如交换费、借记卡刷卡费）（+） 银行收入减少（-）	支付服务指令（2007） 支付账户指令（2014） 交换费规则（2015）
创新	提高市场竞争力和改变主观结构（通过同意非银行支付供应商服务或在创新支付形式的情况下建立银行与金融部门以外的其他实体之间的合作等）（+） 产生新支付工具/方式（如移动支付和在线支付）（+） 支付服务用户的偏好及其支付习惯改变（+） 通过发展非现金交易和相关基础设施来扩大使用金融服务（金融普惠）的规模（+） 伴随（电子发票）在公共机构的普及，非现金交易和附加服务普及化（+）	支付服务指令（2007） 电子货币指令（2009） 数字议程（2010） 支付账户指令（2014）
标准化	在新解决方案的情况下促进达到临界数量（+） 通过制定共同的市场标准刺激竞争（+） 支付服务的自动化，降低成本和创造新的收入来源（+） 减少应用于国内外交易的支付方式的多样性（+） 当一项普通标准普及后创新动力减少（-） 改变或替换现有标准变得困难（-）	单一欧元支付区 单一欧元支付区-信用转账、直接借记和支付卡框架标准
收敛性	通过模糊各种类型的结算和清算系统之间的差异来提高市场竞争力	第二代泛欧实时全额自动清算系统2（TARGET2）演进 美国自动清算所（ACH）频繁结算

注：（+）正面影响，（-）负面影响。
资料来源：在 Capgemini 和 RBS（2013）文献基础上，笔者列举的案例。

当尝试评估监管在一开始对现金使用的影响时，应强调的是，表2.6所示的法规中只有一小部分监管直接涉及现金交易。反洗钱法（AML/ATF）规定了对欧洲现金支付的限制，这一限额为15000欧元，但只涉及实体企业（企业家）之间的支付。然而，在欧盟立法中，并没有统一规定来减少消费者在支付中现金的使用。尽管如此，一些欧盟成员国仍有规定现金支付限额的条例，这些条例也对自然人具有约束力（见表2.7）。高于法律规定限额的支付必须以非现金形式进行，如丹麦要求以电子方式支付。

表 2.7　　　　　　　　　欧洲国家现金支付的限制汇总

国家	实施时间	限制金额	对象
比利时	2014-01-01	3000 欧元	
保加利亚	2011-02-16 至 2011-02-22	15000 列弗	自然人和企业
捷克	2013-01-01	350000 捷克克朗	自然人和企业（有例外）
丹麦	2012-07-01	10000 丹麦克朗	自然人和企业
法国	2002-01-01	3000 欧元	居民和非常驻商户
		15000 欧元	非居民消费者
希腊	2011-01-01	1500 欧元	企业和消费者之间的支付
		3000 欧元	B2B 支付
匈牙利	2013-01-01	1500000 匈牙利福林	法人
意大利	2012-12-06	1000 欧元	
葡萄牙	2012-05-14	1000 欧元	
斯洛伐克	2013-01-01	5000 欧元	自然人（非企业）
西班牙	2012-11-19	2500 欧元	居民
		15000 欧元	至少一方是企业

资料来源：该表为笔者基于 European Consumer Centre France（2014）和 National Bank of Poland（2013）总结完成。

需强调的是，大多数国家的这些限制是在最近几年发生的，或者近几年才收紧限制。而且一般来说，限制现金使用的国家因危机而遭受的损失比其他国家更大，也可以说这些限制是对非现金交易信任下降的一种反映，从而受益于对现金的信任，这是一种经济不确定时期的典型现象。但是，反恐怖、反洗钱以及避税现象是限制现金使用的根本原因，即使商业活动收入的逃税等现象的程度非常小。这些限制还提供了跟踪财务资源流动可能性，同时确保其透明度更大。然而，这些限制的效果也受到一些人的质疑（例如 Beretta，2014），似乎在以前的优势领域，如低价值的面对面交易，对减少现金使用量并没有显著影响。

刺激电子支付和支付创新发展的法规（包括那些可以替代现金的支付创新）更有利于减少现金使用。近几年来，世界各地都出现了监管框架的动态发展，与印度、中国和巴西等许多新兴市场不同，欧洲旨在刺激创新的法规方面表现出保守态度。多年来，欧盟和国家法规一直在加强传统的市场结构，银行在整个支付执行过程中发挥着重要作用，同时为非银行支付服务提供商进入每个阶段都设置了障碍。尽管支付服务的成本及其价格的透明度面临越来越大的压力，但监管机构并未采取明确的行动来确保特定市场参与者群体之间成本和收益的公平再分配。因此，特别是在零售支付领域，监管是提高支付市场效率的严重障碍。

欧盟近几年实施的有关支付的最重要的法规，即《支付服务指令》（PSD）或单一欧元支付区，并没有显著改变这种情况。这些规定主要涉及传统支付工具（直接借记、信用转账和支付卡）。虽然电子支付（不包括现金支付或基于纸质文件的支付）是指令的目标，但它并没有为支付创新的发展创造条件。在2010 年进行的关于电子商务指令的会议中，支付已被确定为电子商务未来发展的主要障碍之一。另外，在《绿皮书：整合欧洲市场的卡支付、互联网支付和移动支付》（*Green Paper. Towards an Integrated European Market for Card, Internet and Mobile Payments*）中，缺乏一个具体的欧洲框架来解决主要问题，如技术标准、安全性、市场参与者之间交互性和合作，以及欧洲分散的电子支付和移动支付市场长期存在的风险等问题，这在欧洲的支付市场被认为是电子支付和移动支付发展的主要障碍。此外，对于电子支付和移动支付，只要有关采取整体支付工具收费安排的范围（如支付卡）的法律状况尚未解决，那么（潜在的）市场参与者似乎就不愿投资（European Commission，2012a，pp. 5 – 6）。

为刺激支付市场竞争和提高其效率的法规（如 MIF 规则或《支付服务指令Ⅱ》）最近才开始在欧洲实施。这与其他地区相比明显晚了一步。MIF 规则中包含的促进竞争的法规和将于 2015 年①通过的修订后的《支付服务指令Ⅱ》（PSD2）中的法规应为支付创新的发展提供支持。正如欧盟委员会所声明的那样："新措施将确保所有欧盟活跃的支付提供商都得到监督和适当的监管。这应该会为欧洲新参与者的出现和创新的移动和互联网支付的发展创造良好动力。意味着为消费者和企业提供更多的选择和更好的条件"（European Commission，2015）。最近出现的绝大多数法规，为新的支付服务提供商开放了新市场，同时促使支付流程消除碎片化。因此，支付价值链将被分解，支付流程将由专门的支付服务提供商处理。建立支付创新的法律框架可以促进创新的发展、建立对创新的信任，并鼓励在支付中使用创新。这反过来又可能促使支付习惯的改变，特别是减少现金交易。

2.3 结论

我们似乎越来越接近不再使用现金的时代。有很多方面的观点支持这一看

---

① 本书英文原版出版于 2015 年。——编者

法，包括 ICT[①] 技术的动态发展、电子商务的拓展以及社会和文化的变化。这些变化包括不断增长的虚拟化和数字化，从而导致当代消费者的生活和行为方式发生变化。有很多企业认为，现金正逐渐成为过去式，因为它已经不适合当前的生活方式和生活节奏，它也没有因已达成交易类型和交易方式而调整。但是，我们真的愿意放弃现金吗？如果愿意，它应该由什么取代呢？

本章的分析没有明确回答这个问题。可以肯定的是，包括银行或信用卡组织在内的金融机构，以及最近从事支付创新发展的其他支付服务提供商，都是消除现金流通的主要支持者。在许多国家，州政府也在努力减少现金的使用。他们的主要目标是限制影子经济并降低现金流通成本。然而，似乎这些目标并不被大多数消费者所认同。在许多国家，人们表现出对现金的坚实拥护，并仍然认为它是最便捷、最快、最便宜和最安全的支付方式，特别是在 P2P 或 C2B 交易中。现金还有一个不容忽视的额外价值——匿名。它保证了消费者的隐私，而在大规模监视已成为一种普遍现象的世界中，这已经成为一种日益受到人们欢迎的稀有商品。因此，在欧洲我们可以看到瑞典和丹麦等国家的现金使用率很低，而且还在减少，而在希腊、保加利亚和罗马尼亚等国家，90% 以上的零售交易都在使用现金进行。

由于这些原因，用其他支付工具替代现金并不像看起来那么容易和快捷。考虑到支付创新的发展速度和其基本类型的持有率，非接触式支付是面对面交易中最有希望替代现金的方案，包括非接触式卡（基于 RFID 技术）和接近式移动支付，尤其是 NFC 支付。它们的普及主要取决于消费者是否愿意改变现有的支付习惯，以及庞大商户基础的快速建立。实现第一个目标需要采取强有力的教育措施，从而促进金融普惠规模和那些旨在减少获取基本金融服务（如支付账户）障碍活动的增加。快速建立庞大的商户基础需要考虑所有有关市场参与者利益的商业模式的发展，包括使各方之间的成本分配合理的价格策略。但是在此之前，有必要制定能够得到大多数市场参与者认可的技术标准。对于非接触式卡来说，这个障碍实际上已经被克服，然而对于移动接近支付，达到市场临界数量仍然是存在的障碍。

注释

1. 2011 年夏天，联邦储备委员会发布了管理借记卡交换费的最终规定。这

---

① ICT 指 Information（信息）、Communication（通信）和 Technology（技术）。——编者

项规定称为"规则Ⅱ"（借记卡交换费和路由协议），是由《多德—弗兰克法案》①的德宾修正案所提出。该规定于2011年10月1日生效，限制了有担保发行人可以从商户处为借记卡交易收取的最高许可交换费。根据委员会的规则Ⅱ，发行人须遵守交换费标准（有担保发行人），不得收取超过21美分加上交易价值乘以0.05%的交换费，以及1美分的防欺诈调整（如符合条件）。

2. 目前还没有统一、精准的小额支付定义。在支付领域中，它们被定义为低于5美元的交易，对于英国的PayPal，则是低于5英镑。

3. 它们是丹麦、爱沙尼亚、芬兰、希腊、匈牙利、爱尔兰、意大利、荷兰、拉脱维亚、葡萄牙、罗马尼亚、西班牙和瑞典。

4. 金融普惠是指确保主流机构以公平透明的方式使弱势群体（如弱势群体和低收入群体）以可承担的成本获得适当所需金融产品和服务的过程（Reserve Bank of India，2011）。金融普惠是指，即便是被不易获得金融服务、没有银行账户或银行账户存款不足的那些人，也能以适当但简单和有尊严的方式获取和使用各种负担得起的优质金融服务和产品，并且必须保护客户。应对客户进行金融教育，从而帮助他们无障碍地使用金融产品和服务（The Banking Association of South Africa，2015）。

5. 美国快餐连锁店的董事会成员估计，使用POS机每减少支付时间1秒钟就可以使公司年营业额增加100万美元。

6. 自我监管可以是由国家强制执行（如单一欧元支付区），但也可以由市场参与者发起，以保护他们的利益（如关于交换费的协议）。同时，对于支付市场中的特定参与者群体，自我监管的结果可能存在不同（对于支付服务的供应商和用户而言通常是不同的）。

参考文献

Aghion, P., and Bolton, P. (1997) 'A theory of trickle-down growth and development', *Review of Economics Studies*, Vol. 64, No. 2, pp. 151–172.

Allen, F., Demirguc-Kunt, A., Klapper, L., and Martinez Peria, M.S. (2012) *The foundations of financial inclusion understanding ownership and use of formal accounts*, Policy Research Working Paper 6290 (The World Bank, Development Research Group, Finance and Private Sector Development Team).

A.T. Kearney (2013) *European payment strategy report. Winning the growth challenge in payments*, https://www.atkearney.de/documents/856314/1545047/

---

① 全称为《多德—弗兰克华尔街改革和消费者保护法》。——编者

BIP_Winning_the_Growth_Challenge_in_Payments.pdf/49ecf6a4-66d4-4a48-a7ac-dd5ad999da56, date accessed 17 May 2015.

Banerjee, A., and Newman, A. (1993) Occupational Choice and the Process of Development, *Journal of Political Economy*, Vol.101, No. 2, pp. 274–298.

Bank for International Settlements (2002) *Policy issues for central banks in retail payments*, Report of the Working Group on Retail Payment Systems (Basel: Committee on Payment and Settlement Systems, Bank for International Settlements).

Bank for International Settlements (2012) *Innovations in retail payments*, Report of the Working Group on Innovation in Retail Payments (Basel: Committee on Payment and Settlement Systems), May.

Bank for International Settlements (2013) *Statistics on payment, clearing and settlement systems in the CPSS countries – figures for 2012* (Basel: Committee on Payment and Settlement Systems, Bank for International Settlements).

Bank for International Settlements (2014) *Statistics on payment, clearing and settlement systems in the CPSS countries – figures for 2013* (Basel: Committee on Payment and Settlement Systems, Bank for International Settlements).

Beck, T., Demirgüç-Kunt, A., and Martinez Peria, M.S. (2007) 'Reaching out: Access to and use of banking services across countries', *Journal of Financial Economics*, 85, pp. 234–266.

Beretta, E. (2014) 'The irreplaceability of cash and recent limitations on its use: Why Europe is off the track', http://www.bundesbank.de/Redaktion/EN/Downloads/Tasks/Cash_management/Conferences/2014_09_16_cashs_irreplaceability_and_recent_limitations_on_its_usage.pdf?__blob=publicationFile, date accessed 12 May 2015.

Capgemini, and RBS (2013) *World payments report*, https://www.capgemini.com/thought-leadership/world-payments-report-2013, date accessed 11 May 2015.

Capgemini, and RBS (2014) *World payments report*, https://www.capgemini.com/thought-leadership/world-payments-report-2014-from-capgemini-and-rbs, date accessed 14 May 2015.

Capgemini, RBS, and EFMA (2011) *World payments report*, https://www.capgemini.com/resources/world-payments-report-2011, date accessed 10 May 2015.

Capgemini, RBS, and EFMA (2012) *World payments report*, https://www.capgemini.com/resource-file-access/resource/pdf/The_8th_Annual_World_Payments_Report_2012.pdf, date accessed 10 May 2015.

Deloitte Center for Banking Solutions (2008) *Catalyst for change. The implications of gen Y consumers for banks*, December, http://www.deloitte.com/assets/Dcom-Shared%20Assets/Documents/us_fsi_GenY_Consumers_april08.pdf, date accessed 18 May 2015.

Demirguc-Kunt, A., and Klapper, L. (2012) 'Measuring financial inclusion. The Global Findex Database', Policy Research Working Paper 6025 (The World Bank, Development Research Group, Finance and Private Sector Development

Team), April.

Demirguc-Kunt, A., Klapper, L., and Randall, D. (2013) 'The Global Findex Database measuring financial inclusion in Europe and Central Asia', *Findex Note*, 06 (The World Bank), April.

Demirguc-Kunt, A., Klapper, L., Singer ,D., and Van Oudheusden, P. (2015). 'The Global Findex Database 2014 measuring financial inclusion in the World', Policy Research Working Paper No. 7255 (The World Bank, Development Research Group Finance and Private Sector Development Team), April.

Denecker, O., Sarvady, G., and Yip, A. (2009) *Global perspective on payments. The McKinsey global payments map*, April,

Deutsche Bundesbank (2012) *Payment behaviour in germany in 2011, an empirical study of the utilisation of cash and cashless payment instruments*, https://www.bundesbank.de/Redaktion/EN/Downloads/Publications/Bulletins_and_surveys/payment_behaviour_in_germany_in_2011.pdf?__blob=publicationFile., date accessed 25 April 2015.

E-commerce Foundation (2014a) *European B2C e-commerce report 2014*, https://www.ecommercebenchmark.org/pl/report-info/13/European-B2C-E-commerce-LIGHT-Report-2014, date accessed 30 April 2015.

E-commerce Foundation (2014b) *Global B2C e-commerce report 2014* https://www.ecommercebenchmark.org/pl/report-info/16/Global-B2C-E-commerce-LIGHT-Report-2014. date accessed 30 April 2015.

Edgar, Dunn & Company (2011) *Advanced payments report*, http://www.edgar-dunn.com/press/issues-and-opportunities/90-2011-advanced-payments-report. date accessed 4 May 2015.

EFMA and McKinsey & Company (2012) *Digital transformation in 10 building blocks to boost customer experience and ROE* (Copenhagen and New York), October.

ECB (2012) 'Towards an integrated European card payments market', *ECB Monthly Bulletin*, January.

ECB (2015) *Payment statistics,* http://sdw.ecb.europa.eu/reports.do?node=1000001964, date accessed 25 April 2015.

European Commission (2008) *Financial services provision and prevention of financial exclusion* (Brussels), May.

European Commission (2012a) 'Green Paper. Towards an integrated European market for card, internet and mobile payments' (Brussels, 11 January 2012, COM(2011) 941 final).

European Commission (2012b) *Special Eurobarometer on retail financial services* (Brussels), February.

European Commission (2015) 'Press release commissioner hill welcomes agreement on the revised payment services directive' (Brussels), 5 May http://europa.eu/rapid/press-release_IP-15-4916_en.htm?locale=en, date accessed 22 May 2015.

European Consumer Centre France (2014) Cash payment limitations, http://www.europe-consommateurs.eu/en/consumer-topics/buying-of-goods-and-services/cash-payment-limitations/, date accessed 8 May 2015.

Górka J. (2009) *Konkurencyjność form pieniądza i instrumentów płatniczych*

(Warszawa: CeDeWu).

Gumuła W. (2013) 'Pieniądz gotówkowy i bezgotówkowy w Polsce' in H. Żukowska and M. Żukowski (eds) *Obrót bezgotówkowy w Polsce* (Lublin: Wydawnictwo KUL).

Harasim J. (2013) *Współczesny rynek płatności detalicznych – specyfika, regulacje, innowacje* (Katowice: Wydawnictwo Uniwersytetu Ekonomicznego w Katowicach).

Harasim, J., and Klimontowicz, M. (2013) 'Payment habits as a determinant of retail payment innovations diffusion: The Case of Poland', *Journal of Innovation Management*, No. 2.

ING (2015) *ING International survey, the rise of mobile banking and the changing face of payments in the digital age* (Paris: Ipsos for ING Group), April.

King, B. (2013) *Bank 3.0. Why banking is no longer somewhere you go but something you do* (Singapore: Brett King and Marshall Cavendish (International) Asia Pte Ltd.).

Koźliński, T. (2013) *Zwyczaje płatnicze Polaków* (Warszawa: NBP, Departament Systemu Płatniczego), May.

National Bank of Poland (2013) Diagnoza stanu rozwoju obrotu bezgotówkowego w Polsce (Warszawa: NBP, Departament Systemu Płatniczego), December.

National Bank of Poland (2015) *Informacja o kartach płatniczych IV kwartał 2014* (Warszawa: Departament Systemu Płatniczego), Marzec.

Polasik, M., Górka, J., Wilczewski, G., Kunkowski, J., Przenajkowska, K., and Tetkowska, N. (2013) 'Time efficiency of point-of-sale payment methods: The empirical results for cash, cards and mobile payments', http://papers.ssrn.com/sol3/papers.cfm?abstract_id=1769922, date accessed 25 March 2015.

Reserve Bank of India (2011) Financial Inclusion | A road India needs to travel, https://rbi.org.in/scripts/BS_SpeechesView.aspx?Id=607, date accessed 10 May 2015, date accessed 15 May 2015.

Schmiedel, H., Kostova, G., and Ruttenberg, W. (2012) 'The social and private costs of retail payment instruments. A European perspective', *European Central Bank Occasional Paper Series*, No. 137, October.

Sullivan, B.J., and Wang, Z. (2007) 'Nonbanks in the payments system: Innovation, competition and risk – a conference summary', *Federal Reserve Board of Kansas City Economic Review*, No. 3.

Sveriges Riksbank (2015) 'The payment behaviour of the Swedish population', http://www.riksbank.se/en/Statistics/The-payment-behaviour/, date accessed 12 May 2015.

The Banking Association of South Africa (2015), Working definition of financial inclusion, http://www.banking.org.za/what-we-do/overview/working-definition-of-financial-inclusion, date accessed 10 May 2015, date accessed 15 May 2015.

The UK Cards Association (2015) 'Consumers turn to contactless as usage surges', http://www.theukcardsassociation.org.uk/news/Contactless_surgeJan2015.asp, date accessed 17 May 2015.

The World Bank (2011) *Payment systems worldwide – a snapshot. Outcomes of the Global Payment Systems Survey 2010*, http://www-wds.worldbank.org/external/default/WDSContentServer/WDSP/IB/2012/06/25/000425970_20120625104300/Rendered/PDF/701580ESW0P1230bal0Survey0Book02010.pdf.

3 "助推"可以推动我们进入一个更少现金的社会吗？

Leo Van Hove

3.1 引言：比最新的时尚更流行？

学者们时不时地写一本关于经济学的流行书籍，如 Carl Shapiro 和 Hal Varian 写的《信息法则》(*Information Rules*)，2018 年 Richard Thaler 和 Cass Sunstein 写的《助推——关于改善健康、财富和幸福的决策》(*Nudge – Improving Decisions about Health, Wealth, and Happiness*)，一个网站称本书为"今年夏天政策界的哈利波特"[1]。该书的作者，行为经济学家 Richard Thaler 和法律教授 Cass Sunstein 当时都在芝加哥大学，他们认为选择环境中看似微小的变化——"助推"（nudges）——可能对人们的行为产生巨大影响。其他的书籍，如 Daniel Kahneman (2011) 写的《思考，快与慢》(*Thinking, Fast and Slow*) 与 Bentley、Earls 和 O'Brien (2011) 写的《我会拥有她所拥有的》(*I'll Have What She's Having*) 掀起了对行为经济学的兴趣浪潮。

本章将对 Thaler 和 Sunstein 的"自由家长制"进行验证，Barack Obama、David Cameron 和其他重要政治决策者都支持这一理论。具体来说，我很想知道它是否能为支付经济学中的一个老问题提供新的答案：如何减少人们的现金使用？从表面看，"助推"应该能够提供线索。毕竟，支付行为就是行为。此外，Thaler 和 Sunstein (2008, p.252) 在书中提到"自由家长制的潜在应用范围比（它们）设法包括的主题要广泛得多"。他们补充说："它们所带来的一个主要希望是，对选择架构的理解以及助推的力量，将引导其他领域的人思考改善人类生活的创造性方法。"同时，无论是在金融媒界还是学术界，"助推"都引发了相当多的批评。英国《金融时报》(*Financial Times*) 的一篇社论认为，"开放的政策选择（自由家长制）相当有限"["the policy options (libertarian paternalism) opens up are rather limited"][2]。神经科学家 Dean Buonomano（2011，p.233）在他的《脑虫》（*Brain Bugs*）一书中认为"助推最终的范围是有限的……这种影响往往相对较小，可以帮助一些人但并非所有人改善他们的决定"[3]。

这种推动是否合理，或者 Thaler/Sunstein 框架是否真的能够产生有用的政策建议，至少在现金战（War On Cash，WOC）方面如此？在本章中，笔者将从以下几个方面进行阐述。在第3.2节中，首先解释了"助推"的概念。然后，第3.3节讨论了先决问题，即 WOC 是否有资格作为一个最初容易受到推动的政策问题。此外，还说明了一个更基本的前提：为什么决策者要减少现金使用？第3.4节面对助推理论与 WOC 问题，指出了一些已经在支付部门试用过的助推措施（尽管当时它们可能还没有被认可），并建议了一些其他可能有效的措施。最后，第3.5节接着介绍到目前为止有限的学术研究，第3.6节为总结。

3.2 理论

正如引言中所指出的，从2008年到现在，除《助推》（*Nudge*）外还出版了其他几本相关的书籍。而且，这些书都是基于广泛领域的学术研究，涉及心理学、经济学和其他领域。然而，为了简化起见，本章只采用 Thaler 和 Sunstein 的书，包含了后面章节中需要的所有概念。

"助推"将行为经济学应用于商业实践，尤其是政府政策。Thaler 和 Sunstein 的出发点很简单，你、我及每个人都不像我们想象得那么聪明。Thaler 和 Sunstein 指出，人类的理性低于政策制定者和经济学家所说的那样。人们经常作出错误的选择，会作出他们不应该也不是真正想的选择。换句话说，我们内心都有点冲动和意志薄弱的荷马·辛普森先生①（本书使用了几个荷马语录，为了起到更好的说明效果）。因此，人们可以借助一些帮助来作出更好的选择。

从自由家长制或"助推"讲起。助推是指通过对选择环境进行细微的改变来引导人们朝着"正确"的方向前进。书中给出的一个例子是改变学校食堂食物的显示和排列方式，以增加健康食品的消费，如把胡萝卜条放在视线水平位置，最后放甜点。这个助推由"选择架构师"完成，特别是商业领袖和政策制定者，但正如食品例子所示，基本上是任何"有责任改变人们选择环境"的人（Thaler 和 Sunstein，2008，p.3）。

Thaler 和 Sunstein 的家长制政策制定的基本假设为，个体（不管是个人还是

---

① 荷马·辛普森：美国动画片《辛普森一家》中的人物之一。——编者

机构）知道什么对其他人最有利，并且"选择架构师试图影响人们的行为，以使他们生活得更长、更健康和更好是合理的"（o. c., p. 5）。自由主义的一方面在于坚持人们应该自由选择。换言之，自由家长制是一种"软性的、非侵略性的家长制主义"，这时选择不会受到阻碍、限制或明显负担。如果人们想吃很多薯条而不是胡萝卜条，他们应该被允许这样做。Thaler 和 Sunstein 反复强调，这种干预被视为一种推动，不应显著改变人们的经济动机（o. c., p. 6）。因此，物质成本的增加并不符合条件，甚至是额外的认知成本也应该很低（o. c., p. 8）。本章分析的案例中，包括将收取或增加 ATM 取款费用作为支付工具成本定价的一部分（Van Hove, 2002, 2004, 2008），而这不能被视为推动。

Thaler 和 Sunstein 在他们的书中也详细解释了为什么人类倾向于作出错误的选择，以及选择架构师如何能够以我们的思维方式来处理的偏见。Thaler 和 Sunstein 将人脑描绘成两个半自动的系统，一个反射系统（Reflective System）和一个自动系统（Automatic System）。反射系统是我们有意识的思想，潜藏在我们内心的斯波克先生（《星际迷航》的明星）。自动系统是我们的直觉反应，也就是每个人内心的辛普森先生。自动系统快速直观，"它不涉及相关思维"（2008, p. 19; emphasisin original）。在一个我们大多数人都很忙的复杂世界里，自动系统非常方便，因为我们无法对作出的每一个选择进行认真思考。然而，有时它会把我们变成无意识，倾向于保持现状或默认选项的被动决策者。

此外，当我们必须作出判断时，我们使用启发式方法（heuristics）或简单的经验法则来帮助我们作决策。Thaler 和 Sunstein 讨论了三种启发式方法以及与它们相关的偏见。就我们的目的而言，锚定启发法将特别有用。当我们被要求猜测数字时，我们从某个数字开始——一个我们知道或被建议的数字——然后按照我们认为合适的方向调整它。这个过程存在的问题是，调整通常是不够的。更糟的是，即便锚明显无关，我们的猜测也会受到锚的影响。因此，如 Thaler 和 Sunstein 所指出的，锚可以作为推动："我们可以巧妙地设置起点数字来影响你将选择的数字"（o. c., p. 24）。

另一个有趣的观察是，人们厌恶损失。简单地说，失去某物的痛苦是获得同样东西得到的快乐的两倍（o. c., p. 33）。Thaler 和 Sunstein 强调，就像无意识的选择一样，厌恶损失会产生惯性。也就是说，我们强烈希望持有目前的资产，即使变化非常有利于我们的利益。

最后，Thaler 和 Sunstein 指出，社会影响是最有效的助推方式之一（o. c., p. 54），原因在于我们喜欢顺从。Thaler 和 Sunstein 区分了两类社会影响：信息和同龄人压力。在某些情况下，仅仅告诉人们其他人在做什么就可以达到目的：

3 "助推"可以推动我们进入一个更少现金的社会吗?

"有时其他人的做法令人惊讶,因此人们会因为得知他人的选择而受到影响。"(o.c.,p. 65) 书中给出了一个特别突出的例子,加利福尼亚州圣马科斯市的大约 300 户家庭得知了他们在一段时间内使用了多少能源,以及附近地区家庭平均消费的数据后,接下来的几周里,高于平均水平的能源用户显著降低了他们的消耗量(o.c.,p. 68)[4]。同辈压力之所以起作用,是因为人们关心别人对他们的看法。

3.3 问题

正如引言中所解释的,本章的目标是找出自由家长制(如《助推》和相关文献所述)是否可能提供新的方法来阻止现金的使用。然而,在解决这个问题之前,笔者显然首先需要解释为什么不鼓励使用现金。一个相关的问题是,WOC 是否真的符合 Thaler – Sunstein 框架。

3.3.1 现金的社会成本

现金的主要问题是它的效率相对低下,这反映在它的高社会成本。支付服务的社会成本是指整个社会提供和使用此支付服务所消耗的资源。计算方法是将所有利益相关者(消费者、商户、商业银行、中央银行等)的私人成本加起来,并减去任何转移支付,以避免重复计算[5]。

显而易见,纸币和硬币的流通是劳动密集型的,因此成本高昂。然而,直到几年前,对现金社会成本的估计还很缺乏,而且不太可靠。幸运的是,至少在欧洲,这种现象已经通过中央银行的研究逐步得到了改善。尤其是荷兰中央银行(De Nederlandsche Bank,2004)的一项研究证明了这一点。2000 年下半年,比利时(Steering Committee,2005;National Bank of Belgium,2006)、奥地利[6]、瑞典(Bergman 等人,2007)、芬兰(Takala,Virén,2008)和挪威(Gresvik,Haare,2008b,2009)的研究紧随其后[7]。比较这些研究的结果应该谨慎,因为它们不仅在时间上不同,而且在范围(即所涵盖的支付工具和利益相关者)以及成本计算方法上也不同。在这方面,最近欧洲中央银行与多个国家中央银行合作的一项研究是一个重要的里程碑(Schmiedel 等人,2012)。它不仅计算了 13 个不同欧盟国家最重要的支付工具的社会和私人成本,而且至少在原则上是基于一种共同的方法。尽管不是全部,但是参与的一些国家中央银行,已经在国家报告中公布了更多详细信息[8]。

当我们对这一研究进行综述时,有三个主要的研究结果:第一,许多国家现金的社会成本是巨大的;第二,现金的水平取决于零售支付系统的发展状况;第三,通过抑制现金的使用,可以节省大量的成本。我们先谈谈现金成本情况。欧洲中央银行的研究调查了现金、支票、借记卡和信用卡,以及直接借记和最高5万欧元的信用转账支付。欧洲中央银行发现,2009年这些支付工具的社会总成本为450亿欧元,相当于参与国GDP的0.96%。该数据不包括家庭和消费者的成本。Schmiedel等人(2012,p.42)指出,丹麦和匈牙利的最新数据表明,家庭和消费者的成本将使估计值增长约GDP的0.2%[9]。就该文件而言,一个重要的发现是,现金账户的社会成本占总成本的近一半,即占GDP的0.49%(o.c.,Table 7,p.65)[10]。正如Schmiedel等人(o.c.,p.6)所强调的,现金仍然是最常用的零售支付工具,实际情况当然如此:2009年,样本国家69%的交易是以现金进行的。

然而,这种平均水平掩盖了国家间的巨大差异,现金的市场份额从瑞典的27%到希腊和罗马尼亚的高于95%(o.c.,Table 4,p.23)。因此,现金社会成本的相对重要性也大不相同:占GDP的0.25%~0.76%(o.c.,Table 7,p.27)。欧洲中央银行的研究并没有确定每个国家[11],但相关国家的报告提供了一些线索。结合早期研究报告指出,总体而言,现金的社会成本在以现金为主的国家更高。首先,从欧洲中央银行的研究开始,在图3.1中笔者对七个国家的现金社会成本占GDP的比值(%)与现金的市场份额之间进行了标示。可以看出,总体上,这两个指标之间存在着相关系数为0.76的正向关系,如果没有葡萄牙和匈牙利这两个异常值,它甚至近乎完美(相关系数为0.99)。

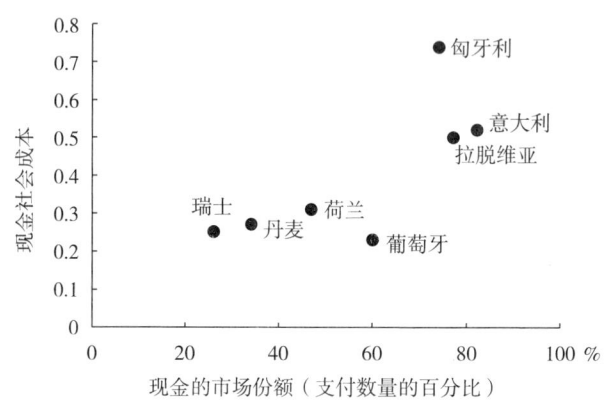

图3.1 社会现金成本占GDP的百分比

[资料来源:Schmiedel等人(2012)、Ardizzi和Giucca(2012)以及Latvijas Banka(2013)]

回顾早期的研究可得出相同的结论。在所研究的国家中,奥地利、荷兰和比利时更是以现金为主[12]。这也体现在数据上：现金社会成本（不包括消费者）分别占 GDP 的 0.47%、0.48% 和 0.58%（包含 2005 年、2002 年和 2003 年的数据）。考虑到其他所有国家都来自斯堪的纳维亚，那里的卡使用率更高，所以数据更低也就不足为奇了。Bergman 等人（2007）估计瑞典 2002 年现金的社会成本占 GDP 的 0.28%~0.33%，具体大小取决于是否包括消费者的提款时间成本。Takala 和 Virén（2008）估计 2005 年芬兰的现金的社会成本仅占 GDP 的 0.12%（不包括消费者成本），是当时欧盟人均刷卡次数最多的国家。尽管挪威的卡使用率高于芬兰，但现金的社会成本略高于芬兰，占 2007 年 GDP 的 0.15%，该数据包括了家庭成本。

事实上，荷兰已经进行了不止一项研究，这些研究也使我们能够检验成本随时间的演变[13]。有趣的是，荷兰的现金和借记卡支付的社会成本从 2002 年占 GDP 的 0.57% 下降到 2009 年的 0.42%，2012 年估计值为 0.40%（Jonker，2013）。这是第一个线索，即通过抑制现金的使用可以节省大量的成本，因为在 2002—2012 年，荷兰人借记卡的使用率增加了一倍以上（o.c.，p.13），减少了现金的使用。

第二个线索可以通过比较现金的边际社会成本与电子支付的边际社会成本得到。需要明确的是，边际社会成本是指，一个给定的支付工具对于社会来说增加一单位的支付所带来的成本。当考虑如何提高支付系统的整体效率时，应该使用边际社会成本作为标准，而不是平均社会成本。这是因为，后者受相应支付工具支付金额的影响。由于支付服务具有重要的规模经济性，即无论其成本效率如何，一个刚刚起步的支付工具总是比现有的支付工具具有更高的平均社会成本。换句话说，正如 Schmiedel 等人（2012，p.27）所指出的，在大多数国家现金支付仍然是单位社会成本最低的，"并不一定意味着现金是成本效益最高的支付工具，是因为单位成本低可能是由于现金支付量大造成的"。相比之下，如果支付工具 y 的边际社会成本低于支付工具 x 的边际社会成本，这意味着只要不需要实质性的额外投资，如果用支付工具 y 代替支付工具 x，社会总成本将下降[14]。

欧洲中央银行的研究没有计算边际社会成本，因此"不能直接进行支付工具之间的效率比较"（Schmiedel 等人，2012，p.25，footnote 17）。但是中央银行对比利时、荷兰、瑞典和丹麦的研究提供了一些线索。总体而言，对于小额支付，现金仍然比借记卡更经济，但对于大额支付则不同。这是因为与银行卡不同，现金的边际成本随着交易金额的增加而增加。政策含义是，在现金和卡支付"转换点"的交易上，如果现金支付被借记卡支付取代，支付系统的总社会成本将下降。

有趣的是，关于比利时和荷兰的早期研究表明，现金和卡支付之间的社会转换点分别为10.24欧元（2003年）和11.63欧元（2002年），而最近的研究发现，这一阈值更低。[15] Bolt等人（2008, pp. 8 - 9）使用2005—2006年新获得的荷兰支付工具成本信息，发现现金和卡支付间的转换值约为5欧元，在5年时间内降低了一半以上。Jonker（2013）最近的研究表明，荷兰2002年至2009年现金使用量大幅下降，而借记卡使用量翻了一番以上。此外，她还强调和分析了信息技术的快速发展以及中央银行、零售商和商业银行采取的削减成本措施的影响，发现荷兰2009年额外增加一单位现金支付的可变社会成本超过3.06欧元，高于借记卡支付的可变社会成本（o. c., p. 32）。因为"信息技术（IT）的发展使借记卡支付处理更加高效"（o. c., p. 32），Jonker认为这个转换阈值（break - even point）自2009年以来可能一直在下降。Jonker的研究结果与最近的关于丹麦和瑞典的研究结果非常吻合。Jacobsen和Pedersen（2012）在为丹麦开展的研究中，将现金与卡的转换点设置为29丹麦克朗（3.90欧元）。瑞典转换阈值的降幅与荷兰一样显著，降幅约为75%，即从2002年的72瑞典克朗（7.80欧元）（Bergman等人，2007）降至2009年的20瑞典克朗（1.88欧元）（Segendorf和Jansson，2012）。这些研究可以很明显地看出用借记卡支付取代现金可以给社会带来好处。

这也就是说，一个重要的条件是，成本只是一方面，还应考虑到支付工具的收益。Schmiedel等人（2012, p. 8）指出，支付市场发展目标应该是"在不牺牲服务可用性或质量的情况下，将支付的社会总成本降至最低"。例如，在某些情况下，现金的匿名性可能是一个主要的好处，这是完全合法的隐私理由。自由家长主义的支持者可以将此视为他们立场的另一个理由，即人们应该继续自由选择，而彻底的禁令又太过于侵犯人们的自由选择权。据了解，只有Garcia Swartz等人（2004）以及Simes等人（2006）分别对美国和澳大利亚尝试计算净社会成本，也就是根据社会福利修正的社会成本。[16]

总的来看，对文献的简要回顾表明，许多国家的现金社会总成本是巨大的。具体而言，2009年荷兰现金的社会成本达到约每家245欧元（低于2002年的305欧元/年），[17]这实际上是一个很好的看待它的方式，因为消费者最终会为此买单（参见下文第3.3.2小节）。此外，对于许多支付来说，有比现金更具成本效益的选择。有关现金和卡支付相对效率的共识可概括为以下几个方面。第一，不同的支付工具在不同的交易规模下具有社会效率。第二，并非所有的卡支付都具有成本效益，如信用卡与借记卡相比是次优的——除非包括收益，而且只适用于大额支付。第三，撇开电子钱包[18]（未成功，已基本消失）不谈，现金似乎对（非常）小额支付仍然有效，但随着交易规模的增加，达到转化点后，借记卡取代现金成为社会最优的支付工具。因此，对于高于此阈值的支付，社会将会受益于使用更少的现金。

3.3.2 现金的隐性成本

让经济主体相信这一点的部分问题是，现金的社会成本以及许多其他支付工具的社会成本是隐性成本。在澳大利亚最近的一项研究中，Stewart 等人（2014，p.1）注意到支付工具的成本"对决策者或支付系统的终端用户通常是不透明的"。特别是在许多国家（如比利时），消费者取款时没有或几乎没有任何直接的、基于交易的费用，[19]因此，现金被认为是免费的。我们都知道免费服务会发生什么，就是它们会被过度使用。换言之，在目前的定价结构下，消费者没有动力优化他们的支付行为。因此，我们的支付体系的效率是次优的。还有一个有关公平的问题。当银行无法直接从账户持有人处收取由于现金分配所产生的成本时，它们将采取交叉补贴，如银行可能降低存款利率。因此，支付服务的费用不一定由享受服务的人承担。从另一个角度看，即使是最热衷于电子支付工具的用户，也会继续支付现金社会成本，因为他们在商店里的收费与现金用户相同，获得的银行利率也相同。也就是说，使用电子支付工具的用户补贴了现金用户。

令人鼓舞的是，中央银行的经济学家们越来越意识到了消费者没有动力优化他们的支付行为。关于意大利，Ardizzi 和 Giucca（2012，p.6）指出：

> 实际情况是，价格政策没有向用户提供他们需要的指示去合理选择使用支付工具。

对于荷兰，Jonker（2013，p.17）强调：

> 消费者在 ATM 上不支付任何银行卡支付、现金存取的交易费用，也不获得任何有形奖励。因此，荷兰的银行往往不会让消费者直接意识到与其支付行为相关的成本，也不会为更具成本效益的支付行为提供任何激励。

更有甚者，Segendorf 和 Jansson（2012，pp.30–32）对瑞典的研究证明，消费者现金和卡支付之间选择时的私人成本与社会成本完全不一致：私人现金和借记卡的转化金额不低于173瑞典克朗，而社会成本的转化金额为20瑞典克朗。Segendorf 和 Jansson（o.c.，p.36）认为："消费者对支付方式的选择与社会最优不一致，消费者在过高的支付金额使用现金，因此经常使用现金，很少使用卡支付。"

结合第3.3.1节中讨论的成本分析与刚刚得出的观察结果，笔者得出合理的结论：（1）应大力减少现金的使用[20]，积极鼓励使用借记卡和电子钱包（如果有的话）；（2）为了做到这一点，消费者应意识到支付工具的社会成本。对于整个社会来说，支付系统效率的提高与投入成本的降低具有相同的效果。[21]从国际角度来看，这将提升一个国家的竞争地位。而且重要的是，包括消费者的每个参与主体都会受益。例如，在充分竞争环境下，商户会以较低的价格将节约成本转移给消费者。

减少现金使用的最直接的方法显然是收取或增加ATM费用。逐渐地，越来越多的决策者开始相信基于成本定价的优点。[22]甚至越来越多的中央银行工作人员也表示支持这种定价方法。例如，当时负责支付系统和市场基础设施的欧洲中央银行执行委员会成员Gertrude Tumpel Gugerell在2008年1月接受英国《金融时报》采访时表示："我更希望银行能把处理现金的钱花在投资它们的系统以及新产品的开发上。"[23]她说，应鼓励运营商对信用卡支付提供折扣，如伦敦公共交通服务的牡蛎卡（London's Oyste)[24]。比利时国家银行在其2014年的年度报告中建议，为了确保其持续盈利，比利时金融机构应探索"对所提供服务更为系统的收费，使其更符合业务的真实成本"（National Bank of Belgium, 2015, p.30），并在报告中补充说："在更具体的金融市场基础设施案例中，最好是通过支付费用获得直接报酬，而不是通过这些用户的存款而间接获得利息收入。"最后，芬兰银行行长Erkki Liikanen在最近的一次讲话中直接说道，芬兰银行定义了五个评估当前支付系统和未来发展指导原则的标准，其中"高效和基于成本定价"就是这些标准之一（Liikanen, 2015）。Liikanen详细阐述了该标准"要求支付方式的定价是透明的，并反映提供此类服务的成本。与生产成本相关的价格给出了正确的信号，指导用户在任何特定情况下采用最具成本效益的付款方式"。[25]

有证据表明，支付工具基于成本的定价会激励（一些）消费者转向成本更低的支付方式，见Lam和Ossolinski（2015）及其参考文献。[26]然而，实践中决策者一直不愿采取行动的部分原因可能是，现金使用成本的增长不会受到消费者的欢迎。商业银行发现自己处于一种（类似）囚徒困境：银行都将从成本定价获益，但没有一家银行愿意率先采取行动，因为担心失去市场份额。[27]协调一致的行动基本上是不可行的，因为它被反垄断组织视为串通一气。所有这些都使其更有兴趣去研究更为温和、更不具侵略性的措施，换句话说，研究"助推的温和力量"（Thaler和Sunstein, 2008, p.8）。

3.3.3 自由家长制主义适用吗？

然而，在阅读 Thaler/Sunstein 书的前两章（分别题为"偏见和错误"和"抵制诱惑"）时，笔者对 WOC 是否真的符合其框架产生了怀疑。正如第 3.2 节所指出的，"助推"是关于"人们如何系统地出错"（o.c.，p.19）。从上文第 3.3.2 节所提供的证据可以清楚地看出，从个人的角度来看，在当前情况下，用现金支付并非不合理的——甚至恰恰相反。乍一看，这也不是一个："私人……决策如果可以朝着真实概率的方向被推进，那么私人决策可能得到改善"（o.c.，p.26），或人们决策动态不一致的情况下，有助于决策改进（o.c.，p.41）。事实上，在目前的定价结构下，试图使用更有效的电子支付工具的人最终可能被银行收取更多的费用。以笔者个人经验中的一个例子来说明这一点。当笔者第一次使用比利时电子钱包 Proton（现已失效）时，笔者不得不支付大约 5 欧元的年费，这高出笔者活期账户费用（当时笔者还没有包括近场账户服务和选定的固定费用支付卡的"一揽子交易"）。与此同时，笔者减少了现金的使用，进而减少了对银行 ATM 服务的使用，但这并没有为笔者节省任何资金，因为银行没有向笔者收取任何明确的 ATM 接入费用。就笔者个人而言，电子钱包的便利性值得每年额外支付 5 欧元。但在这种不合理定价激励措施下，将那些拒绝电子钱包、继续使用现金的人称为非理性者，未免有些牵强。

笔者产生怀疑的另一个原因是 Thaler 和 Sunstein 坚持认为，自由主义的家长式作风应该让人们的生活"变得更好"（这是根据他们自己的喜好来判断的，而不是某些官僚的喜好）（o.c.，p.10）[28]。例如，Thaler 和 Sunstein 指出，"绝大多数吸烟者说他们想戒烟"（p.44）。但更多的人认为，"许多吸烟者和暴饮暴食者愿意付钱给第三方来帮助他们作出更好的决定"（p.7）。笔者认为现金用户不认为他们的支付行为有问题。此外，Thaler 和 Sunstein 在书的第 4 章的标题中回答了这个问题——"我们什么时候需要助推？"："当人们作出困难而又罕见的决定时，他们往往需要一些提示，因为他们得不到有关决定的及时反馈，尤其是当他们难以将这些情况的某些方面转化为易于理解的内容时"（p.72）。在 POS 支付的情况下，这些条件似乎都不成立：这是我们每天都要做的事情，反馈是即时的（至少看起来是这样的），而且正如笔者将在下面强调的，支付可以自动完成。

另外，当笔者看到信用卡网络（o.c.，p.36）和复杂的信用卡定价方案（o.c.，p.93）中实施的所谓的"无附加费的规定"时[29]，尽管描述很简短，但还是鼓舞笔者继续阅读。当笔者读到"选择架构师需要知道如何鼓励……社会有益的行为"时（o.c.，p.54，在此强调），笔者对助推的应用才感到放心。显然，这与本节第一部分所述的"现金的社会成本"问题直接相关。事实上，这与 Thaler 和 Sunstein 在他们的书的第 12 章中分析的污染问题存在一些有趣的相似之处。第一，Thaler 和 Sunstein 指出，污染者将外部性强加于他人（o.c.，p.184），现金用户也是如此[30]。第二，在这两种情况下，激励机制都没有得到合理的协调，存在"公地悲剧"。就像污染者"不支付（他们）强加给环境的全部成本"一样，现金使用者也可以部分免费搭乘他人的便车，这两种情况的结果都是过度使用高昂的社会资源。第三，Thaler 和 Sunstein 指出，"导致过度污染的一个问题是，人们没有得到他们行为对环境产生影响的反馈"（p.185）。同样地，人们也没有充分意识到他们的支付行为所带来的社会成本（这证明了笔者之前的说法，即 POS 机的反馈是即时的）。虽然付款成功与否是即时可见的，但从社会角度来看，付款人并没有被告知他们是否做得很好。

此外，考虑到问题的性质是相似的，因此 Thaler 和 Sunstein 提出的解决方案和笔者以及其他支付学者提出的解决方案类似也就不足为奇了。Thaler 和 Sunstein 认为，政府应该让环境成本更加可视化，并通过对污染者征税或罚款来重新调整人们的动机（o.c.，pp.185 – 186）[31]。同样，基于成本的支付工具定价的目的是通过明确的、基于交易的费用的方式使其社会成本可视化。最后的相似之处是，这两项政策建议均面临相同的困难，下面我们并列阐述：

> 虽然我们知道在处理环境问题中最重要的步骤是使价格（即奖励）合理化，但是我们同样意识到这种办法在政治上是难以实现的。当选民们抱怨汽油价格高时，政客们就很难团结一致，找到应对高油价的解决方案。一个关键的原因是污染的成本是隐性的，而水泵的价格是明显的。对此，我们建议，在正确定价的同时（或者在我们等待政策鼓励正确定价的同时），我们应该采取其他类似助推（nudge – like）的措施，有助于以政治上更容易接受的方式减少问题（Thaler 和 Sunstein，2008，pp.188 – 189）。

显而易见的是，提高现金成本不会赢得支持，也不会赢得中央银行官员或欧盟官员的喝彩。事实上，向消费者解释基于成本的定价并不容易。因为，成本是非常明显的，而所谓的好处——POS 机价格更低、利率更高，就不那么明显了。因此，关键的问题是，谁将有政治上的勇气向公众出售零售支付（包括现金）的成本定价？与此同时，不那么勇敢的政策制定者则可以从教育消费者和商户了解现金的实际成本开始（Van Hove，2007，p.43）。

毕竟，助推之所以可以应用于 WOC 的最后一个原因是与支付工具需求的性质有关。Thaler 和 Sunstein 在他们的书中详细阐述了所谓的"现状偏好",即人们坚持现状的倾向(o. c., p. 34)。而造成这种偏好的原因之一就是缺乏关注(o. c., p. 35)。这些现象似乎与支付行业密切相关。Leinonen(2008, p. 2)认为"随着时间的推移,消费者养成了在重复情况下支配其工具选择的支付习惯"。众所周知,这些支付习惯难以改变,对于这种惯性的一个解释很可能是人们不太重视支付。确实,对支付工具的需求只是一种衍生需求,消费者真正想要的是他们能用支付工具支付的商品或服务。例如,Spencer(2003, p. 305)谈到"便利商品",即"不是为了想要这些商品,而是为了获得其他商品和服务的一种方式"。其中一个含义是,消费者几乎没有注意到(支付服务的正常功能),也没有从中获得很多效用。正如荷兰银行家协会(NVB)曾经指出的:"支付(服务)是一个保健因素①,一个不满意的诱因(这与激励动机因素或满意诱因相反)。这意味着服务的性质可视为当提供错误的服务时可能导致的不满和投诉。另外,提供适当服务并不会带来额外的满足感。"[32] 用 Thaler 和 Sunstein 的术语来说,人们可能提出,付款行为在很大程度上依赖他们的自动选择(大脑对支付工具无意识的选择)(见第 3.2 节)。如果这样的话,那么改变人们付款方式的两个通用方法:一是通过电子默认选项的方式利用人们无意识的选择;二是通过促使人们思考把自动支付转变为反射性支付(最终,以这种方式改变他们的付款习惯)。下一节将尝试提出适用于这两种类型的具体的助推推动。

3.4 对峙

既然笔者已经解释了助推的全部内容(第 3.2 节)以及为什么 WOC 被定性为"可助推"的策略问题(第 3.3 节),本节将助推理论与 WOC 问题进行了联系,并提出了一些可行的助推行为。笔者并没有根据他们试图利用的认知偏见类型列出这些助推,而是按照每个选择架构师所提出的助推来展示它们。

也就是说,大多数选择架构师的建议可分为两种主要助推类型。第一种类型的助推可以被描述为增加"麻烦因素",如现金不方便提取。第二种类型依赖更改默认选择。这并不奇怪,事实上,Thaler 和 Sunstein 书中的一个中心观点就是惯性的力量不应该被低估,更重要的是,惯性是可以被利用的。Thaler 和 Sunstein 指出,"厌恶损失和盲目选择的结合意味着,如果某种选择被指定为'默认选项',那么它将吸引大量市场份额"(o. c. p. 35)。因此,他们认为,"如果私

---

① 英文直译(hygiene factor),可理解为"与卫生条件类似的因素。"——编者

营企业或政府官员认为一种政策能产生更好的结果，那么通过将其作为默认政策可以对结果产生更大的影响"（o. c. p. 8）。Goldstein 等人（2008，p. 100）认为"默认选项是选择体系的构成因素"，并提出了默认选项的分类。在最高层次上，他们将默认设置分为两类："大众化"和"个性化"。大众化默认选项适用于产品或服务的所有客户，而没有考虑到个人特征或偏好。鉴于本章讨论的是如何促进集体行为的改变以降低我们支付系统的社会成本，下面讨论的默认选项无一例外都是大众化默认选择。

最后一点初步的意见是，所有利益相关者显然都可以参与消费者教育，并可以传播信息以提高对支付工具社会成本的普遍认识。通过发表第 3.3 节中讨论的成本研究，中央银行实际上已经在这么做了。

3.4.1 政府作为助推者

首先，有趣的是，将政府视作助推者时，我们观察到政府在支付方面实际上选择了一种默认选项：使用现金作为法定货币。正如 Van Hove（2005）中更为详细的解释那样，现金的法定货币状态通常具有法律效力，即债权人有义务接受法定纸币和硬币作为有效的金钱债务清偿，除非（至少在大多数国家）当事方已签约使用其他支付方式。有人可能说，或许实现默认的"现代化"的时机已经成熟。在 2008 年欧洲金融机构会议上[33]，时任欧洲中央银行（ECB）支付系统和市场基础设施的主管 Jean Michel Godeffroy 发言强调，一个主要的文化问题在于，许多人对金钱的感觉仍与其祖父母一样，意味着他们认为现金是"正常"的货币。然而，Godeffroy 说，现实是不同的："今天正常的货币是通过电子方式转移的货币。"[34]

其次，有趣的是，2000 年新加坡货币委员会（Board of Commissioners of Currency，Singapore，BCCS）——当时唯一拥有在新加坡发行纸币和硬币的政府机构[35]——深信思维定式的改变早就应该完成，并提出"在 2008 年以前建立一个法定的电子货币体系"的构想（笔者所强调的重点）。[36]然而，这并没有实现。最近，一位菲律宾议员提出了《2014 年电子比索法案》（*E‑Peso Act of 2014*，众议院第 4914 号法案）。电子比索（e‑peso）是纸质比索的电子等价物，是通过互联网进行债务、税收、货物和服务交易的法定货币。[37]

也就是说，在大多数国家，使电子支付工具代替现金成为法定货币对 POS 支付行为的直接影响是有限的。[38]事实上，与人们对法定货币的普遍理解相反，这种改变在大多数国家并不意味着商户有义务接受支付工具，他们将继续自由设置支付条件。这时偿还债务和在日常 POS 交易中付款之间的区别至关重要，正如以下有关美国的引文所指出的:"法定货币问题与零售交易无关,……因为消费者是在谈判交换,而不是偿还现有债务,因此零售商有权指定他们将要接受完成交易的支付类型"(CBO,1996)。

然而,即使在没有法定接受义务的情况下,也可能存在对电子支付工具使用的积极影响,因为修改法定货币法可能增强消费者的信心(CBO,1996)。[39]这与Thaler和Sunstein的评论是一致的:"在很多情况下,默认设置都存在一些额外的推动作用,因为消费者可能觉得,默认选项无论对错都隐含着默认设置者的认可,无论是……政府或者其他选择架构师。"(o.c.,p.35)

3.4.2 中央银行作为助推者

至于中央银行,它们改变POS支付选择环境的一个重要方式是改变发行的硬币和纸币的数量和/或面值。关于这个方面的文献认为,中央银行在决定面值的结构时最应该记住所谓的最小努力原则,即现金交易的结算平均应涉及尽可能少的代币——硬币或纸币(Van Hove,2001;Bouhdaoui等人,2011)。因此,这将提高交易者的便利性,加快交易速度,并控制公众使用现金的数量和重量。然而,如果不鼓励使用现金,那么中央银行可能试图降低现金支付的便利性。

这方面欧洲中央银行的情况尤其有趣,因为它发行多达15种不同面值的货币,而且其最大面值高达500欧元。首先,笔者要指出的是,第3.3.1节中的社会成本数据清楚地表明,不应鼓励使用500欧元钞票的现金支付——而事实恰恰相反。如果欧洲中央银行将500欧元纸币退出流通?为什么不同时将200欧元和100欧元纸币退出流通?那么现金使用者将被迫使用10张50欧元纸币代替500欧元纸币[40]。笔者要强调的是,将最大的欧元纸币的面值限制在50欧元不会给绝大多数消费者带来不便,因为他们在ATM中通常只会为自己取出不超过50欧元的纸币[41]。因此,这种助推符合Thaler和Sunstein的"自由家长制的黄金法则":"提供最有可能帮助、最不可能造成损失的助推"(o.c.,p.72)。它也可以被构建在Camerer等人(2003)倡导的"非对称家长主义"框架中,即帮助缺乏经验的人的同时对其他人造成最小的伤害[42]。请注意的是,50欧元不一定是终点,上限可以逐步进行限制。

从货币面值结构的上限转移到下限,同样的低便利性逻辑也适用于1欧元和2欧元硬币的情况。多年来,大多数欧元区公民一直支持废除1分和2分硬币。[43]然而,从社会效率的角度来看,如果消费者觉得这些硬币不方便,那么最好让它们继续流通以免降低电子钱包和借记卡的相对吸引力。关于同样的问题,最后一点需要注意的是用纸币取代1欧元和2欧元硬币的可能性。2002年至

2004年，欧洲中央银行曾考虑过这一想法。一些成员国支持该计划，认为它可能有助于抑制物价上涨。[44]在此处所提倡的逻辑中，如果有什么异议的话，那就是欧洲中央银行应该让1欧元和2欧元的面值使用起来不方便，而不是更方便（请注意，欧洲中央银行管理委员会于2004年11月最终决定不发行低面额纸币）[45]。

更进一步地，特别是积极主动的中央银行可以在降低其系列钞票面额上限的同时，自行进入电子支付领域。关于对中央银行支持数字货币的社会效益的争论无疑正在升温。英国《金融时报》记者 Izabella Kaminska 在最近的一篇文章中认为，"现在比以往任何时候都更需要中央银行推出自己的官方电子货币"。[46]就连英国中央银行（中央银行中的"老太太"）也在思考发行自己数字货币的意义。英国中央银行（BoE，2015，p. 31）在其《一项银行研究议程》（*One Bank Research Agenda*）中的"应对根本性变化"标题下指出，"尽管现有的私人数字货币存在导致经济不稳定的经济缺陷，但其支付系统所依赖的分布式账本技术却可能具有相当大的前景。这就提出了一个问题，即各国中央银行是否应该利用这种技术发行数字货币。"几乎同时，圣路易斯联邦储备银行（Federal Reserve Bank of St. Louis）的高级副总裁兼研究总监 David Androlfatto 在他的个人博客上提出了一种开源比特币的想法，这类似于美联储发行的"联邦币"（Fedcoin）[47]。

3.4.3 商业银行作为助推者

商业银行和/或支付服务提供商也可以尝试利用这一事实，即许多人将选择阻力最小的道路。也就是说，对于绝大多数的POS支付，由于现金和银行卡使用不同的用户界面和/或基础设施（收银机和POS终端），因此在技术上不可能将电子支付作为默认选项。然而，在人们选择不同的类型卡时，使用助推或强迫的方式是可行性的。例如，在法国，如果消费者的借记卡中包含一个Moneo电子钱包（而不是一个独立的Moneo电子钱包），那么对于低于10欧元金额的支付将自动使用电子钱包（即预付）进行付款。对于10~30欧元的金额，消费者可以在Moneo和借记卡之间进行选择（Bounie等人，2008，p. 75，note 22）。虽然这一特定设置不具备"助推"作用（因为持卡人无法选择低于10欧元的支付），但可以设想一种设置，即向消费者提供他们可以否决的默认选项，也就是说，他们可以根据个人意愿选择不同的卡。挪威就是一个很好的例子。Gresvik和Haare（2008a，p. 56）指出：

> 挪威发行的大多数实体塑料卡都是组合卡（信用卡/借记卡），而Visa/

Bank – Axept 组合卡是目前最常见的。Visa 的标识在卡的正面，BankAxept 的标识在卡的背面。当卡在接受 Bank – Axept 的终端上使用时，系统会默认使用 Bank – Axept 的卡功能。

然而，持卡人可以通过口头告知自己的偏好来撤销默认的借记卡，将支付转换为信用卡（Visa）支付。[48]

与 POS 支付相比，所谓的无人 POS（U – POS）支付提供了额外的发展空间。例如，如果自动售货机或自动售票机也接受现金，则完全有可能将刷卡作为默认支付方式，如果消费者坚持支付现金，将强制他们增加按钮和/或转到下一个屏幕。提醒用户使用现金进行支付的说明也可以故意通过放置屏幕底部、字体较小等保持低调。在 Goldstein 等人的分类中，这是一个"隐藏"选项的例子，其中"默认值作为客户的唯一选择出现，尽管存在难以找到的替代方案"（Goldstein 等人，2008，p. 103）。Goldstein 等人给出了一个与戴尔有关的例子。戴尔销售 Windows 或 Linux 操作系统的计算机，但 Linux 选项没有出现在主要产品配置器中，客户可以在配置器中选择他们想要的功能，它只能通过网站上一个模糊的链接访问（ibidem）。一个与助推 U – POS 机有关的有趣的现实生活的例子发生在德国和奥地利。自 2007 年 1 月 1 日起，两国的自动售烟机均须在客户购买前检查其在当地具有电子钱包功能的借记卡上的合法年龄数字证书。一旦完成年龄检查，吸烟者仍然可以用现金支付，但越来越多的人选择简单地使用他们不得不插入的电子钱包（GeldKarte, c. q. Quick e – purse）功能。值得注意的是，2007 年 1 月德国的 GeldKart 交易量同比增长了 58%[49]。此外，一项调查显示，在自动售货机上使用电子钱包的 GeldKart 用户数量从 12% 增长到 24%[50]。在奥地利，2007 年第一季度快速交易量增长了 21.8%，而 2006 年同期的增长率仅为 8.5%[51]。这似乎与 Thaler 和 Sunstein（2008，p. 83）的观点一致，即"许多人将采取任何需要最少努力的选择"。同样，希望推广信用卡支付的超市可以尝试利用人们的自然惰性，将他们的忠诚度应用并整合到流行的支付卡上，并要求客户将该卡在终端上使用（插入或扫过）来作为累积忠诚度积分的先决条件，然后询问客户是否也想用同一张卡进行付款。此外，鉴于 U – POS 支付的"可推动性"较高，至少在比利时，一个有趣的发展是一些超市通过部署所谓的自助支付终端，将 POS 支付转变为 U – POS 支付。这为传统零售环境中类似于 U – POS 环境的助推提供了可能。

在减少现金使用的过程中，银行也可以尝试利用锚定启发式方法。如第 3.2 节所述，在特定情况下，人们选择的数字可能受到关于其思维过程起点的建议的影响。Thaler 和 Sunstein 给出了慈善捐款的例子。他们指出，与 50 美元、75

美元、100 美元、150 美元和"其他"相比，如果选项是 100 美元、250 美元、1000 美元、5000 美元和"其他"，人们会捐得更多。更一般地，"在许多领域，证据表明，在合理的范围内，你要求得越多，你往往得到的越多"（o. c., p. 24）。

换言之，这表明银行在其自动柜员机上可以尝试一种"我们提供的越少，人们就越不愿意接受"的方法。当笔者在比利时一家银行的自动取款机上取现金时，屏幕上显示的标准金额为（欧元）20、50、80、100、140、240、500 和"其他金额"。几年前，当笔者在尼斯参加一个会议时，笔者使用的自动取款机上的菜单很简单（同样是欧元）：10、20、30、40、50、60、70 和"其他金额"。显然，如果银行想减少现金使用，那么第二种选择就更有意义了。显然，人们不应混淆因果关系：法国的消费额较低，因为与比利时相比，法国消费者对现金的依赖程度较低，而对信用卡和支票的依赖程度较高。尽管如此，测试较低的默认金额是否会改变比利时消费者对"多"和"不"的看法还是很有意思的[52]。

尽管如此，银行显然也可以简单地减少自动柜员机的数量，从而增加所涉及的"争议成本"。毕竟，空间货币需求模型使用"最近的 ATM 的距离"这一变量度量获取现金的交易成本并非巧合。例如，对荷兰和芬兰的实证研究表明，自动柜员机的数量和现金在零售支付总额、现金持有量中所占份额之间确实存在联系（DNB，2006；Snellman 和 Virén，2009）。芬兰是一个特别有趣的例子，因为它是欧盟 15 国中唯一自 20 世纪 90 年代中期起 ATM 数量确实减少的国家，部分原因是银行业危机（Takala 和 Virén，2007，Figue 5，p. 53）。虽然重复这种相关性可能是双向的，但很容易将这一观察结果与芬兰的现金使用率是"世界上最低"的事实联系起来（Takala 和 Virén，2008，p. 33）[53]。此外，在芬兰银行 2007 年 2 月对 5000 个家庭进行的一项调查中显示，25% 的受访者认为 ATM 网络没有它应该的那么密集，但是没有人认为它太密集了（o. c., p. 23）。这表明芬兰的争议成本确实增加了[54]。

在结束这一小节时，笔者要指出的是，比利时的银行在 20 世纪 90 年代初想要阻止支票的使用时，不仅收取了费用[55]，而且还采取了一些看似微不足道的配套措施，这使支票用户的生活更加艰难。换句话说，银行试图把客户推向使用借记卡。例如，Kreditbank（现在的 KBC）将每张支票簿的支票数量从 20 张减少到 10 张。与此同时，每位客户的支票簿最大数量也被削减到两本。此外，只要客户还有 10 张或更多未使用的支票（这些支票的数量是通过中央柜台计算出来的），客户就不能要求要新的支票簿。首先，必须报告未清偿的数字为遗失或损坏，以便可以集中取消[56]。比利时在 20 世纪 90 年代支票使用率的下降，可能主要是由于引入了（并逐步增加）交易费用，而最后的一个原因显然是在 2001 年底取消欧洲支票担保[57]。尽管如此，这里描述的推动可能还是有所帮助的。

3.4.4 商户作为推动者

在一些国家，一些商户对低值卡支付收取附加费。尽管正如 Jonker（2013）所描述的那样，情况已经发生了明显的变化。根据荷兰中央银行委托进行的一项调查，在 2006 年秋季，超过五分之一接受借记卡的零售商向客户收取小额借记卡费用（Bolt 等人，2008，p. 21）。一般来说，购买低于 10 欧元的商品通常收取 10~15 欧分的费用。[58]但是，正如已经解释过的，这种费用不能称为推动。就真正的推动而言，加拿大的证据表明，商户几乎没有采取任何措施来影响其客户的支付行为。欧洲的证据描绘了一幅略为微妙的图景。

在加拿大，加拿大银行于 2006 年 3 月至 5 月对 500 名商户代表进行了分层调查。在这次全国调查之前，还进行了试点调查。有趣的是，在试点调查中接受采访的 35 家商户中，没有一家报告过"以任何形式的做法劝阻客户使用任何一种被调查的支付工具进行付款"（Arango 和 Taylor，2008，p. 17，note 24）。Arango 和 Taylor 在他们的论文中分析了完整的调查结果，并为以下假设找到了额外的证据：除了最初接受支付工具的决定外，商户对其客户的支付决定几乎没有影响。例如，在那些不接受信用卡的商户中，最多的商户（29%）认为需求不足是接受信用卡的主要障碍（o. c.，p. 9）。此外，商户接受程度并不一定反映商户的相对偏好。例如，当接受调查的商户被问及所有三种支付工具（现金、借记卡和信用卡）中他们更喜欢消费者最常使用哪一种支付工具时，53% 的人喜欢借记卡，39% 的人喜欢现金，只有 5% 的人喜欢信用卡，而他们确实接受它们。总之，这表明，在一定范围内，商户将适应消费者的需求，特别是在竞争环境中。第二个证据是，Arango 和 Taylor 发现，随着消费者越来越频繁地使用支付工具，商户越来越重视自己的选择。例如，商户的生意越以现金为导向，他对借记卡和信用卡的排名就越低（o. c.，p. 16）。最后，Arango 和 Taylor 估计支付工具的所占份额一方面是商户对成本、风险和可靠性的感知，另一方面是用来代理消费者支付行为的变量。[59]概率分析显示，商户的感知——这显然是商户的偏好的驱动因素，在控制其接受度后无助于解释支付工具份额。另外，消费者支付行为的代表因素，如平均交易价值和交易频率确具有解释力。

在欧洲，麦肯锡在 2007 年采访了两个以现金为中心的国家（意大利和德国）及另外两个以信用卡为导向的国家（法国和英国）的小额支付商户。[60]所有接受调查的商户（总共 476 家）收到的大部分付款金额不到 15 欧元，活跃在三个行业之一：肉贩、熟食店和鱼贩；水果和蔬菜市场/蔬菜杂货店；书店、文具店和报摊。总的来说，与加拿大相反，约三分之一的商户宣称他们至少偶尔会引导消费者的行为，而且在三分之二的情况下成功了（De Ploey 等人，2008，p.39）。[61] 不幸的是，许多商户引导消费者使用现金进行支付。在接受调查的四个国家中，几乎所有的商户都倾向于在低于 15 欧元的交易中使用现金。超过三分之二的德国和意大利商户仍偏好 100 欧元以上的现金交易。在法国，现金与银行卡转化金额明显较低。这就是说，当商户认为应该用现金支付，但顾客试图用信用卡支付较低的金额时，商户的反应方式有明显的不同。在德国，43% 的受访商户拒绝刷卡支付，29% 的商户只有在客户没有其他支付方式的情况下才接受刷卡。然而，在另一个以现金为中心的国家意大利，只有 3% 的商户拒绝支付，38% 的商户只有在客户无法使用另一种支付工具付款的情况下才接受银行卡，56% 的商户毫不介意地接受银行卡。

仍然是在欧洲，Bounie 等人（2010）于 2008 年 3 月至 5 月对 4601 家法国零售商进行了一项全国性调查，通过单变量分析（pp.13-14）发现，商户尤其对当地"卡特斯银行"（Cartes Bancaires, CB）借记卡的接受程度受客户特征（如性别、年龄）、财务状况和"来源地"（当地区域国际）的影响。这可以看作商户适应消费者需求的标志。例如，令人吃惊的是，73% 拥有"富裕客户"（笔者自己的翻译）的法国商户接受了 CB 卡，而只有 53.6% 拥有"财力非常有限的顾客"笔者自己翻译的商户接受了 CB 卡。不出所料，拥有国际客户的商户也更经常接受这个银行卡。另外一个有趣的结果是，竞争的程度似乎很重要，零售商（认为自己）拥有的市场力量越大，对 CB 卡的接受程度就越低（o.c., p.15）。其逻辑似乎是（准）垄断者认为不太需要通过接受（昂贵的）卡来满足客户的需求。最后，不同于 Arango 和 Taylor（2008），Bounie 等人不仅着眼于接受度，还试图将支付工具的使用与一些似乎与零售商相关的变量联系起来。然而，Bounie 等人报告的结果似乎都没有提供可能的推动证据。例如，支付工具的使用与每个支付工具报告的欺诈率没有显著相关性（o.c., p.20）。此外，零售商支付的刷卡交易费用确实对刷卡消费有一定影响，但两者之间具有正的相关性（o.c., p.19），如果商户引导客户远离昂贵的支付工具，则需要找到相反的方法。

Gorka（2014）在最近的一篇论文中报道了 2012 年对全国 1006 名波兰商户进行的调查。有趣的是，在接受卡支付的受访者中，约有一半（49%）的商户实际上更喜欢用现金支付，只有 4% 的商户对信用卡有明显的偏好。这再次表明，许多商户之所以接受信用卡，不是因为它们期望的个人净收益高于现金，而是为了获取他们的客户。

荷兰中央银行最近委任的在六个领域 1340 个零售商之间开展的一项调查发现（DNB，2015），尽管出于安全和成本考虑，零售商通常更喜欢借记卡支付而不是现金，但它们几乎从不为减少现金流量而主动引导客户的支付行为。[62]事实上，81% 不喜欢现金支付的零售商表示他们从不要求客户用银行卡支付。而有些商户只在如缺少零钱等特定情况下才会这样做。

综上所述，商户通常会迎合消费者的偏好，不会倾向于使用助推。然而，如果他们想引导顾客使用银行卡，他们可以做很多事情：在某些情况下，可以改善柜台上 POS 终端的可见性；拥有多条结账通道的商店可以尝试使用仅限刷卡通道[63]；要求店员与客户交流，告诉他们刷卡付款是可行的，或者更确切地说明对于给定的金额，首选的付款方式是什么[64]。

最后，社会影响也可以是一个强大的工具。正如第 3.2 节提到的能源使用例子，Thaler 和 Sunstein（2008，p. 66）还提到了一项发现，如果人们知道有很多人会回收垃圾，那么他们回收垃圾的可能性就更大。因此，商户原则上可以考虑告知他们客户其他客户的支付行为。然而，问题在于在许多零售情况下，现金仍然比信用卡更受欢迎。用 Thaler 和 Sunstein（o. c.，p. 66）的话来说，这是一种"不期望的行为发生率很高"的情况，因此这并不适合所有商户。但是，对于比如大多数顾客已经使用电子支付的超市，可以尝试通过在结账处显示"我们的大多数顾客（x%）使用银行卡支付"的标识或者类似的信息，来鼓励更多的顾客使用电子支付。[65]

同样，在现实中商户并不经常使用这样的助推。然而，在 2007 年至 2008 年荷兰的超市却是一个例外。2007 年 5 月，荷兰 PIN 借记卡和 Chipknip 电子钱包的产品所有者货币机构（Currence）发起了一项促销活动，以刺激消费者使用借记卡进行小额消费。[66]促销主要的口号是"Klein bedrag? PINnen mag!"，字面翻译为"小额支付？可使用借记卡！"（荷兰语听起来好多了，而且押韵）。一些大型超市和连锁店逐渐加入进来，而且 2008 年 9 月，货币机构（Currence）、荷兰超级市场行业协会（Centraal Bureau Levensmiddelenhandel，CBL）和促进支付效率基金会（Stichting Bevorderen Efficiënt Betalen，FPEP）共同发起了一场相同信息的大规模联合运动。[68]所有荷兰超市都参与了这次活动，该活动以电视广告和店内促销为中心，按钮、贴纸、海报等都带有已经提到过的标语或"Liever PIN dan contant"（我们更喜欢 PIN 而不是现金）等类似信息。还特别注意提醒顾客在付款前和付款时看到的标语，这些标语出现在所谓的"beurtbalkjes"（超市结账项目分隔符）上，甚至出现在 POS 终端本身安装的小卡片上。此外，还开展了一项向超市人员介绍活动的目标和背景的教育活动，一些连锁店还为借记卡支付增幅最大的分店提供奖励。有趣的是，教育视频和传单鼓励收银员积极但友好地刺激消费者使用借记卡。建议的评论是"U mag ook PINnen, hoor"，意思是"请随意用借记卡支付"[69]。

这场运动一直持续到 2012 年上半年，尽管力度不同，针对不同部门的干预的目的也不同，详见 Jonker 等人（2015）。2012 年，FPEP 决定将消息改为"U pint toch ook?"这句话很难翻译，但基本上是想传达这样的信息："你也（和大多数人一样）用借记卡支付吗？"[70] 2013 年 5 月，FPEP 发布了第三条口号："Pinnen? Ja, graag!"（"借记卡吗？是的，请!"）值得注意的是，这些新口号并没有把重点放在小金额支付上，而是在总体上推广了借记卡支付。正如 Jonker 等人所强调的，尽管最初的活动使用了"行为扩张策略"（o. c., p. 8），试图鼓励已经在使用借记卡进行中等和高金额支付的消费者也将其用于小额支付，新口号也在试图达成以下目标：

> 鼓励消费者在如饮食业和街市等不常使用借记卡的情况下更经常使用借记卡。因此，消费者可能在现有的支付行为和拟议的行为之间感受到了比活动最初几年更大的差异，这可能妨碍了后来的这些干预措施向实际支付情况的转移（o. c., pp. 10 – 11）。

Jonker 等人（2015）的论文详细评估了该运动的长期影响，这在第 3.5 节中进行了讨论。但初步结果显示，该活动达到了预期的效果。这一活动在 2008 年 9 月最激烈的一个月期间，超市的 PIN 交易同比增长 14.7%，而其他地方只有 9.1%。[71] 对于低于 10 欧元的交易这种影响尤其明显，与 2007 年 9 月相比，超市交易额增长了 28.5%。也就是说，其他部分的小额 PIN 交易数量也增加了 22.2%，这表明该活动可能产生了溢出效应。事实上，少于 10 欧元的 PIN 交易在其他部门（+25.1%）10 月的同比增长比在超市（+21.8%）更为明显。

3.5　实证研究

如前言所述，至今关于支付部门有效性助推的实证研究仍然有限。笔者仅知的四项研究都是针对前文所提到的助推银行卡口号的影响。其中，三篇论文利用了荷兰的数据进行了分析，第四篇是关于比利时的。笔者接下来按时间顺序分别进行讨论。

Leenheer 等人（2012）使用了代表荷兰社会的大量调查和实验面板数据。

此外，他们还和学生进行了对照实验。总的来说，Leenheer 等人得出的结论是，支付行为受到三个因素的影响，感知和态度、钱包内容、习惯。他们的研究证明了一些软硬干预措施是有效的，但其影响因用户群体而异。例如，提示（结账时带有"请使用卡片"标语类似的小消息）对用户根据交易类型和金额来选择支付工具是有效的，但对长期使用现金的用户则无效。不幸的是，Leenher 等人没有给出这些因素的影响程度。

Van der Horst 和 Matthijsen（2013）在他们的论文中认为，支付选择从根本上是基于习惯的，因此不容易被操纵。除了一项小规模的神经科学研究外，Van der Horst 和 Matthijsen 还用一个具有代表性的荷兰面板数据进行了虚拟现实研究。研究中，参与者必须玩一个游戏，他们在这个游戏中被要求在一个虚拟超市购物，并在一个虚拟餐厅吃饭。受访者被告知，这项研究是关于他们在健康和不太健康选项之间的选择。实际上，游戏的目的是测试银行卡附加费和卡标志的效果。Van der Horst 和 Matthijsen 发现通过标示积极推广刷卡使用会降低受访者在餐馆用现金支付的比例（减少33%），而在超市中则不会。相反，银行卡支付的附加费增加了在餐馆和超市用现金支付的可能性（分别增加了45%和43%）。然而，关键在于这些影响都不显著。

在比利时的一项研究中，Aydogan 和 Van Hove（2014）在学生和大学工作人员经常使用的大学食堂进行了田野实验（field experiment）。为了引导消费者使用银行卡支付，他们在8周的时间里在收银机上贴出了支持银行卡的标语。口号是"现金越少，VUB 越安全，最好使用银行卡付款"（VUB 是学校的名字）。这个口号旨在吸引老顾客的忠诚感和与母校的联系。有趣的是，这些海报的效果在学生和员工之间有所不同。Aydogan 和 Van Hove 在他们的时间序列分析中没有发现对学生的任何影响，而对于员工来说，只在实验最后阶段海报似乎增加了银行卡的使用（3%）。此外，虽然员工银行卡的使用情况在海报移除后的第一周仍然较高，但这种影响在第二周就消失了。Aydogan 和 Van Hove 认为，这种差异效应可能是由于实验后的一项调查所得到的事实，即员工比学生更有归属感。

最后，Jonker 等人（2015）通过分析2005—2013年每周的借记卡交易数据评估了在第3.4.4节中讨论的荷兰公众运动的影响。Jonker 等人研究得出以下结论，"总体结果显示国家推进借记卡使用的活动无论是在短期还是在长期都有积极的作用"，以及"虽然影响在干预结束的几年后逐渐减弱，但是在活动最早期的影响是最显著的"（o.c., p.1）。

关于短期的"脉冲"效应，笔者对 Jonker 等人的研究结果并不乐观。一方面，只有一种干预产生了显著的短期影响，即针对大型零售商的干预（o.c., p.8）。另一方面，在这4年中，只有2007年一年产生了显著的正向影响，而且只是在10%的水平下显著，2008年和2009年的影响不显著，而在2010年则产生了非常显著的负向影响（大于2007年的正面影响）。Jonker等人对此的解释如下："2010年的负向结果表明，虽然在活动的早期干预措施对于借记卡的交易量有积极的影响，但是在生命周期接近尾声时，这种类型的干预就已失去了对消费者行为的影响。"（同上）这种解释可以为2010年的干预措施没有效果正名，但我认为这并不能解释为什么会减少5.6%借记卡交易量。需要说明的是，我们在这里研究的是脉冲效应，也就是说，干预期间存在但之后会消失的效应。

关于固定的长期"阶段性"效应，Jonker等人在他们的模型中纳入了13个不同的"聚类变量"（cluster variables），每个"聚类变量"不代表单个干预措施，而是"在几个月内聚集"的全国性干预措施周期（o.c.，p.12）。在这13个变量中，只有两个变量的系数显著为正，即第三组聚类变量（2009年）和第七组聚类变量（2011年）。从长远来看，借记卡支付的数量将分别增长2.5%和5.2%。有趣的是，这两个聚类包括了对大型零售连锁店的干预（o.c.，p.19）。然而，也有两个聚类系数显著为负，即第六组聚类（-2.9%）和第十组聚类（-2.4%）。正如Jonker等人所承认的那样，"这解释起来没有正向影响的效应那么直接"（o.c.，p.19）。Jonker等人认为这些效应"实际上揭示了第三组聚类变量长期正向效应的减弱和第七组聚类变量长期效应的局部减弱"（o.c.，p.20）。然后，他们计算出，2007—2013年的长期净影响将达到3.52亿笔借记卡交易（或+2.0%），该活动的投资回报率（约为500%）明显为正，但与2009年现金和借记卡支付的社会总成本（24亿欧元）相比，年度成本节约（800万欧元）是"相当低调的"（o.c.，p.23）。最后，Jonker等人没有证据表明，2012年和2013年新口号的推出，导致了借记卡使用量的增加。

综上所述，现有的实证研究似乎表明，推动对消费者支付行为的影响是有限的，尤其是在持久影响方面。部分原因可能在于人的习惯具有长期性。Cruijsen等人（2015）发表的一篇有趣的论文中以荷兰为例指出，人们的支付偏好或调查中所表述的行为与他们的实际行为（如从支付日记中收集到的）之间存在重大差异。具体来说，尽管70%的荷兰消费者表示，"在正常情况下"他们更喜欢用借记卡支付，但这其中只有一半的人在大多数情况下（即使在纠正了人们无法使用首选支付工具的情况下）实际会使用借记卡支付。换句话说，很大一部分消费者（确切地说是34%的消费者）或者说大约一半偏爱借记卡的消费者高估了自己的借记卡使用量。相反，只有4%的消费者（或者说13%偏爱现金的消费者）夸大了他们的现金使用情况。此外，Cruijsen等人发现调研报告的偏好和实际行为不一致的比例会随着收入、教育程度和年龄而增加。Cruijsen 等人认为年龄效应——55 岁及以上的消费者高估其借记卡使用的可能性比 35～45 岁消费者高出了 7 个百分点——尤其重要地表明了现金支付的习惯是对于观察到的高估借记卡使用的一个重要解释。这与 Cruijsen 等人进行的调查结果一致，即 69% 的现金用户会提到"习惯"是他们偏好的原因之一，也是 34% 喜欢借记卡的人喜欢用现金支付 5 欧元以下的交易给出的第二个最重要的原因。总体而言，Cruijsen 等人（o. c.，p. 24）得出了以下结论："改变用户支付偏好是一项具有挑战性的任务；即使消费者喜欢上使用借记卡了，他们也很难不使用现金。"这与 Leenheer 等人以及 Horst 和 Matthijsen 的结果一致。

3.6 结论：助推可能是有帮助的

正如在前言中提到的，当笔者开始阅读《助推》时，笔者急切地想知道自由家长制能否为笔者的这个老问题提供新的见解。那么，笔者从这里学到了什么？第一，正如一些评论家所言，[72]"助推"并不是什么新鲜事，即使在支付行业也是如此。现金的法定货币地位是一个推动因素。当中央银行决定它们的硬币和钞票系列的面值结构时会进行助推。减少每本支票簿上的支票数量是一个小小的助推。第二，助推也有其局限性。这里引用 Richard Thaler 的话："我认为我们不会去助推本·拉登（Osama Bin Laden），但也许我们可以在垃圾分类上取得进展。"[73] 同样地，就支付行为而言，认为可以助推那些活跃在地下经济的人减少现金使用是一种幻想。[74] 第三，笔者同意《卧底经济学家》（*The Undercover Economist*）作者 Tim Harford 的观点，他指出"没有什么不被政客们破坏的好主意"，并且这种助推可以成为"在必须做一些严肃的措施时（例如在气候变化问题上）"推动政策"无所作为的借口"。[75] 关于现金的社会成本，笔者仍然相信基于成本的定价证明将更加有效。

然而，作为最后第四点结论：每一点都有帮助（every bit can help），特别是因为推动基于成本的定价所需的政治勇气似乎不足，也就是正如第 3.5 节所述，迄今为止有限的实证研究并不那么令人鼓舞。然而，这四项研究大体上都着眼于同一类型的推动，即银行卡口号的有效性。至关重要的是，这样的助推需要消费者深思熟虑的行动，即来自他们思考后的反射系统，体现为要么开始追随他人的行为，要么适应零售商的偏好。或许其他类型的推动，特别是利用人们倾向于采用默认选项的推动会更有作用。因为这样我们的自动支付选择系统就能带来预期的行为改变。

致谢

感谢 Olaf Gresvik 和 Harald Haare（挪威银行）提供挪威 Visa/Bank – axept 卡的背景资料；感谢 KBC 集团支付部门前高级总经理 Bart Guns 提供的关于 KBC 支票政策的信息；感谢前荷兰银行家协会（Netherlands Bankers' Association）成员 Simon Lelieveldt 提供的有关荷兰案件的背景信息；感谢 Currence 首席执行官 Piet Mallekoote 提供荷兰境内的银行卡运动"Klein bedrag? PINnen mag！"的数据和信息；感谢 Jakub Gorka 提供文中所讨论的波兰商户调查的更多细节；感谢 Valérie – Anne Bleyen（布鲁塞尔自由大学）、Olivier Denecker（麦肯锡）、Malte Krueger（阿沙芬堡应用科学大学）和 Harry Leinonen（芬兰财政部）为本文早期版本所提的意见。

注释

1. 参见 PIRC, "A Nudge and a Think", news story, no date, < http：//www.pirc.co.uk/news/story242.html >（no longer available；last visited on October 1, 2009）。

2. "There Is More to Life than Nudging", *Financial Times*, 5 August 2008. See also："Wink, Wink", *The Economist*, 24 July 2008.

3. 参见 Schlag（2010）。

4. 另外，在所谓的"飞去来器效应"（boomerang effect）中，一些低于平均水平的能源使用者显著增加了他们的能源使用，但这些影响是可以控制的。

5. 参见 Schmiedel 等人（2012, pp. 15 – 16）了解更多细节。

6. 在 Schautzer（2007, p. 148）中进行了简要讨论。

7. 葡萄牙中央银行也研究了零售支付工具的成本（Banco de Portugal, 2007），但重点关注的是银行业的成本。在欧洲以外，笔者知道 Simes 等人（2006）、澳大利亚储备银行（Reserve Bank of Australia, 2007）和 Stewart 等人（2014）对澳大利亚的支付工具成本进行了研究，以及 Garcia – Swartz 等人（2004, 2006a, 2006b）对美国的支付工具成本进行了研究。

8. 参见 Schmiedel 等人（2012）和 Jonker（2013）的文献。另外，Krueger 和 Seitz（2014）在德意志银行委托的一项研究中提出了对德国最近的调研核算。

9. 与此相一致，Stewart 等人（2014, p.14）估计了消费者的资源成本，这使他们对澳大利亚支付工具成本的估计增加约 GDP 的 0.17%。

10. 以 POS 支付的社会总成本的百分比表示，现金的社会成本显然更高，有关数据请参阅早期成本研究。

11. 可能是出于保密的原因，Schmiedel 等人（2012）在报告国家社会总成本时（见第 35 页的表 11）使用的数字介于 1 和 13 之间。在第 36 页的表 12 中对国家报告中，讨论了其中四个国家的情况。

12. 为了说明这一点，比利时 2003 年现金在零售支付交易中所占比例仍不低于 81%（Steering Committee，2005），而挪威 2007 年该比率仅为 24%（Gresvik 和 Haare，2008b，2009）。

13. 由于核算方法的改变，瑞典成本收益研究的结果实际上无法进行比较，参见 Segendorf 和 Jansson（2012，p. 7）。

14. 实际上，边际成本分析只考虑可变成本，不包括固定成本。换句话说，隐含的假设是基础设施已经可用。

15. Takala 和 Viren（2008，p. 41）所分析的芬兰的金额为 15 欧元是一个粗略的计算，而且它与平均成本有关，而不是边际成本。

16. 在这两项研究中指出，与借记卡相比，增加收益可以提高信用卡的效率。由于现金的相对地位不受影响，即超过某一金额阈值，至少有一种更有效的可选的电子支付，对于这一点在此不作进一步阐述。

17. 资料来源：根据 Jonker 自己的计算（Jonker，2013，Table 4，p. 26）。

18. 电子钱包是一种卡，通常是芯片卡，可以存储多用途预付货币，用于小额零售或其他支付，见 CPSS（2003a，p. 22）。比利时和荷兰的早期成本研究表明，对于小微额支付，电子钱包甚至比现金更具成本效益。荷兰 2003 年的电子钱包边际社会支付成本仅为 3 欧分，而现金边际支付成本则为 11 欧分。

19. 葡萄牙（Banco de Portugal，2007，p. 13）、瑞典（Bergman 等人，2008，p. 49）、芬兰（Takala 和 Viren，2008，p. 30；Leinonen，2008，p. 25）和荷兰（Jonker，2013，p. 17；Van der Cruijsen 等人，2015，p. 4）是相同的。

20. 关于反对的声音，Krueger（2008，p. 34）认为："总的来说，我们有充分的理由相信现金使用将在一段时间内继续下降，但监管机构没有什么理由去加快这一进程。"Shampine（2007）则证明了 Garcia Swartz 等人对美国支付工具成本收益的核算对假设非常敏感，并认为"在现阶段，这种核算应该在政策讨论中谨慎使用"（o. c.，p. 508）。Garcia Swartz 等人（2007）不完全同意 Shampine 的评论，但他们同意他的结论，即"在引入影响交易人口中支付工具分配的政策措施之前，应进行更多更全面的成本效益研究"（o. c.，pp. 521 - 522）。最后，Takala 和 Virén（2008）也不热衷于政策行动。他们利用对芬兰的低估计值（见上文）辩称，芬兰的例子"清楚地表明经济范围内支付费用很可能达到非常低的值，这意味着早先对'支付系统负担'的估计似乎至少不代表芬兰"（o. c., p. 42）。他们承认，各国存在着相当大的差异，因此"在某些国家，收益是相当大的"（o. c., p. 40）。即便如此，他们认为人们必须记住，"不同国家通过改变不同支付系统的运作方式，已经可以获得巨大的效率收益。如果达到了最有效的支付服务生产方式（换句话说，系统处于有效前沿），不同支付媒介市场份额的变化可能不会产生巨大的社会效率收益"（o. c., pp. 40 – 41，笔者强调的重点）。

21. 参见 Bergman 等人（2008, p. 6）。

22. 在这方面，将笔者先前在 Van Hove（2004）中对基于成本定价的争论情况与后来在 Van Hove（2007, pp. 31 – 34）中对政策制定者立场的概述进行比较，是很有启发性的。

23. "Europeans Still Addicted to Cash", *Financial Times*, January 28, 2008.

24. 与此同时，瑞典中央银行（Sveriges Riksbank）副行长 Lars Nyberg 也对银行卡支付的折扣表示赞许："在斯德哥尔摩的一家咖啡连锁店，人们可以用 20 瑞典克朗购买一张塑料［智能］卡，然后在连锁店的任何一家店用现金充值。消费者用这张卡在买咖啡和三明治时得到折扣，这显然是销售网点的理性管理，而且也受到消费者的赞赏。"（资料来源：Nyberg, L., "Cash and Payments – What Lies Ahead?", speech, Stockholm, 5 February 2008 < http：//www. riksbank. com/templates/page. aspx？id = 26857 >）

25. 这并不令人意外，即支持基于成本定价的最明确的中央银行声明是来自斯堪的纳维亚中央银行的成员国。关于芬兰，另见 Hakkarainen（2009, p. 34）。尤其是来自挪威银行，因为挪威是基于成本的支付工具定价的典范，见 Hove（2002）、Enge 和 Øwre（2006）。挪威中央银行行长 Svein Gjedrem 在介绍该行 2007 年支付系统年度报告时指出，有迹象表明银行正在降低许多支付服务的价格或免费提供这些服务。他评论说："这不符合银行客户的最大利益……收入减少可能降低银行投资改善基础设施的能力和意愿。此外，如果没有覆盖成本，支付服务将不得不由其他服务的收入提供资金。这为客户提供了错误的信号，从而可能导致资源使用效率的低下。"（资料来源：Norges Bank, "Payment Services Free of Charge are not in Bank Customers' Best Interests", press release, 8 May 2008 < http：//www. norges – bank. no/templates/article____69212. aspx >）

26. 另见第 3. 4. 4 节。

27. 一个典型的案例是，2002 年奥地利的 Raiffeisenlandesbank NÖ – Wien 银行（Van Hove，2004，pp. 95 – 96）和 2003 年比利时的 Fortis 银行（Van Hove，2007，p. 29，note 19）两家银行试图对 ATM 取款收费，但由于公众的强烈抗议而被迫取消。

28. 另请参阅："... make choosers better off, as judged by themselves"（Thaler & Sunstein，2008，p. 5；emphasis in original）。

29. 简而言之：规定禁止零售商向信用卡客户收取高于现金客户的费用。

30. 另见 Segendorf 和 Jansson（2012，p. 4），他们指出支付工具的用户"可能不会内生化其支付工具选择对其他用户的影响"。

31. Thaler 和 Sunstein（2008，p. 186）强调，这种经济激励措施具有强烈的自由主义因素："当人们被告知'只要你为所造成的社会伤害付出代价，你就可以继续你的行为'，而不是被告知'你必须完全按照政府的话行事'时，就具有更大的自由。"

32. 资料来源：Nederlandse Vereniging van Banken, Reply of Dutch banks to the Second Interim Report on Current Accounts and Related Services, letter to the European Commission, October 12, 2006, p. 9.

33. Panel on "Electronic payments, an underused opportunity" at the 2008 Eurofi conference on "EU priorities and proposals from the financial services industry for the Ecofin council", Nice, September 11 – 12, 2008.

34. 资料来源：作者的笔记。Godeffroy 还补充说，由于现金支付成本很高，想要不使用电子支付的消费者应该支付费用。

35. 与此同时，它已与新加坡金融管理局（Monetary Authority of Singapore）合并。

36. 资料来源：< http：//www. bccs – sin. com/bccsinfo. html >，visited on 17 January 2001（no longer available）。这一声明也出现在 2000 年 BCCS 年报的第 3 页。

37. 资料来源：Romero, P. S, "Solon Pushes E – Peso Act", *The Philippine Star*, October 5, 2014 < http：//www. philstar. com/business/2014/10/05/1376516/solonpushes – e – peso – act >，visited on March 31, 2015。

38. 这在坚持严格遵守法定货币支付的国家显然是不同的。在这些国家，必须接受货币作为所有类型交易的支付。韩国似乎是这样一个国家的（罕见的）例子："钞票和硬币完全由韩国银行发行，在任何交易中都不能作为法定货币被拒绝。"（EMEAP，2002，p. 237）然而，在这种情况下，使电子支付工具成为法定货币并不符合助推的条件。

39. 正如 CPSS（2003b，p. 96）所说："尽管法定货币地位在大多数交易中直接的相关性有限，但它有助于建立钞票作为安全和独特资产的声誉。"

40. Van Hove 和 Vuchelen（1996）首次提出欧洲中央银行应将其系列钞票的最大金额设定为 50 欧元，而不是 500 欧元。然而，他们主要关心的不是降低社会成本，而是会挤压地下经济。Takala 和 Virén（2008，p. 28）提到芬兰银行的研究表明，在芬兰较大面值的纸币用于"汽车购买、大型耐用消费品、房地产交易和其他一些用途"。Rogoff（2014）最近提出了一种更积极的策略来逐步停止使用纸币，尤其是大额现金的使用。然而，与 Van Hove 和 Vuchelen（1996）一样，Rogoff 关注的不是现金的社会成本，而是现金在地下经济和非法经济中的使用。此外，货币的存在使中央银行很难将利率降到零以下。

41. Takala 和 Viren（2007，Table 1，p. 58）报告指出在欧元区 12 个国家中，只有奥地利、德国和卢森堡的 ATM 上有 100 欧元纸币。

42. Camerer, C. F., Issacharoff, S., Loewenstein, G. F., O'Donoghue, T., and M. Rabin, 2003. "Regulation for Conservatives: Behavioral Economics and the Case for 'Asymmetric Paternalism'", *University of Pennsylvania Law Review*, 151, 1211 – 1254, as mentioned in Thaler and Sunstein (2008, p. 72).

43. 2005 年 10 月，58% 和 52% 的欧洲公民支持取消 1 美分和 2 美分的硬币。（资料来源：TNS Soffres/EOS Gallup Europe, "The Euro, 4 Years after the Introduction of the Banknotes and Coins", *Flash Eurobarometer*, European Commission, no. 175, November 2005 http：//ec. europa. eu/public _ opinion/flash/fl175 _ en. pdf）。

44. 资料来源："ECB May Issue One Euro Note to Curb Price Rises", *Financial Times*, 12 December 2002。

45. 参见 European Central Bank, *Annual Report* 2004, p. 98。

46. 资料来源：Kaminska, I., "The Time for Official e – Money is NOW!", *FTAlphaville*, 12 January 2015 < http：//ftalphaville. ft. com/2014/01/22/1748152/the – timefor – official – e – money – is – now/ > 。

47. 资料来源：Andolfatto, D., "Fedcoin: On the Desirability of a Government-Cryptocurrency", *MacroMania* blog, 3 February 2015 < http：//andolfatto. blogspot. be/2015/02/fedcoin – on – desirability – of – government. html > 。

48. 资料来源：Haare, H., personal e – mails, June 12, 2009 and Gresvik, O., personale – mail, July 27, 2009。

49. 资料来源：EURO Kartensysteme，"GeldKarte：Fulminanter Start ins Neue-Jahr mit 90% Mehr Ladevolumen—Jugendschutzmerkmal als Antriebfur den Goldenen Chip；Positive Ausstrahlungseffekte auch auf AndereAkzeptanzberciche"，press release，22 February 2007 < http：//www.geldkarte.de/ > （no longer available）。

50. 资料来源：Initiative GeldKarte，"Allensbach – Studie：GeldKarte auf Erfolgstourdurch Jugendschutzmerkmal – Breite Zustimmung fur Einsatz des Chips am Zigarettenautomaten"，press release，13 August 2007 < http：//www.geldkarte.de/ > （no longer available）。

51. 资料来源：Euro pay Austria，"Quick Hebt ab – 2007 Schon 50.000 Neue Nutzer"，press release，3 May 2007 < http：//www.paylife.at/ >。

52. Takala 和 Virén（2007，p.57）提出了一种完全不同的助推，这与第3.4.2 节中提出的大额欧元现金取款相反："如果自动取款机只提供大额现金，那么最低提款额就很大，这对消费者来说是一种隐性交易成本，这可能减少现金的使用。"

53. 根据 Takala 和 Viren（2008），2007 年芬兰的货币流通量大概相当于 GDP 的 2%。

54. 请注意，消费者可以通过增加零售网点现金的使用或增大取款金额来减少麻烦。引入按 ATM 取款金额收取费用将抑制后者的行为。

55. 例如，德克夏（Dexia）银行于 1992 年推出每张支票收取 5 比利时法郎（0.12 欧元）。

56. 资料来源：Guns，B.，personal e – mail，October 16，2008. Bart Guns was at thetime Senior General Manager Group Payments at KBC。

57. 根据欧洲支票的保障，商户支付 7000 英镑（约 175 欧元）以下面额的支票得到了担保。一旦这种担保消失，许多商户干脆不再接受支票。

58. DNB 的研究表明，消费者对这些费用很敏感，并相应地调整他们的支付行为。四分之三的受访者回答说，他们不愿意支付附加费，约三分之二的受访者表示愿意支付现金，4% 的人使用电子钱包，5% 的人在其他地方购物（Bolt 等人，2008，p.14）。

59. 关于"代理"的论述来自对消费者支付选择的早期研究，包括如平均交易价值、每个终端的交易数量等。首先，假设现金支付金额将随着平均交易价值的减少而减少，因为现金对于大额的支付是不方便的。第二个变量代表排队的等待时间。根据 Arango 和 Taylor 的说法，在长期繁忙的商店里，消费者可能会变得不耐烦，会更喜欢使用现金［注意，Arango 和 Taylor 依赖荷兰中央银行（DNB，2004）牵头研究得出的时间估计值，这些估计值显示现金支付是最快的]。显然，这些变量只是粗略代表了消费者支付行为。不过研究结果确实补充了正文中提到的其他证据。

60. 见 De Ploey 等人（2008）。

61. 请注意，"引导"在访谈中没有明确定义，因此目前尚不清楚是否包括附加费。考虑到问题的性质，McKinsey 认为不太可能。资料来源：De Ploey, W., personal e–mail, 8 December 2008。

62. 因此，van der Cruijsen 等人（2015，p.5）发现荷兰消费者在零售网点支付时几乎没有任何限制，2013 年消费者不能使用首选支付方式占支付的比例只有 1%。

63. Van der Cruijsen 等人（2015，p.25）也提出了这一建议。事实上，荷兰的一些超市，如阿尔伯特海恩（Albert Heijn），都在这样做（MOB，2007，p.23）。

64. 这是一个重大的警告。这里隐含的假设是，对商户来说最好的东西对社会也是最好的，换句话说，假设私人和社会成本是一致的，但目前的情况往往不是这样。如第 3.3 节所述，在荷兰 2002 年现金和借记卡之间的社会转换金额为 11.63 欧元。然而，如 Van Hove（2004，p.86，Figure 1）所示，对于荷兰商户而言，当时该金额不低于 67 欧元。也就是说，从商户私人角度，只有在高于此阈值的金额上借记卡变得更具成本效益。这说明了为什么私人和社会成本应该通过基于成本的定价方式来协调。

65. 请注意，笔者遵循了 Thaler 和 Sunstein 的建议，即积极的信息比消极的信息更有效（2008，p.67）。

66. 资料来源：Currence, "Estelle Gullit Geeft Goede Voorbeeld met PINnen KleinBedrag", press release, 22 May 2007 <http://www.currence.nl/Currence.nl/22052007.html>（no longer available）。请注意，Chipconip 电子钱包从社会的角度来看更具成本效益（参见第 3.3 节），但它在零售环境中并没有取得多大成功。因此，Currence 将 Chipcknip 重新定位为停车场和自动售货部门 U–POS 支付的利基产品（资料来源："Chipknip Verdwijnt uit PraktischIedere Winkel", *Het Financieele Dagblad*, 20 September 2007）。

67. 资料来源：Currence, "Supermarkten Stimuleren PINnen", press release, 5 July 2007 <http://www.currence.nl/Currence.nl/05072007.html>（no longer available）。

68. 资料来源：Stichting Bevorderen Efficient Betalen, "Supermarkten Zetten

Pinnenin Tegen Stijgende Overvallen", press release, 12 June 2008. 这种黏性是由于"2005 年支付服务公约"（Convenant Betalingsverkeer 2005）而产生的，是银行和零售商为提高荷兰支付系统效率而达成的协议。银行已经把 1000 万欧元纳入 Stichting 管理的基金；参见：<http：//www.efficientbetalen.nl/>。

69. 资料来源：Currence, educational material. 不管巧合与否，针对收银员的传单强调，他们可以给顾客"een duwtje in de goede richting"，意思为"一个向正确方向的助推"。

70. Jonker 等人（2015，p. 8）将其翻译成"为什么不用你的借记卡？"但这似乎不符合标语的社会规范。参见"后来的标语不再强调其他人行为的"（o. c.，p. 24）。

71. 资料来源：Currence. 请注意，首先，荷兰超市的借记卡使用量在前几个月也有所增加。其次（与此相关），2007 年 5 月开始了这项活动，2008 年 9 月加强了这项活动。这使独立衡量 2008 年 9 月活动的影响成为一件难事。然而，在 2008 年 1 月—8 月（由于闰日，不包括 2 月），超市的销货交易总量平均同比增长 12.3%，而 2008 年 9 月该比率为 14.7%。对于低于 10 欧元的 PIN 交易，相应数字分别为 18.8% 和 28.5%。

72. Jacobs, E., "Book Review: Nothing New When Push Comes to Shove", *Financial Times*, 21 August 2008 and Harford, T., "It Is Markets That Nudge, Not States", *Financial Times*, 22 August 2008.

73. Jacobs, E., "Book Review: Nothing New When Push Comes to Shove", *Financial Times*, 21 August 2008.

74. 正如 Leinonen（2008，p. 12）所解释的那样，即使是基于交易金额的现金定价也不会影响到地下现金支付，因为"匿名的价值被认为远远高于额外的成本"。

75. Harford, T., "It is Markets That Nudge, Not States", *Financial Times*, 22 August 2008.

参考文献

Arango, C., and V. Taylor. 2008. "Merchant Acceptance, Costs, and Perceptions of Retail Payments: A Canadian Survey", Discussion Paper 2008–12, Bank of Canada <http://www.bankofcanada.ca/2008/08/discussion-paper-2008-12/>. Accessed on November 3, 2015.

Ardizzi, G., and P. Giucca. 2012. "The Social Costs of Payment Instruments in

Italy. Surveys of Firms, Banks, and Payment Service Providers", <https://www.bancaditalia.it/pubblicazioni/tematiche-istituzionali/2012-costo-sociale/social_costs_payment_instruments_Italy.pdf>. Accessed on November 3, 2015.

Aydogan, S. and L. Van Hove. 2014. "Nudging Consumers towards Card Payments: A Field Experiment", in *The Usage, Costs and Benefits of Cash – Revisited*. Conference book of the 2014 International Cash Conference, Deutsche Bundesbank, 589–630.

Banco de Portugal. 2007. *Retail Payment Instruments in Portugal: Costs and Benefits* <https://www.bportugal.pt/SiteCollectionDocuments/DPG-SP-PUB-Instrumentos-Pagamento-Retalho-Est-en.pdf>. Accessed on November 3, 2015.

Bank of England (BoE). 2015. "One Bank Research Agenda", Discussion Paper <http://www.bankofengland.co.uk/research/documents/onebank/discussion.pdf>. Accessed on November 3, 2015.

Bentley, A., Earls M. and M. J. O'Brien. 2011. *I'll Have What She's Having – Mapping Social Behavior*, Cambridge: MA: MIT Press.

Bergman, M., G. Guibourg, and B. Segendorf. 2007. "The Costs of Paying – Private and Social Costs of Cash and Card Payments", Working Paper No. 212, Sveriges Riksbank.

Bergman, M., G. Guibourg, and B. Segendorf. 2008. "Card and Cash Payments from a Social Perspective", *Economic Review*, Sveriges Riksbank, 2, 42–59.

Bolt, W., N. Jonker, and C. van Renselaar. 2008. "Incentives at the Counter: An Empirical Analysis of Surcharging Card Payment and Payment Behaviour in the Netherlands", Working Paper No. 196, De Nederlandsche Bank.

Bouhdaoui Y., Bounie D., and L. Van Hove. 2011. "Central Banks and Their Banknote Series: The Efficiency-Cost Trade-off", *Economic Modelling*, 28, 1482–1488.

Bounie, D., M. Bourreau, A. François, and M. Verdier, "La Détention et l'Usage des Instruments de Paiement en France", *Revue d'Economie Financière*, 91, 2008, 53–76.

Bounie, D., J.-P. Buthion, and F. Abe!. 2010. "Une analyse des facteurs de l'acceptation et de l'usage des instruments de paiement par les commerces en France", *Revue d'Economie Financière*, 96, 187–213.

Buonomano, D. 2011. *Brain Bugs: How the Brain's Flaws Shape Our Lives*, New York: Norton.

Congressional Budget Office (CBO). 1996. "Emerging Electronic Methods for Making Retail Payments" <http://www.cbo.gov/doc.cfm?index=14>. Accessed on November 3, 2015.

Committee on Payment and Settlement Systems (CPSS). 2003a. "A Glossary of Terms Used in Payments and Settlement Systems" <http://www.bis.org/publ/cpss00b.htm>. Accessed on November 3, 2015.

Committee on Payment and Settlement Systems (CPSS). 2003b. "The Role of Central Bank Money in Payment Systems", CPSS Publications 55 <http://www.bis.org/publ/cpss55.pdf>. Accessed on November 3, 2015.

De Nederlandsche Bank (DNB). 2004. "The Cost of Payments", *Quarterly Bulletin*,

March, 57–64.

De Nederlandsche Bank (DNB). 2006. "Towards a Cashless Society?", *Quarterly Bulletin*, March, 63–70.

De Nederlandsche Bank (DNB). 2015. "Card or Cash? Customer Preferences Dictate Retailers' Approach", *DNBulletin*, 30 April <http://www.dnb.nl/en/news/news-and-archive/dnbulletin-2015/dnb321621.jsp>. Accessed on November 3, 2015.

De Ploey, W., T. Natale, and A. Proko. 2008. "Mission Impossible? The Cashless Payments Proposition for 'Small-Ticket' Merchants", *McKinsey on Payments*, February, 38–43.

EMEAP Working Group on Payment and Settlement Systems. 2002. "Payment Systems in EMEAP Economies", Executives' Meeting of East Asia–Pacific Central Banks and Monetary Authorities <http://www.emeap.org/wp-content/uploads/2015/04/redbook.pdf>. Accessed on November 3, 2015.

Enge, A., and G. Øwre. 2006. "A Retrospective on the Introduction of Prices in the Norwegian Payment System", *Economic Bulletin*, Norges Bank, 77, 162–172.

Garcia-Swartz, D.D., R.W. Hahn, and A. Layne-Farrar. 2004. "The Economics of a Cashless Society: An Analysis of the Costs and Benefits of Payment Instruments", Related Publication 04-24, AEI-Brookings Joint Center for Regulatory Studies.

Garcia-Swartz, D.D., R.W. Hahn, and A. Layne-Farrar. 2006a. "The Move toward a Cashless Society: A Closer Look at Payment Instrument Economics", *Review of Network Economics*, 5, 175–198.

Garcia-Swartz, D.D., R.W. Hahn, and A. Layne-Farrar. 2006b. "The Move toward a Cashless Society: A Closer Look at Payment Instrument Economics of a Cashless Society: Calculating the Costs and Benefits", *Review of Network Economics*, 5, 199–228.

Garcia-Swartz, D.D., R.W. Hahn, and A. Layne-Farrar. 2007. "Further Thoughts on the Cashless Society: A Reply to Dr. Shampine", *Review of Network Economics*, 6, 509–524.

Goldstein, D.G., E.J. Johnson, A. Herrmann, and M. Heitmann. 2008. "Nudge Your Customer toward Better Choices", *Harvard Business Review*, December, 99–105.

Górka, J. 2014. "Merchant Indifference Test Application – A Case For Revising Interchange Fee Level in Poland", in *The Usage, Costs and Benefits of Cash – Revisited*. Conference book of the 2014 International Cash Conference, Deutsche Bundesbank, 75–151.

Gresvik, O., and H. Haare. 2008a. "Payment Habits at Point of Sale. Different Methods of Calculating Use of Cards and Cash in Norway", Staff Memo 6/2008, Norges Bank <http://www.norges-bank.no/upload/publikasjoner/staff%20memo/2008/staff_memo_2008_06.pdf>. Accessed on November 3, 2015.

Gresvik, O., and H. Haare. 2008b. "Costs in the Norwegian Payment System 2007 – A Brief Overview of the Surveys and Results", Staff Memo9/2008, Norges Bank <http://www.norges-bank.no/upload/publikasjoner/staff%20memo/2008/staff_memo_0908.pdf>. Accessed on November 3, 2015.

Gresvik, O., and H. Haare. 2009. "Costs in the Norwegian Payment System", Staff Memo No. 4/2009, Norges Bank, <http://www.norges-bank.no/upload/publikasjoner/staff%20memo/2009/staff_memo_0409.pdf>. Accessed on November 3, 2015.

Hakkarainen, P. 2009. "The Future of Retail Banking: More Competition Needed, *Settlements, Payments, E-money & E-trading Development (SPEED)*, 4, 34–39.

Jonker, N. 2013. "Social Costs of POS Payments in the Netherlands 2002–2012: Efficiency Gains from Increased Debit Card Usage", Occasional Studies, 11(2), De Nederlandsche Bank.

Jonker, N., M. Plooij, and J. Verburg. 2015. "Does a Public Campaign Influence Debit Card Usage? Evidence from the Netherlands", Working Paper No. 470, De Nederlandsche Bank.

Jacobsen, J.G.K., and A.M. Pedersen. 2012. "Costs of Cash and Card Payments in Denmark", *Monetary Review*, Danmarks Nationalbank, 2nd Quarter, 109–121.

Kahneman, D. 2011. *Thinking, Fast and Slow*, New York: Farrar, Straus & Giroux.

Krueger, M. 2008. "Cash – The Familiar Stranger", *European Card Review*, 15(5), September/October, 30–34.

Krueger, M., and F. Seitz. 2014. *Costs and Benefits of Cash and Cashless Payment Instruments – Module 1: Overview and Initial Estimates*, Frankfurt am Main, Germany: Deutsche Bundesbank.

Lam, T., and C. Ossolinski. 2015. "The Value of Payment Instruments: Estimating Willingness to Pay and Consumer Surplus", Research Discussion Paper 2015–03, Reserve Bank of Australia.

Latvijas Banka. 2013. *The Bank of Latvia Review of Social Costs of Retail Payment Instruments in Latvia*.

Leenheer, J., M. Elsen, and R. Pieters. 2012. "Consumentenprikkels voor Efficiënt Betalen – Management Summary", CentERdata, Tilburg.

Leinonen, H. 2008. "Could Transparent Pricing Increase Payment Efficiency and Competition at Point of Sale?", mimeo, Bank of Finland, 3 November.

Liikanen, E. 2015. "Enhancing Reliability and Efficiency of Future Payments: Five Criteria", speech at the joint European Central Bank and Bank of Finland Retail Payment Conference, Helsinki, 4 June.

Maatschappelijk Overleg Betalingsverkeer (MOB). 2007. "Rapportage Maatschappelijk Overleg Betalingsverkeer 2006", report to the Minister of Finance <http://www.dnb.nl/binaries/Rapportage%20MOB%202006%20-%20april%202007_tcm46-153444.pdf>. Accessed on November 3, 2015.

National Bank of Belgium. 2006. "Costs, Advantages and Drawbacks of the Various Means of Payment", *Economic Review*, National Bank of Belgium, 41–47.

National Bank of Belgium. 2015. Annual report.

Reserve Bank of Australia. 2007. "Payment Costs in Australia" <http://www.rba.gov.au/payments-system/resources/publications/payments-au/paymts-sys-rev-conf/2007/7-payment-costs.pdf>. Accessed on November 3, 2015.

Rogoff, K. S. 2014. "Costs and Benefits to Phasing out Paper Currency", Working Paper 2016, National Bureau of Economic Research.

Schautzer, A. 2007. "Cash Logistics in Austria and the Euro Area", *Monetary Policy*

& *the Economy*, Oesterreichische Nationalbank, No. 1, 138–149.

Schlag, P. 2010. "Nudge, Choice Architecture, and Libertarian Paternalism", *Michigan Law Review*, 108, 913–924.

Schmiedel, H., G. Kostova, and W. Ruttenberg. 2012. "The Social and Private Costs of Retail Payment Instruments: A European Perspective", Occasional Paper Series No. 137, European Central Bank.

Segendorf, B. and T. Jansson. 2012. The Cost of Consumer Payments in Sweden. Working Paper 262, Sveriges Riksbank.

Shampine, A. 2007. "Another Look at Payment Instrument Economics", *Review of Network Economics*, 6, 495–508.

Simes, R., A. Lancy, and I. Harper. 2006. "Costs and Benefits of Alternative Payments Instruments in Australia", Working Paper 2006–08, Melbourne Business School.

Snellman, H., and M. Virén. 2009. "ATM Networks and Cash Usage", *Applied Financial Economics*, 19, 841–851.

Steering Committee over de toekomst van de betaalmiddelen. 2005. "Kosten, Voor- en Nadelen van de Verschillende Betaalmiddelen", National Bank of Belgium.

Stewart, C., I. Chan, C. Ossolinski, D. Halperin, and P. Ryan. 2014. "The Evolution of Payment Costs in Australia", Research Discussion Paper 2014–14, Reserve Bank of Australia.

Spencer, P. D. 2003. "Market Structure, Innovation and the Development of Digital Money", in Balling, M., F. Lierman, and A. Mullineux (eds), *Technology and Finance: Challenges for Financial Markets, Business Strategies and Policy Makers*, Routledge, London, 302–313.

Takala, K., and M. Virén. 2007. "Impact of ATMs on the Use of Cash", *Communications & Strategies – International Journal of Digital Economics*, 66, 47–62.

Takala, K., and M. Virén. 2008. "Efficiency and Costs of Payments", Discussion Paper No. 11/2008, Bank of Finland.

Thaler, R., and C. Sunstein. 2008. *Nudge – Improving Decisions about Health, Wealth, and Happiness*, New Haven & London: Yale University Press.

van der Cruijsen, C., L. Hernandez, and N. Jonker. 2015. "In Love with the Debit Card but Still Married to Cash", Working Paper No. 461, De Nederlandsche Bank.

Van der Horst, F., and E. Matthijsen. 2013. "The Irrationality of Payment Behaviour", *Occasional Studies*, 11(4), De Nederlandsche Bank.

Van Hove, L. 2001. "Optimal Denominations for Coins and Bank Notes: In Defense of the Principle of Least Effort", *Journal of Money, Credit, and Banking*, 33, 1015–1021.

Van Hove, L. 2002. "Electronic Money and Cost-based Pricing", *Wirtschaftspolitische Blätter*, 49, 128–136.

Van Hove, L. 2004. "Cost-Based Pricing of Payment Instruments: The State of the Debate", *De Economist*, 152, 1, 79–100.

Van Hove, L. 2005. "Making Electronic Money Legal Tender: Pros & Cons", Working paper, Free University of Brussels, October.

Van Hove, L. 2007. "Central Banks and Payment Instruments: A Serious Case of Schizophrenia", *Communications & Strategies – International Journal of Digital Economics*, 66, 19–46.

Van Hove, L. 2008. "On the War On Cash and Its Spoils". *International Journal of Electronic Banking*, 1, 36–45.

Van Hove, L., and J. Vuchelen. 1996. "Who Needs High-Denomination Euro Banknotes? A Note on the Proposed Denominational Structure of the Euro", *Rivista Internazionale di Scienze Economiche e Commerciali*, 43, 4, 791–803.

4 德国的现金持有量和对"德国"钞票的需求：非现金支付扮演怎样的角色？

Nikolaus Bartzsch 和 Franz Seitz

4.1 概述①

一般来说，欧元区各国中央银行都发行欧元钞票。2002年初引入欧元现金后，德意志联邦银行（Deutsche Bundesbank）累计发行的欧元钞票（以下简称"德国"欧元钞票）净额从最初的730亿欧元增加到2014年底的5080亿欧元。图4.1显示，德国欧元流通中钞票数量增长速度远远快于根据早期德国马克增长率预期的速度。在推行欧元的前两年，这种强劲的增长可以归因于货币转换后需要补充欧元区内外囤积的钞票库存。然而，当2003年底德国流通中的货币数量恢复到假设没有引入欧元的水平时，这种增长本应该停止，但流通钞票数量的增长速度仍然比20世纪90年代的德国马克时代活跃得多。正如Bartzsch等人（2011a）所认为的，这种大幅飙升是因为外国对欧元的需求。他们发现，到2009年底德国欧元现金70%左右的累计净发行量是在德国以外的地区。其中，大部分（约50%）在非欧元区国家，其余的在其他欧元区国家。这也意味着，在德国只有一小部分（约30%）用于交易和囤积。[1]他们认为，20%是德国囤积钞票的实际数据。所以，德国只有约10%的现金用于交易，这相当于在2009年底人均持有约430欧元。

Bartzsch等人（2011a，2011b）把德意志联邦银行累积的欧元净发行量分成了几个部分（交易余额、贮藏和国外需求），我们希望进一步分析这些潜在货币需求动机的作用。由于不同的货币面额应该会有所不同，因此我们估计了德国

---

① 作者感谢 E. Gladisch 和 R. Setzer 的有益评论，特别感谢 S. Arz 作出的宝贵贡献。本文所表达的观点并不一定反映德意志联邦银行的观点。

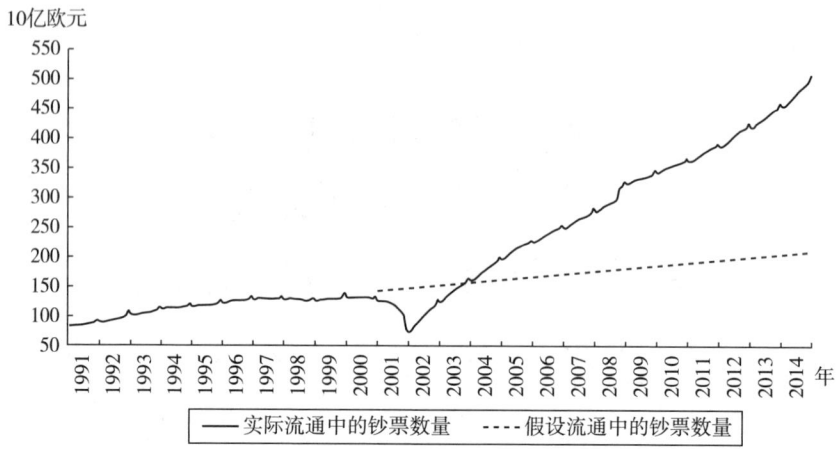

图 4.1　流通中的德国钞票

（资料来源：德意志联邦银行和作者自己的计算）

注：1991 年 1 月至 2001 年 12 月实际流通中的钞票数量相当于发行德国马克的数量（以 1999 年 1 月 1 日不可撤回的固定汇率转换为欧元）。在 2002 年 1 月引入欧元，德意志联邦银行发行欧元。为了简单起见，采用其线性趋势推算的 1991 年 1 月至 2000 年 12 月发行的马克钞票的数量作为截至 2001 年 1 月起的假定流通中的钞票数量。

小额、中额和大额欧元的货币需求模型。在这些结构化模型中，我们用持有钞票动机的代理变量来解释钞票的需求。其中，我们估计对货币需求的利率（半）弹性 [interest（semi-）elasticities]。这也解释了一个问题：利率极低时，投资组合是否会从短期银行存款转向现金？此外，我们思考了无现金支付媒介在钞票需求的演变过程中扮演了怎样的角色？我们的论文与 Seitz 和 Setzer（2009）的成果密切相关，他们也估计了德国货币需求结构模型。由于只能获得截至 2007 年底的数据，因此他们使用的数据是 1991—2007 年的包括了马克和欧元的混合数据。相比之下，我们的模型只针对 2002—2011 年的欧元数据做了估计。

本章论文结构包括以下几个方面。第 4.2 节为货币需求模型的文献回顾，特别强调了德国以及银行卡支付的作用。第 4.3 节介绍了德国和欧元区其他地区流通纸币的发展和构成，以及一些非现金支付的数据。第 4.4 节描述了我们用来估计钞票需求模型的数据。第 4.5 节估计了三种面值纸币的需求结构模型。第 4.6 节对结果和其他结论进行了总结。

4.2　文献综述

以下的文献调查集中于 21 世纪以来的最新成果，想查看关于货币需求的以前的论文,可以参考文献 Boeschoten（1992，subsection 1.4.2）。

Doyle（2000）估计了外国对美国、德国和瑞士货币的需求。他基于一个货币需求协整方程得出外国持有的份额高于之前的研究结果。Doyle 将货币分为大额和小额,得出了不同的结果。针对大额现金时,系数的符号和意义不变。相反,当只采用小额现金时,这些相同的系数就变得不显著或者符号错误。Doyle 估计在美国合法经济体中,小额现金更可能被使用。因此,他认为这一结果表明,对货币需求,或是从小额到大额现金,又或者是从现金到其他支付工具的传统解释已经失效。

Khamis 和 Leone（2001）发现强有力的证据证明在 1994 年底开始的金融危机期间和金融危机之后,墨西哥的实际货币需求一直保持稳定。他们发现货币余额、私人消费支出和利率之间存在很强的协整关系。数据时间段为 1983—1997 年,包括了通货膨胀的债务危机期、1987 年稳定计划下的稳定期、1994 年 12 月随后发生的金融危机,以及此后的恢复期。这篇论文的结论是,可以用变量的变化来适当解释金融危机期间货币需求的显著减少,这些变量也很好地解释了墨西哥历史的货币需求。

Akinci（2003）使用 1987—2003 年的土耳其数据对流通中的货币进行了建模。协整分析表明,货币发行量、私人消费、利率和双边汇率之间存在长期协整关系。结果表明,从长期来看,经济主体对利率变动的敏感性大于对汇率变动的敏感性,汇率弹性在短期内更有效。这表明,就捕捉现金需求的动态而言,汇率可能是一个强有力的指标。此外,还意味着土耳其存在货币替代。然而,从长期来看,实际收入和利率变量似乎是现金余额需求的主要决定因素。

Amromin 和 Chakravorti（2009）用面板回归分析了 1988—2003 年 13 个发达经济体的货币需求,将现金分为三类面额来区分它们的贮存价值和支付功能。他们通过关注小额现金来隔离现金的交易角色,并把小额现金（包括硬币）定义为价值低于通过 ATM 发行的钞票。Amromin 和 Chakravorti 通过计量经济学检验了一个货币需求方程,其中货币与 GDP 的比率是替代支付基础设施、现金基础设施、小商户比例和现金机会成本的函数。他们也报告了总货币与 GDP 比率的结果。电子支付的替代效应主要局限于对小额现金的需求。此外,他们发现对小额现金的需求不受利率变化的影响。相反,大额现金的需求会随着利率的上升而下降,但不受借记卡使用变化的影响。在那些境外货币流通比例不高的国家,大额现金需求的利率敏感性特别高,这表明现金作为一种财富储存手段的作用是长期的。

Nachane 等人（2013）利用总货币需求和不同货币分组的向量误差修正模

型，分析了 1989—2011 年影响印度货币需求的各种因素。他们认为，关于价格的同质性假设过于严格。因此，他们以名义货币为模型，使用批发价格作为价格衡量标准。特别的是，各面值现金流通的趋势显示出很大波动，这使计量经济建模变得复杂。然而，货币流通总量、实际 GDP、物价和存款利率之间存在协整关系。印度货币的收入弹性高于发达国家类似的研究发现。

Cusbert 和 Rohling（2013）分析了自 2008 年 10 月中旬，即雷曼兄弟破产约一个月后，澳大利亚的货币需求的急速增长和与此同时澳大利亚中央银行和联邦政府的政策反应。它们试图通过三种方式来获取国际金融危机对货币需求的影响。首先，它们将 2008 年最后一个季度至 2009 年第二季度的虚拟变量添加到基准模型中。其次，它们在模型中引入了信心、金融市场和财富变量。最后，它们测试在加入虚拟变量的情况下，这些变量是否还具有解释力。在它们的基准模型中，流通中的货币用于构建了一个单一方程的误差修正模型，以分析与货币持有量、名义 GDP 和利率之间可能的协整关系。此外，在长期关系中还加入了 ATM、EFTPOS（销售网点的电子现金转账）终端、人均银行分支机构数量和自主就业占总就业的比率。他们用 1993—2011 年的数据对模型进行了估计，发现金融危机期间澳大利亚在货币需求增长中只有大约 20% 的增长可以归因为持有货币对利率下降和政府刺激收入增加的正常反应。剩下的 80% 可能是由于为应对金融市场不确定性的反应而增加的预防性持有，这与对高面额钞票需求的较大增长是一致的。此外，Cusbert 和 Rohling 还分别估计了银行和非银行部门对不同面额的货币的需求模型。利息系数结果大体上符合这样一种观点，即对较大额现金的需求应更加关注利息。金融危机虚拟变量在小额现金回归中的不显著性证实，只有大额现金在此期间表现异常。

除了这些时间序列模型外，还有一篇论文利用微观数据估计货币需求。Briglevics 和 Schuh（2014）使用 2008—2010 年的微观面板调查数据分析了美国消费者对现金需求，特别强调低利率和不同类型信用卡的作用。他们发现，为了便利而使用信用卡的消费者对现金需求比那些使用信用卡借款的消费者更具利率弹性。这些发现可能对通货膨胀的福利成本有所启示，因为那些以信用卡债务为核心的消费者不太可能从现金转向信贷。

只有三篇论文是关于欧元区的。Fischer 等人（2004）分析 20 世纪 80 年代初以来欧元区的流通货币。他们扩展了传统的货币需求模型，并在模型中纳入了非正规经济和外国对特定货币需求的讨论。实证部分，他们基于向量误差修正模型，估计了小额和大额欧元法定货币的总需求。研究发现，持有小额和大额现金的决定因素以及总体货币需求之间存在显著差异。虽然小额现金的长期需求主要由国内交易驱动，但在协整关系中大额现金的需求取决于短期利率、以欧元汇率为代表的国外需求和通货膨胀的变化。因此，无论是在国内还是国外，大额现金似乎都在很大程度上被用作一种价值储藏的手段。

类似于 Fischer 等人（2004）的方法，Seitz 和 Setzer（2009）基于向量误差修正模型估计了 1991 年第一季度至 2007 年第四季度德国中小额和大额现金的需求。这些货币包括由德意志联邦银行发行的德国马克和欧元。由于当时仅含欧元时代的时间序列太短，所以分析包括了德国马克时期的数据。结果表明，交易量对中小额现金影响显著，而相比之下，大额似乎不受交易量的影响。然而，在他们的分析中，非居民的动机很重要：第一，德国以外欧元区的房地产市场房价的长期动态影响。第二，德国以外欧元区的私人消费。第三，非欧元区国家的需求对所有面值都很重要。这不能排除影子经济对三类钞票需求的影响。第四，利率形式的机会成本似乎只与小额有关，其他支付方式（特别是信用卡支付）也只影响小额现金需求。误差修正项表示小额现金需求调整得最快，大额现金需求调整时间最长。

Bartzsch 等人（2015）以 Seitz 和 Setzer（2009）的研究为出发点，但关注真实的欧元区数据。他们的模型表明，外国对"德国"现金需求有显著影响，但对作为现金替代品的卡支付没有明显的影响。这可能是由德意志联邦银行（Deutsche Bundesbank）在其支付统计数据中公布的卡支付数量（金额）数据质量不佳所致。由于对支付的重新定义，这一序列数据在 2007 年呈现了反常的无法解释的下降趋势（详细信息参见等 4.4 节）。相比之下，Seitz 和 Setzer（2009）使用了在重新定义之前的一个相似数据框架，因此，这一变量对小额现金产生了显著的影响。

本文采用 2002 年以来真实的欧元数据来分析现金需求。针对卡支付，我们考虑了另一个数据系列，它不受统计中断的影响。

4.3 典型实例

在本节，我们将介绍一些德意志联邦银行（流通中的德国欧元）和欧元体系累计欧元净发行量的情况，以及非现金支付在德国作用的典型实例。流通中的欧元的发展情况如图 4.2 所示，在 2002 年初引入欧元后，德国欧元的累计净发行量从最初的 730 亿欧元增加到 2014 年底的 5080 亿欧元（107 亿欧元的现金），这相当于年均增长率超过 16%。在欧元区，同一时期流通中的货币也从最初的 2210 亿欧元增长到 10170 亿欧元（175 亿欧元现金）。因此，使用欧元以来，德国在欧元累计净发行量的总价值的比重从 33% 增加至 50%。这一比例明显高于德国在欧洲中央银行所占的 25.7% 的资本比例，该资本比例是由德国的人口和 GDP 规模决定的。

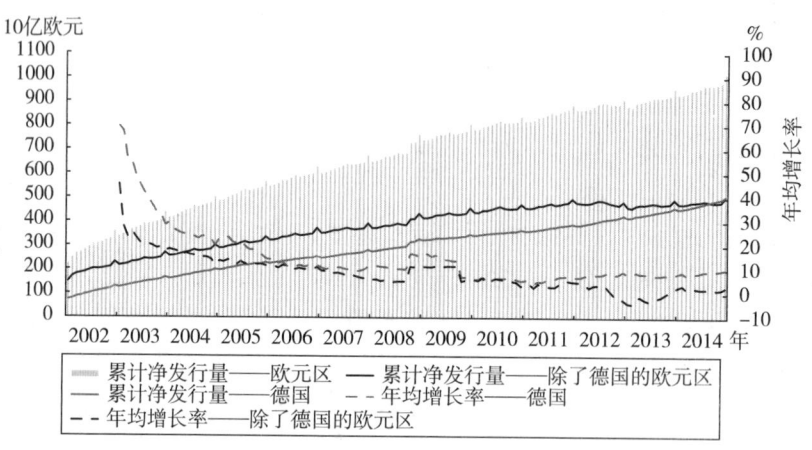

图 4.2　流通中的欧元

（资料来源：德意志联邦银行和欧洲中央银行）

截至 2003 年底，流通中的德国欧元数量的大幅增长可以归因于欧元区内外对储备货币的补充（见图 4.1）。从 2004 年起，流通中货币的增长率开始稳步下降。到 2006 年，该增长率稳定在 10% 左右。国际金融危机后，德国家庭在 2008 年第四季度的金融投资上作出了巨大的改变（参见 Deutsche Bundesbank，2009，p.52），这导致大量资金流入流动性强、相对安全的短期投资，这也提高了对现金的需求。因此，2008 年 10 月德国货币的净发行量增加了 160 亿欧元。仅在当月，德国欧元的累计净发行量的年均增长率就增加了 6 个百分点。

从图 4.2 中可以看出，由于 2009 年德国的经济增长率与欧元区其他国家保持一致，危机导致的德国欧元的储备有所减少。

2012 年初以来，流通中德国欧元的数量年均增长率在 7%～10%，增速再次超过欧元区其他成员国（见图 4.2）。一些欧元区国家甚至出现了负增长。这些流通中的欧元的发展差异可以归因于德意志联邦银行在国外流通欧元的累计净发行量占比较大。有很多方法可以用来衡量外国对德国欧元的需求（见 Bartzsch 等人，2011a，2011b）。在这方面，Bartzsch 等人（2011b，3.1 节）采用"净出货量和国外旅行"方法确定累计净发行量的区域分布。德意志联邦银行在海外流通的欧元数量是根据中央银行一项有关海外旅游的家庭调查收集的数据，以及银行（国际外汇交易员）向欧元区以外国家投放的欧元纸币净额的现有数据估算出来的。这些净出货量相当于德意志联邦银行向国际外汇交易员支付的款项与在德意志联邦银行的国际外汇交易员支付的款项之间的差额。用这一方法估算的德国发行欧元的区域分布如图 4.3 和图 4.4 所示。

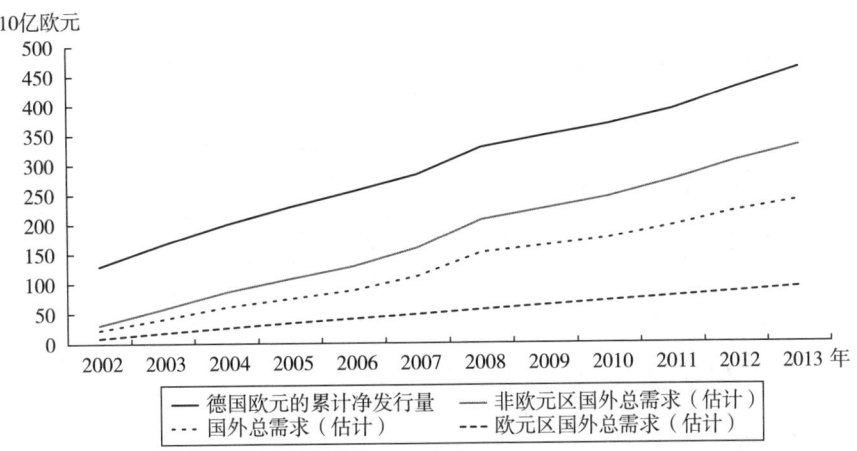

图 4.3 德国欧元的金额区域分布

（资料来源：德意志联邦银行和作者的计算）

2003 年底，德意志联邦银行累计净发行量略高于 4600 亿欧元，最大份额是在海外流通的货币（3300 亿欧元，或超过累计净发行量的 70%），其中非欧元区流通的份额更大（接近 2400 亿欧元，或超过累计净发行量的 50%）。然而，德国也是一个主要的欧元净出口国，特别是通过外国旅游，把欧元输出到其他欧元区（超过 900 亿欧元，或累计净发行量的 20%）。非欧元区流通的欧元主要为外国旅行和净出口，在 2013 年底累计净出口占比最大（超过 1400 亿欧元，或超过 30%）。总之，德国现金的累计净发行量的增长率可以归因于海外持有的德国发行的欧元数量（国外需求），国内对现金的需求（出于交易和储存的目的）保持稳定，所以对累计净发行量的增长率没有显著的影响。因此，引入欧元以来，海外流通的德意志联邦银行发行的累计欧元净发行量的百分比显著上升（见图 4.4）。

为了更好地说明，图 4.5 展示了德国和欧元区作为整体的累计净出口。两条线在整个时间序列上都很接近，并且在 2010 年底达到完全一致。换句话说，事实上整个欧元区的累计净发行量都来自德国。部分原因是马克时代以来德国长期积极参与国际货币市场、其中心的地理位置，以及法兰克福机场的作用。除了累计净出口外，非欧元区流通的欧元总数量还由其他渠道提供，如国外旅游和国外工人汇回本国的现金。因此，累计净出货量只是一个下限。根据欧洲

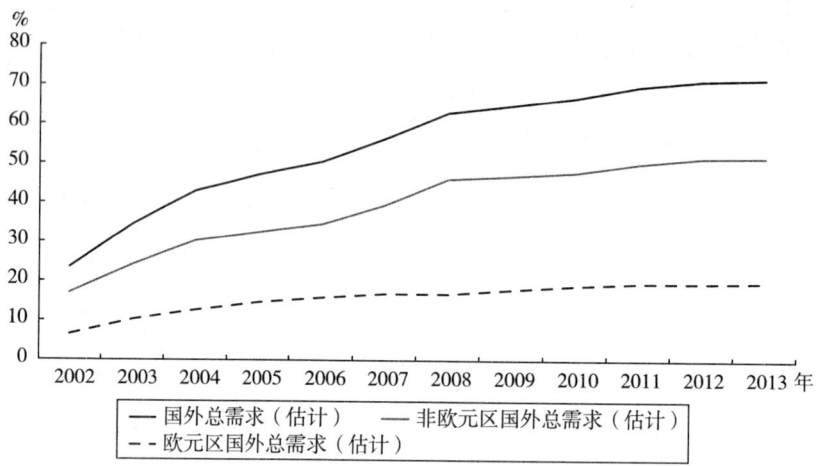

注：占累计净发行量的百分比。

图 4.4　德国欧元的发行量占比区域分布

（资料来源：德意志联邦银行和笔者的计算）

中央银行的估计，约有 25% 欧元体系发行的欧元流通在非欧元区（ECB，2014，p.23），这一数据到 2013 年底接近 2400 亿欧元。这正好对应了预计的非欧元区流通的德国欧元的累计净发行量的价值（见图 4.3）。

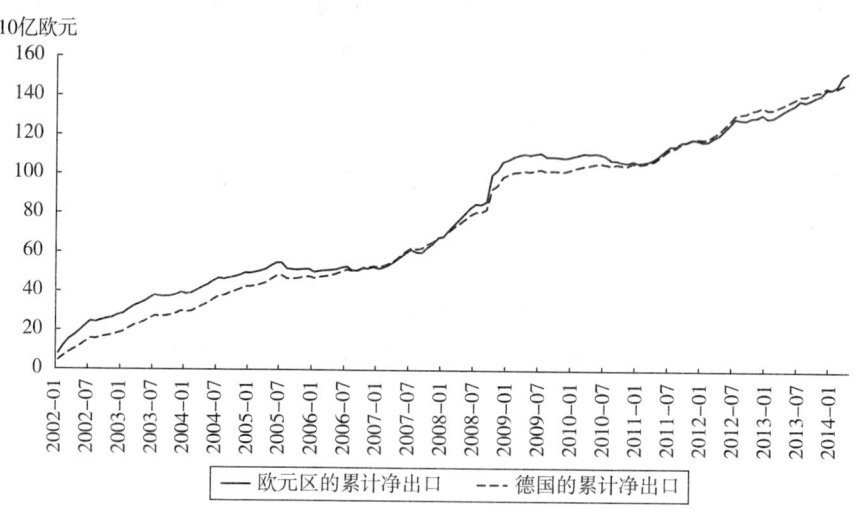

图 4.5　德国和欧元区的欧元累计净出口

（资料来源：德意志联邦银行和欧洲中央银行）

总的来说，不同于其他欧元区国家发行的欧元，德意志联邦银行累计净发行欧元的动态发展可以进行如下解释。实际上，欧元体系发行的流通在海外的欧元数量似乎都来自德国。此外，德国是向其他欧元国家出口欧元的主要（净）出口国。德国累计净发行量的增长几乎完全是由外国需求推动的。同时，国外需求可能也是推动整个欧洲体系对欧元现金需求发展的最大动力[2]。在德国的欧元区伙伴国家，由于经济增长缓慢，现金作为支付手段的重要性普遍较低，用于交易目的而持有的现金数量的增长没有那么强劲。

在非欧元区流通的欧元中，大部分可能不会用于交易，而是用于储存。Bartzsch 等人（2011b，section 3.4）预测储存的现金在非欧元区流通的德国欧元占70%。这一假设得到了德国（根据价值）出货量类型（根据面额）的支持。图4.6 以 2013 年为例说明了这一点，2013 年开始按面额记录零售银行在中央银行的购买。关于支出和收入款项，这些货币分为 500 欧元、100 欧元和 50 欧元三类面额。500 欧元和 100 欧元的面额主要用于储存，而 50 欧元可能用于储存和交易两种目的。

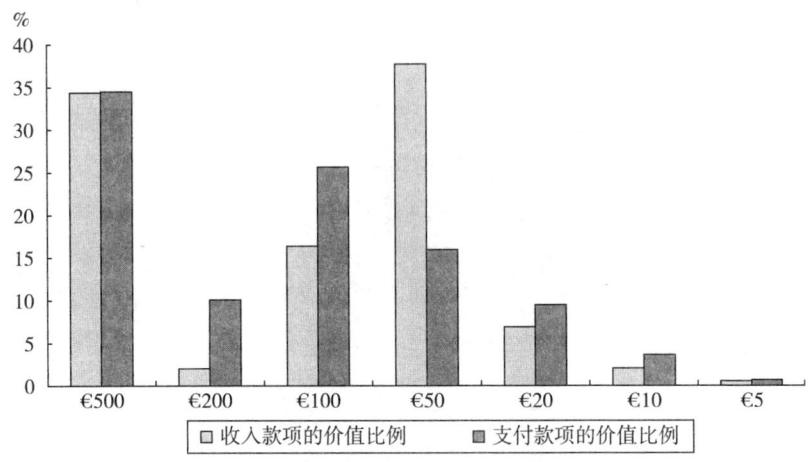

图 4.6　德国货币的出货量（按面额大小）

（资料来源：德意志联邦银行）

图 4.7 展示的是德意志联邦银行投入流通按面额的分类的欧元数量情况，图 4.8 是除德国外欧元体系的情况。令人吃惊的是，德国发行的 5 欧元和 10 欧元现金（合占 40%）的份额相当大，而欧元区其他国家的份额则为负值[3]，这意味着这些面额的需求完全由德意志联邦银行提供。此外，50 欧元面额的现金则是除德国外的欧元体系的占比更高（61% 比 28%）[4]。

在非现金支付方面，根据每年零售支付体系研究所的调查，现金支付的价值比重由 1994 年的 79% 下降到 2013 年的 54%，而同一时期卡支付的比重由 6%

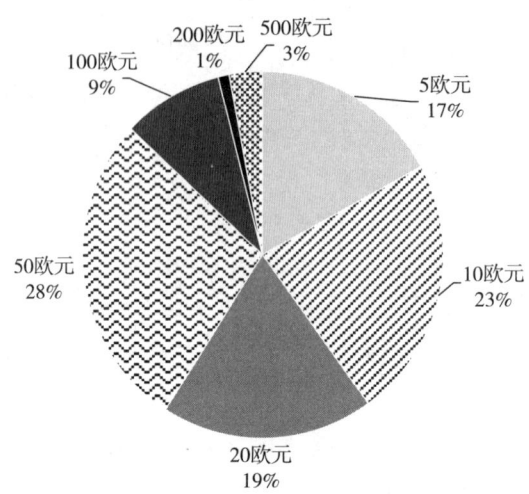

注：2014 年 6 月 15 日的累计净发行量的百分比。

图 4.7　德意志联邦银行投入流通的各面额欧元数量占比结构

（资料来源：德意志联邦银行）

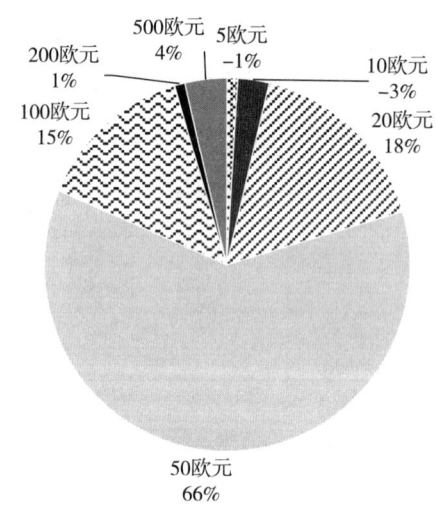

注：2014 年 6 月 15 日的累计净发行量的百分比。

图 4.8　除德国外的欧元体系投入流通的各面额欧元数量占比结构

（资料来源：欧洲中央银行）

上升到 43% 左右。如图 4.9 所示，这两者的比重趋于相等。然而，这两者趋同的速度在减慢，这可能意味着，从长期来看，两者的比重几乎相等。

图 4.10 比较了 2002 年和 2013 年一些欧盟国家银行卡支付的数量。每个国

4 德国的现金持有量和对"德国"钞票的需求：非现金支付扮演怎样的角色？

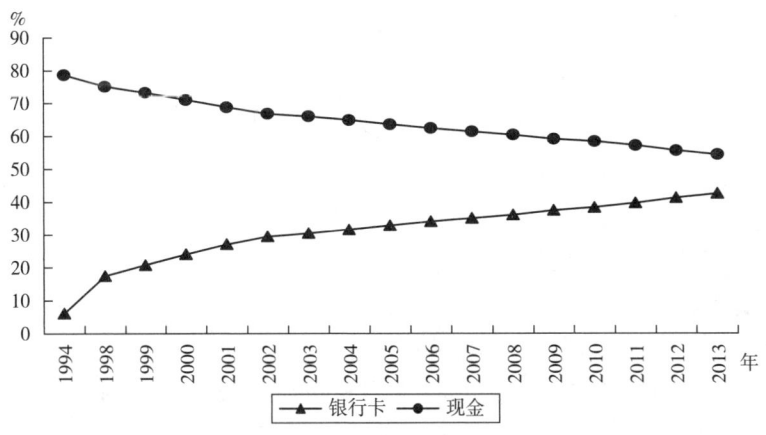

图 4.9　现金和银行卡在零售支付中的价值比重

（资料来源：EHI）

家银行卡支付的金额都在增加。波罗的海国家和波兰该数据起始水平低，但增长率最高。2013 年，斯堪的纳维亚半岛上欧盟国家的人均交易超过 200 笔，位居榜首。希腊排名最后，人均仅有 7 笔交易。德国、马耳他和立陶宛人均 45 笔交易，多于意大利，但远落后于法国、奥地利和荷兰。与欧盟其他国家相比，德国的增长率较慢。除欧盟以外，美国（2012 年）的人均交易笔数为 248 笔，日本（2012 年）为 70 笔，瑞士（2013 年）为 89 笔，中国（2013 年）为 10 笔。因此，根据这些数据和发展水平，德国的该值相对较低。

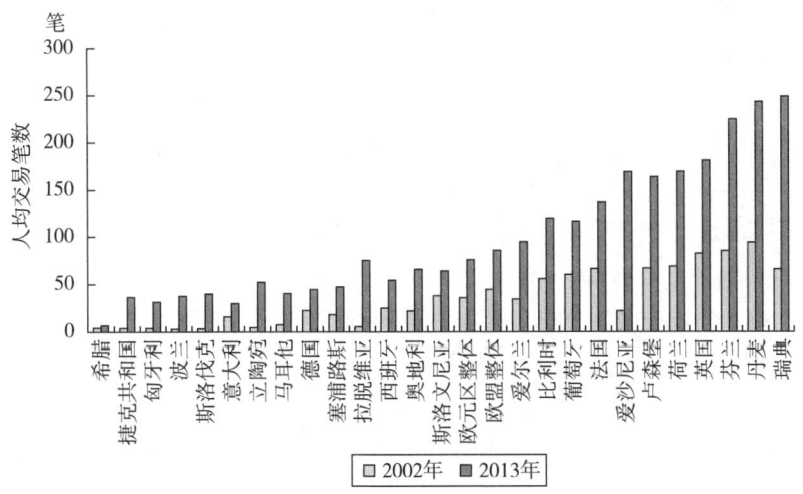

图 4.10　欧盟的银行卡支付

（资料来源：欧洲中央银行）

4.4 现金持有的数据和决定因素

本节的主要目的是展示计量经济分析中的数据和解释流通中德国欧元需求的决定因素。我们使用了大量变量，这些变量反映了持有货币的各种动机，具有统计意义。因为货币具有匿名性，所以这些数据的可获得性有限。

总之，我们把持有货币的目的分为五个：（1）交易目的；（2）财富储存（及其机会成本）；（3）其他支付手段的可用性；（4）影子经济的规模；（5）非居民的需求。接下来，我们在实证分析中描述这些变量的编码[5]。

就交易目的的变量而言，最好使用一个包含所有现金交易的变量（Snellman 和 Vesala，1999；Snellman 等人，2000）。由于没有关于德国现金交易量的数据，一个解决办法就是向传统货币需求研究那样，使用私人消费总额、零售销量或 GDP。然而，对于一个具有大量的非现金交易的经济体，这仅是一个粗略的指标。因此，我们还根据主要以现金形式国内私人消费（真实"现金消费"，real "cash consumption"，ccr）构造了一个变量。变量的组成包括：（1）住宿和接待服务；（2）服装和鞋类；（3）休闲、娱乐和文化；（4）饮食；（5）其他目的消费，如身体护理和个人用品等。

特别是对于大额和中额的现金来说，除了具有支付媒介的功能外，还具有价值贮藏的功能。因为现金不含利息，所以利率水平可以作为持有现金的机会成本[6]。可适当地选择三个月期的货币市场利率或 10 年期政府债券收益率。继 Friedman（1977）之后，我们还包括对整个利率期限结构的测量，如使用 Nelson–Siegel–Svensson 方法进行估计，详见德意志联邦银行（Deutsche Bundesbank，1997）。利率的期限结构为货币和债券市场的预期提供了一个精确的衡量标准。因此，它的模式可以提供有关利率或通货膨胀预期变化的信息，这两个变量都与持有现金的机会成本直接相关。此外，在实际应用中，当考虑到多个利率时，该方法避免了多重共线性的问题。Friedman 认为，货币需求方程应该包括整个收益率结构的关键特征："一般"水平、期限结构向到期日的"倾斜"以及实际收益率和名义收益率的差异。例如，期限利差的倾斜度在平均值不变的情况下变陡峭，这意味着长期利率较高而短期利率较低，则现金余额减少，反之亦然（Friedman，1977，p.408）[7]。在用于估计期限结构的公式中，利率是常数和各种指数项的总和，其结果如下（Deutsche Bundesbank，1997，p.63）：

$$i(T,\beta) = \beta_0 + \beta_1\left[\frac{1-exp(-T/\tau_1)}{(T/\tau_1)}\right] + \beta_2\left[\frac{1-exp(-T/\tau_1)}{(T/\tau_1)} - exp(-T/\tau_1)\right]$$

$$+ \beta_3\left[\frac{1-exp(-T/\tau_2)}{(T/\tau_2)} - exp(-T/\tau_2)\right]$$

这里，$i(T,\beta)$ 表示到期时间为 T 的利率，是 β 为参数向量的函数。β_0、β_1、β_2、β_3、τ_1、τ_2 是需要估计的参数。我们把 β_0 作为衡量完整利率范围的参数纳入分析，它是一个转换变量，展示了一般的当前利率水平。该参数的上升代表了整个利率范围的上升。

与持有货币的机会成本密切相关的是替代性支付媒介。除了来自现有支付工具（例如借记卡和信用卡）的压力外，现金还面临来自日益增加的新型支付工具的竞争，如零售贸易中的非接触支付、网上购物的新支付方式和移动手机的使用[8]。虽然新的支付工具可能减少现金的使用，但这些新支付工具的总体分布是较小的。此外，现金还面临来自现有的非现金支付工具的竞争。因此，我们避免将这些创新型支付方式的变量包括在内[9]。德意志联邦银行（Deutsche Bundesbank，2015）基于调查数据研究了近年来德国支付行为的变化，研究结果显示，个人支出占总支出比例在 2008 年至 2011 年从 58% 下降到 53%（不包括租金等经常性支出），但此后一直保持不变；借记卡仍是最常用的非现金支付工具，它们的金额占比超过 29%；现金仍是小额购物的首选支付方式，非现金支付主要用于高金额物品交易支付。考虑到银行和信用卡提供的产品或服务替代了现金支付，人们预计银行卡支付会减少货币需求。例如，Amromin 和 Chakravorti（2009）发现证据表明，经济合作与发展组织国家随着借记卡使用量的增加对低面值现金的需求减少。而支付卡也被用来从自动取款机中取款，从而可以增加流通中的货币，因此无现金支付媒体对货币需求的影响是不明确的。

为了获取非现金支付，我们采用了银行卡支付的交易量。然而，这种办法只能获取年度数据。在我们的分析中，我们利用二次匹配的方法将数据转换为季度数据。欧元体系发布的银行卡支付数据还有一个问题，即德意志联邦银行在该支付统计数据中公布了德国用自己统计方法统计的数据，并在 2007 年它们改变了数据统计方法。在此日期之后，德国中央银行已从发卡行收集数据，而不使用支付卡计划的总体数据（PaySys，2015），因此德国报告的支付卡数量急剧下降（见图 4.11），这种下降与市场的实际发展无关。Bartzsch 等人（2015）发现，支付卡支付不会影响德国的货币需求，这一结论可能是该数据存在问题的原因。因此，我们使用了由 PaySys 发布的另一时间序列数据，这些数据源于国家和国际上的银行卡组织（Visa，Mastercard）。图 4.11 展示了两个数据的差异，到 2013 年两者差了 570 亿欧元，占市场的 20%（PaySys，2015，p. 5）。

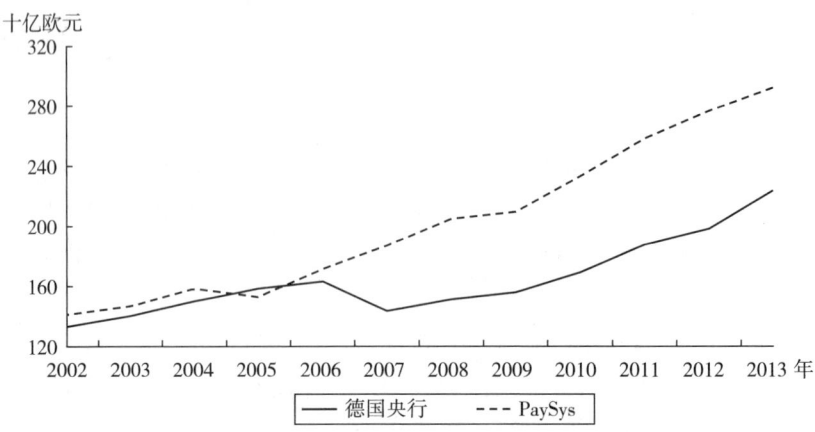

图 4.11　德国银行卡支付的交易量

（资料来源：德意志联邦银行，PaySys）

由于匿名性需求，影子经济交易通常以现金的形式进行（Schneider，2002）。因此，影子经济规模的扩大会增加货币需求，我们用影子经济在 GDP 中的比重来表示这种影响[10]。然而，这一变量并不是直接可见的，只能在很大的不确定性下进行估计，对此我们还使用了一个可能导致隐藏经济交易的变量。由于高失业率意味着人们进行"地下"工作，所以失业率对影子经济（也对货币需求）有积极的影响。

德意志联邦银行投入流通的欧元（德国欧元）累计净发行量与国内持有的货币有所不同。由于国家间大量资金的流入和流出，净发行量可能与经济体中的货币需求不同。国外对德国发行的钞票的需求可以分为两类。第一类是其他欧元区国家居民对德国钞票的需求，这是因为德国现金是其他欧元区国家发行货币的完美替代品。换句话说，一个欧元区国家对现金的需求可以部分地通过来自另一个成员国的现金流入来满足。在不考虑德国的情况下，通过欧元区的房价（*house*）和实际私人消费（*diff_pc*）来考虑与交易相关外国现金需求。前者可能是偏好现金支付的一个代表，因为房地产购买通常是用现金支付。欧洲中央银行针对欧元区（不包括德国）的房价指标被选为衡量这一影响的变量。第二类外国需求是来自非欧元区的货币需求。如第 4.3 节所示，对德国欧元的需求有很大一部分来自非欧元区。如果没有一个变量直接表明来自许多不同国家的这种需求，我们用欧元汇率来表示（另见 Fischer 等人，2004；Seitz，1995）。欧元升值带来更大的吸引力，也会增加非欧元区国家对欧元的需求。如第 4.3 节所述，非欧元区国家流通的欧元主要是用于储存，也就是价值贮藏的手段。我们使用 *er12* 和 *er20* 表示欧元对 12 个国家以及对 20 个最重要的贸易伙伴实际有效的外部价值。

　　首先，对于决定所有不同面额现金需求量的变量系数都相同的假设不成立，如交易动机对小额和中额现金需求的影响更重要，而财富储存目的可能更影响大额现金需求。同时，价值相近的现金之间可能存在替代效应。因此，我们需要估计三种不同关系，即小额（small）、中额（medium）和大额（large）现金。对此，我们对现金面额的分类为，小额 5~20 欧元，中额 50~100 欧元，大额 200~500 欧元。之所以选择这种分类，是因为大额现金不是由 ATM 分发的，ATM 主要用于小额交易[11]。此外，50 欧元的现金应是用于储蓄目的（除其他外）的最小额的现金。我们用实数值（r）来进行估计，这意味着我们假设长期的价格水平同质不变。对于小额和中额现金，我们选择家庭国内现金消费价格指数作为价格平减指数；对于大型类别，我们使用国内家庭消费支出价格指数[12]。这些数据是季度性数据，根据需要进行了季节性调整（sa）。样本数据包括了 2002 年第一季度到 2011 年第四季度数据。由于我们认为加入 2012 年和 2013 年的数据不会对结果产生实质性的影响，所以没有更新数据库。在使用利率时，我们进行了半对数规范处理。其他变量都是对数形式。差值运算符"d（…）"是指与第一个季度的差值。这三类现金变量值如图 4.12 所示。

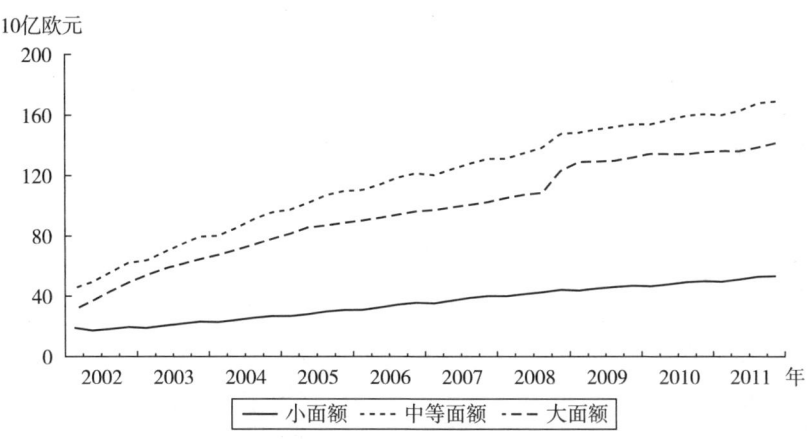

图 4.12　小、中、大额现金的实际价值

（资料来源：德意志联邦银行）

4.5　对现金需求的估计

　　我们采用向量误差修正模型作为实证方法进行分析。我们使用两种单位根

检验方法：增广的 Dickey – Fuller 检验（ADF）和 Zivot – Andrews 检验。在这两种方法中，零假设都是这个序列具有单位根，也就是 I（1）和 I（0）的阶差。当数据出现结构性中断时，我们使用 Zivot – Andrews 检验，如由于国际金融危机 2008 年底的中额和大额现金的数据截距出现了突变（见图 4.12）。表 4.1 展示了变量最终检验形式的单位根检验结果。

表 4.1　　　　　　　　　　　　单位根检验

变量	ADF 统计检验	检验形式[a]	Zivot – Andrews 统计检验	检验形式[b]	检验结果
smallr_sa	-2.26	C, T, 5			I（1）
d（smallr_sa）	-7.11***	C, 2			
mediumr_sa			-6.50***	C, 2	I（1）代替趋势平稳
larger_sa			-8.53***	C, 1	I（1）代替趋势平稳
ccr_sa	-2.66	C, T, 0			I（1）
d（ccr_sa）	-6.97***	C, 0			
int	-1.55	C, T, 0			I（1）
d（int）	-2.90*	C, 6			
er20	-2.87*	C, 0			I（1）
d（er20）	-4.61***	0			
er12	-2.72*	C, 0			I（1）
d（er12）	-4.35***	0			
Cards	0.96	C, 5			I（1）
d（cards）	-3.71***	C, 0			
cards（trend）	-2.02**	0			I（0）
House			-4.17	C and T, 1	I（1）代替 I（2）
d（house）			-3.22	C, 2	
d²（house）			-8.55***	C, 2	
diff_pcr_sa			-3.57	C and T, 1	I（1）代替 I（2）[c]
d（diff_pcr_sa）			-3.72	C, 0	
d²（diff_pcr_sa）			-7.73	C, 0	

注：***、**和*分别表示在1%、5%和10%水平上显著。ADF 检验是指 MacKinnon（1996）中的临界值，Zivot – Andrews 检验是指 Andrews 和 Zivot（1992）中的临界值。cards（trend）表示 cards 与霍德里克—普雷斯科特（Hodrick – Prescott）趋势的偏差。样本为 2002 年第一季度至 2011 年第四季度数据。[a] C：截距；T：线性趋势；0，1，2，…，6：滞后阶数；基于 Schwarz 信息准则的滞后选择（修正）；[b] C：突变的截距；T：突变的线性趋势；C 与 T：突变的截距与线性趋势；0，1，2：滞后阶数。

资料来源：笔者的计算。

如预期的一样，流通中的小额货币的价值（small_sa）、实际有效汇率（er20，er12）、银行卡支付和现金消费（ccr_sa）单位根检验结果是显著的一阶单整，即 I（1）。Zivot-Andrews 检验下的中额和大额现金（mediumr_sa，larger_sa）是趋势平稳的。然而，我们假设它们是差分平稳的。首先，这与通常的实证经验一致。其次，由于样本不足，我们的单位根检验的可靠性受到了影响。此外，由于金融危机，我们把房价指数（house）和非欧元区的私人消费（diff_pcr_sa）当作 I（1）而不是 I（2）是有问题的，经检验它们应该是 I（2）[13]。

由于时间序列的不平稳性，我们采用 Johansen（1995，2000）的向量误差修正模型（VECM）对不同面额货币的需求进行了估计。这种方法似乎特别适合验证考虑理论基础上的长期均衡（协整）关系[14]。实证分析从无约束的 VECM 模型开始，其形式如下：

$$dy_t = \mu + \prod y_{t-1} + \sum_{i=1}^{k-1} \Gamma_i dy_{t-i} + Bx_t + \varepsilon_t, \quad t = 1, \cdots T, \quad (4.1)$$

其中，$\{y_t\}$ 是内生 I（1）变量的向量，$\{\varepsilon_t\}$ 为独立同分布的残差向量，B 严格外生（非建模）变量 $\{x_t\}$ 的系数矩阵，Γ_i 是滞后内生变量的系数矩阵，μ 是常数向量。协整关系的数量对应于矩阵 $\prod$ 的秩。格兰杰表述定理声称，如果系数矩阵 $\prod$ 的秩 $r<n$，那么存在秩为 r 的矩阵 α（载荷系数或速度调整参数）和矩阵 β（协整向量）使 $\prod = \alpha\beta'$ 且 $\beta' y_t$ 为 I（0）。其中，协整向量表示系统的长期均衡关系。载荷系数表示这些协整关系在单个方程中的重要性以及偏离长期平衡后的调整速度。

考虑到只观察了 40 个季度得到的短样本，系统的滞后阶数（k）是由向量误差修正模型中可以消除自相关残差的最小滞后阶数决定的。在任何情况下，所选的协整关系规范假定在协整方程和 VAR 中都有一个截距。换句话说，我们假定水平数据 $\{y_t\}$ 具有线性趋势，而协整方程只有截距。

4.5.1 小额现金需求结构模型

经检验后，我们选择了小额现金（smallr_sa）、现金消费（ccr_sa）和欧元对最重要 20 个贸易伙伴的实际汇率（er20）进行协整检验。这些内生变量如图 4.13 所示。如上所述，所有这些变量都具有随机趋势，这是协整关系存在的必要条件。此外，我们将欧元区其他地区的私人消费（diff_pcr_sa）和卡支付金额（cards）作为外生、非模型变量加到方程组中。第 4.4 节中讨论的其他潜在变量则不重要。与 Amromin 和 Chakravorti（2009）一致，我们发现与卡支付相关的替代效应仅限于对小额现金的需求，而利率不影响对这些面额的需求。

为保证白噪声残差，VAR 中选择的滞后阶数为 2，即对应于 1 阶 VECM。这个滞后阶数是根据不同滞后长度的信息标准而选择的。

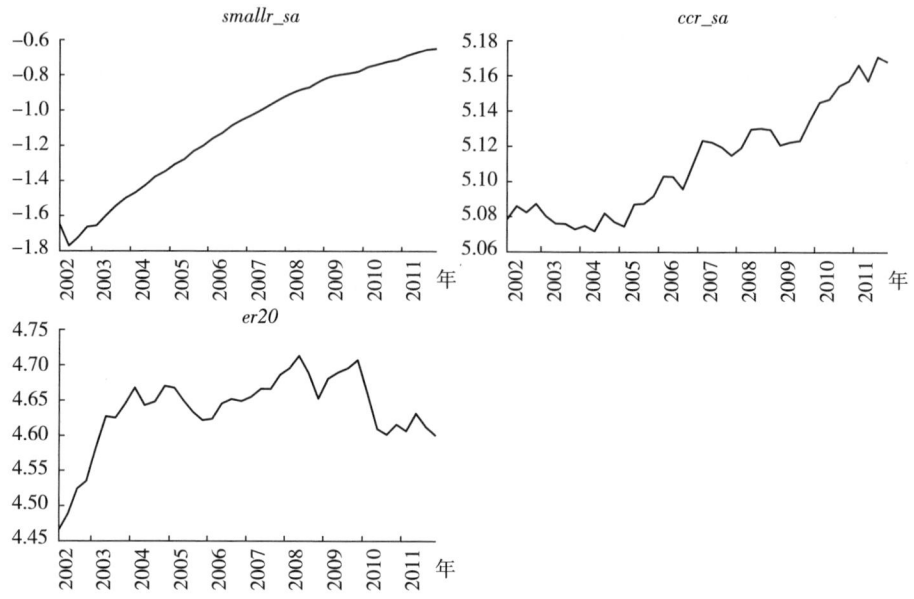

图4.13　小额现金的向量误差修正模型内生变量

（资料来源：德意志联邦银行及笔者的计算）

协整向量的个数通过迹检验和最大特征值检验的结果决定（见表4.2）。这些统计数据由于受到小样本偏差的影响，往往拒绝零协整。因此，按照 Reimers（1992）[15]所说的，我们采用因子 $(n-mk)/n$ 进行校正，其中，n 是观测值，m 是进行协整的变量个数，k 是滞后阶数。然而，这些检验的临界值忽略了外生变量的影响。因此，我们选用 Mac Kinnon 等人（1999）的临界值，他们建议根据外生变量 I（1）的数量进行校正。这样检验得到的结果显著，迹检验和最大特征值检验都表明存在一种协整关系。

表4.2　协整秩检验

协整关系数目	0		1		2	
	ts	cv	ts	cv	ts	cv
迹检验	45.6*	39.6	16.6	23.6	7.3	11.4
最大特征值检验	28.9*	24.9	9.3	18.4	7.3	14.4

注：*表示在5%置信水平上对原假设的拒绝。ts：小样本（Reimers，1992）以及外生性变量 I（1）（MacKinnon 等人，1999）调整后的检验统计量；cv：5%置信水平临界值。

资料来源：笔者计算。

表 4.3 显示的是向量误差修正模型的预测结果。表中显示了外生变量的长期决定因素和短期系数与误差修正项。我们没有展示其他内生变量（实际现金消费和实际有效汇率）和滞后内生变量的短期系数方程。协整方程反映的趋势正如我们所预期的，随着现金消费和汇率的增加，对小额现金的需求也逐渐增加。因此，从长期的角度来看，小额现金主要受国内交易和除欧元区外其他国家需求驱动的影响。较高的现金消费系数表明，显然不可能对现金持有量的某些决定因素建立适当的模型。调整速度参数（误差修正项）衡量了在一个季度内减少了多少现有的不平衡。在此一个季度内大约有 17% 的失衡得到纠正。现金消费和汇率都是弱外生性的，这意味着只有现金才能适应失衡。因此，表 4.3 中的协整方程可以解释为现金的需求函数。虽然这种协整关系能够满足德国国内和欧元区以外国家对小额现金的需求，但欧元区其他国家的交易动机是短期动态的一部分。欧元区其他国家经季度性调整后的实际私人消费平稳地推动了其交易动机。其（正）系数值非常显著，t 值达到了 4.5。这与德意志联邦银行大量发行的 5 欧元和 10 欧元现金（典型交易面额）相吻合。如图 4.7 和图 4.8 所示，对于这两种纸币，德意志联邦银行累计净发行量明显超过了除德国外的其他欧元区国家。这是德国向欧元区其他国家大量（净）出口小额现金的证据。此外，以卡支付形式存在的非现金替代品在短期动态中对现金具有显著负影响，也就是说卡支付与纸币交易之间为替换关系。该变量的平稳性是通过计算与趋势的偏差（由 Hodrick Prescott 滤波估计）生成的。这意味着，只有不同于固有趋势的发展才会对小额现金的需求产生影响。

表 4.3　小额纸币向量误差修正模型的预测和检验结果

协整方程	预测和检验结果
$smallr\_sa(-1)$	1.00
$ccr\_sa(-1)$	-8.9 (-20.2)
$er20(-1)$	-3.1 (-15.0)
Constant	61.1
error correction term	-0.17 (-3.9)
Constant	0.04 (8.2)
cards	-0.2 (-1.7)
$d(diff\_pcr\_sa)$	0.004 (4.5)
adj. R^2	0.73
s. e.	0.02
F 统计量	19.0

续表

协整方程	预测和检验结果
AIC	-4.9
SC	-4.6
LM (1) [p 值]	19.4 [0.02]
LM (4) [p 值]	4.4 [0.88]
JB [p 值]	1.22 [0.98]

注：( ) 中为 t 统计量；JB 为 Jarque – Bera 正态性检验；LM ( ) 为 LM 滞后检验的 VEC 残差序列相关性；s. e. 为方程的标准差；AIC (SC) 为 Akaike (Schwarz) 信息准则。

资料来源：笔者计算。

该方程的拟合优度是令人满意的，修正的 R^2 为 73%。Jarque – Bera 检验统计量显示向量误差修正模型残差具有正态性。通过 LM 检验可知，滞后 2~4 期的残差与滞后 1 期存在的一些小问题无关。图 4.14 描述了短期误差序列值，也就是方程 4.1 的残差的 $\{\varepsilon_t\}$ 序列。总的来说，它们近似于白噪声。图 4.15 为协整方程，也就是 smallr_sa 偏离长期关系的程度。对这一长期误差序列进行直观考察可以看出其理论期望的性质，即长期均衡中的残差趋于平稳。Bartzsch 等人 (2015) 由于数据的原因不考虑卡支付进行研究，得出的结果也与此类似。由于

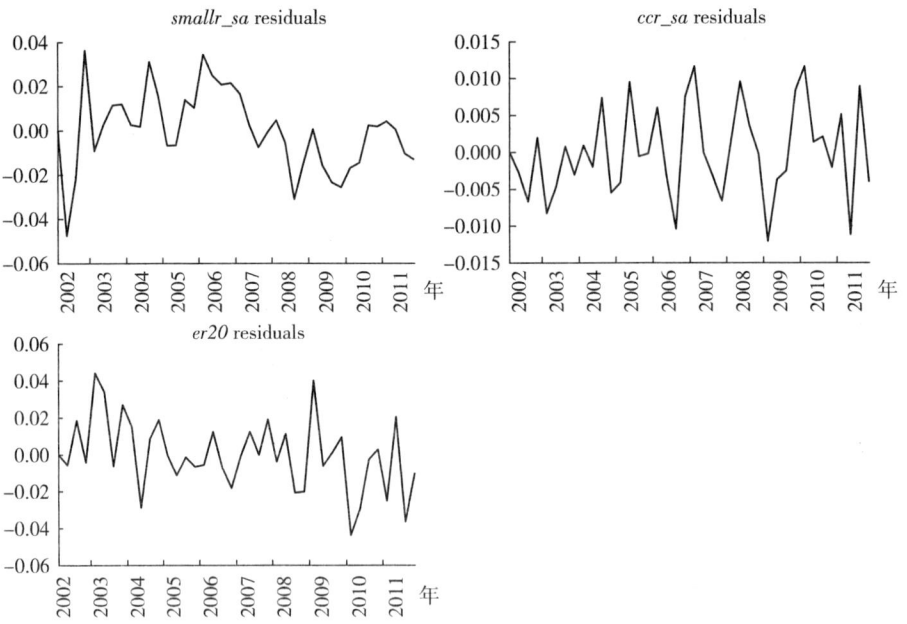

图 4.14　短期误差序列

只有 40 个季度的观测数据，我们无法实行有效的参数稳定性检验。然而，我们用 2011 年不同季度末样本数据估计了向量误差修正模型，结果显示，协整方程和速度调整系数没有显著变化。

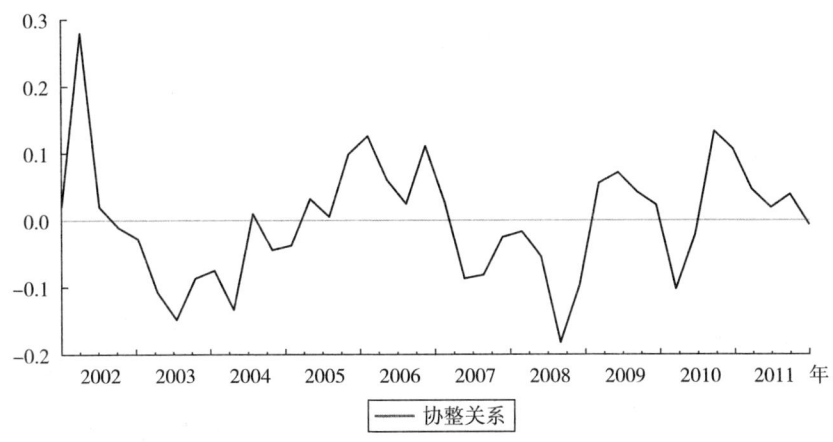

图 4.15　长期误差序列

4.5.2　大额现金的需求结构模型

协整里包含以下几个变量：大额现金（$larger\_sa$）、除德国外的欧元区国家房价（$house$）、欧元相对于最重要的 12 个贸易伙伴的实际汇率（$er12$）和截距水平参数（int）。这些内生变量如图 4.16 所示。此外，我们在方程组中加入了下列外生性变量：描述 2008 年第四季度爆发的国际金融危机影响的一个虚拟变量（$d2008q4$）和描述 2010 年第一季度欧元区公共债务危机影响的虚拟变量（$d\_debt2010q1$）。后一个变量反映出大额现金需求的增加与公共债务危机相关，而其他潜在的外生变量则不显著。

系统的滞后阶数（k）仍是由向量误差修正模型中可以消除自相关残差的最小滞后阶数决定的。VAR 中选择的滞后 2 期，即对应于向量误差修正模型滞后 1 期。这也正是依照 Hannan – Quinn 信息标准可以得到的滞后阶数（结果可根据要求提供）。

协整向量个数的迹检验和最大特征值检验结果如表 4.4 所示。我们再次根据 Reimers（1992）对小样本数据进行调整。两个检验结果都显示出具有协整关系。临界值假设显示没有确定的外生性变量，该假设与我们情况不符。然而，考虑到检验结果，我们应该将向量误差修正模型限定为一个协整关系。[16]

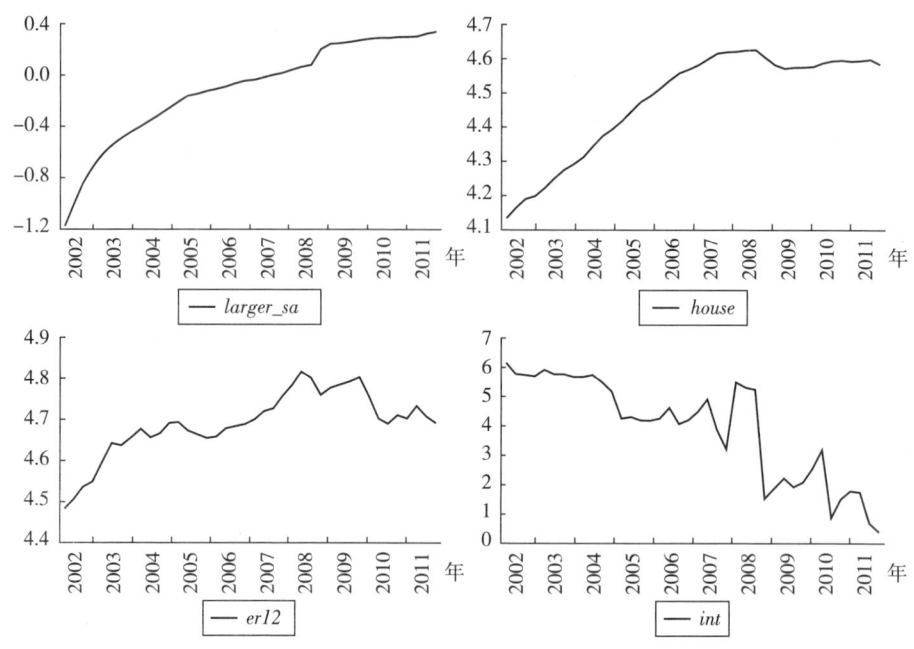

图 4.16　大额现金的向量误差修正模型内生变量

（资料来源：德意志联邦银行及作者计算）

表 4.4			协整秩检验					
协整关系数目	0		1		2		3	
	ts	cv	ts	cv	ts	cv	ts	cv
迹检验	68.72*	47.86	23.30	29.80	10.46	15.49	0.35	3.84
最大特征值检验	45.42*	27.58	12.84	21.13	10.10	14.26	0.34	3.84

注：* 表示在 5% 置信水平上对假设的拒绝；ts 为小样本调整试验统计量（Reimer, 1992），cv 为 5% 置信水平临界值。

资料来源：笔者计算。

表 4.5 中为向量误差修正模型的估计结果。与前文类似，这里不包含滞后内生变量的短期系数方程。协整方程中的符号如预期的那样，欧元区其他国家的房价和汇率上升时，大额现金的需求会上升，利率上升时需求就会下降。从长期来看，流通中的大额现金主要是由国外需求驱动的，利率的半弹性很低。如果收益率上升一个百分点，大额现金量只会下降 0.09%。一半大额现金的失衡能够在一个季度内得到校正。尽管实际有效汇率是弱外生性的，但是房价指标方程中的调整速度参数显著，利率方程中的调整速度参数微显著（p 值为0.051）。然而，调整房价和利率对协整关系的偏差缺乏令人信服的经济学解释，

这两者对系统中的大额现金方程几乎没有影响[17]。因此，我们将后者解释为系统内的现金需求方程。

表 4.5　大额现金向量误差修正模型的预测和诊断检验结果

协整方程	预测和检验结果
$larger\_sa(-1)$	1.000
$house(-1)$	−0.82（−7.9）
$er12(-1)$	−2.03（−10.7）
$int(-1)$	0.09（8.8）
constant	12.9
error correction term	−0.48（−5.0）
constant	−0.02（−1.4）
$d2008q4$	0.10（2.5）
$d\_debt2010q1$	0.03（1.6）
adj. R^2	0.61
s. e.	0.39
F 统计量	9.79
AIC	−3.47
SC	−3.13
LM（1）[p 值]	21.38 [0.16]
LM（4）[p 值]	20.26 [0.21]
JB [p 值]	28.38 [0.00]

注：()为 t 统计量；JB 为 Jarque – Bera 正态性检验；LM（）是 LM 滞后检验的 VEC 残差序列相关性；s. e. 是方程的标准差；AIC（SC）为 Akaike（Schwarz）信息准则。

资料来源：笔者计算。

和前文类似，我们也将向量误差修正模型中的两个危机变量作为完全外生的变量。2008 年 9 月雷曼兄弟破产后，国际金融危机升级，这导致德国大额现金发行量大幅增加（Deutsche Bundesbank，2009，p. 52f）。该影响通过虚拟变量 $d2008q4$ 进行建模，该虚拟变量是一个脉冲变量，在 2008 年第四季度取 1，其他时间取 0。换句话说，国际金融危机导致对大额现金的实际需求出现一次性的增长。通常情况下，经济危机会随着大额现金需求的增加而趋于更加严峻。因此，我们也试图模拟 2010 年初开始的欧洲公共债务危机的影响。对应的虚拟变量 $d\_debt2010q1$ 是一个位移变量（shift variable）。从 2010 年第一季度到样本结束，该虚拟变量的值等于 1，在其他所有季度等于 0。这对应于（实际）纸币需求的持续增长。尽管 $d\_debt2010q1$ 的符号为正，但它的系数不显著。然而，不管是

否包含 $d\_debt2010q1$，VECM 的系数估计值都是稳健的。

方程的统计拟合度较好，修正的 R^2 为 61%。在滞后阶数为 4 时没有任何残差自相关的现象，而 Jarque–Bera 检测结果表明 VECM 中的残差是非正态性的。由于协整理论在独立同分布残差的假设下是渐近有效的，所以这种结果存在的问题应该不是很严重。图 4.17 描述了短期误差序列值，也就是方程 4.1 的残差 $\{\varepsilon_t\}$ 估计值。总的来说，它们近似于白噪声。图 4.18 显示了实际现金发展与长期关系的偏差，这种长期误差序列是趋于平稳的。

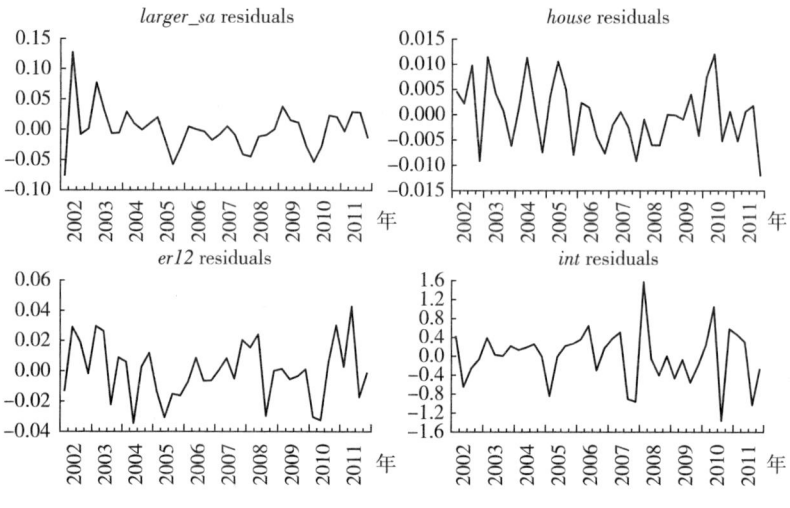

图 4.17　短期误差序列

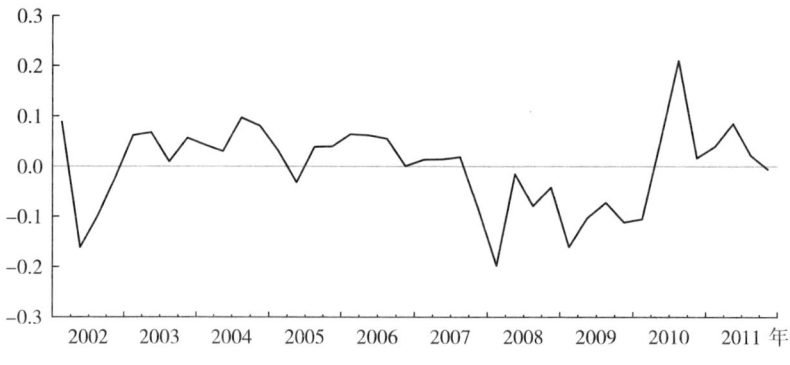

图 4.18　长期误差序列

我们又用 2011 年不同季度末的样本数据替代估计了向量误差修正模型，以了解可能潜在的不稳定性。直观的结果表明，协整方程和速度调整系数没有显著变化。

4.5.3 中额现金需求的单方程模型

我们没能成功使用向量误差修正模型对中额现金进行建模。因此，对于中额现金，我们采用单方程模型方法[18]。具体而言，我们通过动态OLS①（DLOS）的方法估计现金的需求方程。该方法可以产生一个渐近有效的估计量，消除协整方法中的反馈（见，如Saikkonen，1992；Stock和Watson，1993）。通过平稳外生变量的滞后和超前来增加协整程度，从而使得到的协整方程误差项与随机回归向量正交。在我们的分析中，滞后和超前是依据Akaike准则选择的，最大滞后（超前）阶数为4。系数协方差矩阵的计算采用重新调节后的OLS方法得到。在此过程中，利用Bartlett kernel估计DOLS残差的长期方差，其中Newey-West固定带宽（bandwidth）设为4。

协整方程由欧元区其他国家的实际中额现金（mediumr_sa）、现金消费（ccr_sa）和私人消费（diff_pcr_sa）构成。增加的外生变量包括截距水平参数（int）、失业率（un）和金融危机虚拟变量（d2007q4）（2007年第四季度为1，其他为0）。其他变量，尤其是卡支付并不影响中额现金的需求。估计结果如表4.6所示。德国和欧元区其他国家的交易变量决定了中长期中额现金的演变过程。根据相关原理，国内交易的弹性比小额现金的弹性低（见表4.3）。短期变动是由利率和失业率衡量产生的机会成本形成的：收益率的整体上升降低了对中额现金的需求；而失业率上升则导致对现金需求上升。这符合影子经济的解释，其统计特征是令人满意的。其中只有恩格尔—格兰杰（Engle-Granger，EG）协整检验显示存在一些小的稳定性问题，而Hansen稳定性检验则表明了协整关系的稳定性，图4.19显示的是估计方程的残差。

表4.6　中额现金DOLS方程的估计和诊断检验统计

变量	系数
ccr_sa	2.8（3.2）
diff_pcr_sa	5.0（11.4）
C	-47.9（-11.3）
int	-0.03（-2.7）
d(un)	1.0（3.4）
d2007q4	-0.1（-1.7）
adj. R^2	0.99

---

① OLS：普通最小二乘法。——编者

续表

变量	系数
s. e.	0.03
long – run variance	0.0009
JB [p 值]	0.49 [0.78]
Hansen [p 值]	0.07 [>0.2]
EG [p 值]	-3.47 [0.13]

注：( ) 中为 t 统计量；JB：Jarque – Bera 正态性检验；s. e.：方程的标准误差；Hansen：Hansen 参数失稳协整检验；EG：根据 Schwarz 准则自动选择滞后的 Engle – Granger 协整检验。

资料来源：笔者计算。

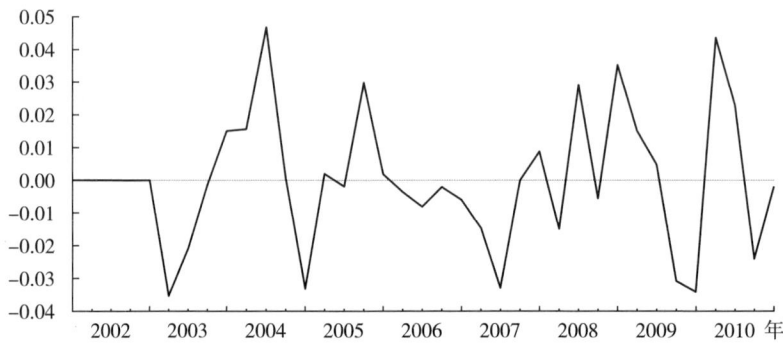

图 4.19　中额现金的协整方程

4.6　总结和结论

本文分析了德意志联邦银行累计净发行的欧元现金量（流通中的"德国"欧元现金）。德国欧元现金的强劲增长与欧元区其他国家的增长疲软形成了鲜明对比，原因如下：首先，欧元现金的动态很大程度上是由欧元区以外的需求驱动的，而这种现金需求主要由德国发行满足。其次，德国也是欧元区其他国家重要的欧元现金净出口国。然而，很大比例的外国持有现金都不在欧元区国家。

向量误差修正模型反映了国外需求的重要性。我们使用截至 2011 年底的实际欧元数据进行了估算。从长期来看，小额现金的需求主要由国内交易和欧元区以外的外国需求驱动。卡支付是一种替代的支付方式，它也影响着小额现金需求的短期动态变化。欧元区其他国家（除德国外）的交易动机也是短期变动的一部分。这与德意志联邦银行 5 欧元和 10 欧元的发行量多于欧元体系总量的实际相符。大额现金的协整方程显示,欧元区其他国家和欧元区以外国家的需求增加会导致这些货币的需求增加,而利率的上升会导致对这些货币的需求下降。2008 年 9 月美国投资银行雷曼兄弟(Lehman Brothers)破产后国际金融危机的升级和欧元区公共债务危机也产生了重大影响。从长期考虑,只能在单一汇率模式下进行建模的中额现金是由国内交易和欧元区其他国家的需求推动的,而利率和失业率只在短期内才具有重要的影响。

卡支付对中额和大额现金的需求没有影响,它只会影响小额现金的需求,这与各种文献的观点一致。然而,这也可能是受其他因素影响的原因,特别是在考察对象为国外需求、数据质量较差和考察样本较少的情况下。

在保留小样本周期的情况下,向量误差修正模型相对稳定。在利率弹性较低甚至完全无弹性的情况下,我们预计由于当前利率水平较低,投资组合不会大量地转换成现金,有关德国购买金融资产的金融账户数据(截至 2014 年底)证实了这一点。相比之下,由于欧元体系采取非常规的货币政策措施,2014 年以来欧元汇率不断贬值,这应该会对现金需求产生重大负向影响。

注释

1. 虽然间接方法的结果略高于直接方法的结果,但相关研究大多采用的是后者(见 Bartzsch 等人,2011b)。第 4.3 节列出了 Bartzsch 等人估计的最新情况。

2. 关于近年来国外对欧元现金需求的强劲增长的更多信息,参见欧洲中央银行 ECB(2014)。

3. 如果各自面值的累计净发行量为负,则百分比为负。

4. 这些差别也适用于按面值投入流通现金的价值构成,但适用性略差。见 Bartzsch 等人(2015)。

5. 其他目标变量和代理变量可以在 Seitz 和 Setzer(2009)中找到。

6. 在 Baumol–tobin 模型中(Baumol,1952;Tobin,1956),利率可能被交易需求合理化,有关该模型的当前版本见 Alvarez 和 Lippi(2007)。

7. 弗里德曼建议在货币需求框架内实现实证,美国情况详见 Friedman 和 Schwartz(1982),德国情况详见 Seitz(1998)。

8. 创新支付工具的概述可以在 Deutsche Bundesbank(2012)中找到。

9. 一般来说,时间趋势可以大体上反映出金融创新的过程。

10. 我们感谢 Fridrich Schneider 提供的关于德国影子经济活动的一系列文章。由于这个时间序列是年度数据，我们使用二次匹配的平均方法将其转换为季度数据。

11. 有关在多国研究中对交易性货币和储存性货币类似的区分，请参见 Amromin 和 Chakravorti（2009）。他们通过确定哪种面值的现金通常由自动柜员机发行的现金的面值来确定中额现金（medium－note）类别。高于此阈值的面额被归类为"大"（"large"）额，低于此阈值的面额被归类为"小"（"small"）额。

12. 将家庭现金消费价格指数作为这一大类的平减指数并不会改变结果。

13. 2008 年由于国际金融危机出现了"激增"，详见图 4.16 中的房价变量。

14. Rao（2007）比较了我们所选的计量方法与其他方法，以区分短期和长期关系，他发现估计值通常只有很细微的差异。

15. 另一种办法是调整临界值，见 Cheung 和 Lai（1993），由于他们使用了与 Reimers（1992）类似的方法进行校正，结果在数值上是相同的。

16. 协整检验中的临界值关于检验形式（趋势假设）的敏感性在这里可以作为一个基准，见 MacKinnon（1991）第 276 页表 1。

17. 在本文的背景下，很显然只有现金能够适应这种偏差，而其他变量都不行。

18. Bartzsch 等人（2015）展示了德意志联邦银行在欧元体系内年度现金生产计划中使用的 50 欧元和 100 欧元现金的时间序列模型。

参考文献

Akinci, Ö. (2003), Modeling the demand for currency issued in Turkey, *Central Bank Review*, 3, pp. 1–25.

Alvarez, F.E. & F. Lippi (2007), Financial innovation and the transactions demand for cash, *CEPR Discussion Paper* 6472.

Amromin, G. & S. Chakravorti (2009), Whither loose change? The diminishing demand for small denomination currency, *Journal of Money, Credit and Banking*, 41, pp. 315–335.

Andrews, D.W.K. & E. Zivot (1992), Further evidence on the great crash, the oil price shock and the unit root hypothesis, *Journal of Business and Economic Statistics*, 10, pp. 251–270.

Bartzsch, N., G. Rösl & F. Seitz (2011a), Foreign demand for euro banknotes issued in Germany: Estimation using indirect approaches, *Deutsche Bundesbank Discussion Paper*, Series 1, 21/2011.

Bartzsch, N., G. Rösl & F. Seitz (2011b), Foreign demand for euro banknotes issued in Germany: Estimation using direct approaches, *Deutsche Bundesbank*

Discussion Paper, Series 1, 20/2011.

Bartzsch, N., R. Setzer & F. Seitz (2015), The demand for euro banknotes issued in Germany: Structural modelling and forecasting, *MPRA Paper* No. 64949, June.

Baumol, W.J. (1952), The transactions demand for cash: An inventory theoretic approach, *Quarterly Journal of Economics*, 66, pp. 545–556.

Boeschoten, W.C. (1992), Currency use and payments patterns, Kluwer Academic Publishers, Dordrecht.

Briglevics, T. & S. Schuh (2014), U.S. consumer demand for cash in the era of low interest rates and electronic payments, *ECB Working Paper* 1660.

Cheung, Y.-W. & K.S. Lai (1993), Finite-sample sizes of Johansen's likelihood ratio tests for cointegration, *Oxford Bulletin of Economics and Statistics*, 55, pp. 313–328.

Cusbert, T. & T. Rohling (2013), Currency demand during the global financial crisis: Evidence from Australia, Reserve Bank of Australia, *Research Discussion Paper* 2013-01.

Deutsche Bundesbank (1997), Estimating the term structure of interest rates, Monthly Report, October, pp. 61–66.

Deutsche Bundesbank (2009), The development and determinants of euro currency in circulation in Germany, Monthly Report, June, pp. 45–58.

Deutsche Bundesbank (2012), Innovations in payment systems, Monthly Report, September, pp. 47–60.

Deutsche Bundesbank (2015), *Payment behaviour in Germany in 2014 – Third study of the utilisation of cash and cashless payment instruments*, Frankfurt am Main, Germany.

Doyle, B.M. (2000), 'Here, Dollars, Dollars…' – Estimating currency demand and worldwide currency substitution, Board of Governors of the Federal Reserve System, *International Finance Discussion Papers* 657.

European Central Bank (ECB) (2014), *The international role of the euro*, July, Frankfurt am Main, Germany.

Fischer, B., P. Köhler & F. Seitz (2004), The demand for euro area currencies: Past, present and future, *ECB Working Paper* 330.

Friedman, M. (1977), Time perspective in demand for money, *Scandinavian Journal of Economics*, 79, pp. 397–416.

Friedman, M. & A.J. Schwartz (1982), The effect of the term structure of interest rates on the demand for money in the United States, *Journal of Political Economy*, 90(1), pp. 201–212.

Johansen, S. (1995), *Likelihood-based inference in cointegrated vector autoregressive models*, Oxford University Press, Oxford and New York.

Johansen, S. (2000), Modelling of cointegration in the vector autoregressive model, *Economic Modelling*, 17, pp. 359–373.

Khamis, M. & A. Leone (2001), Can currency demand be stable under a financial crisis? The case of Mexico, *IMF Staff Papers* 48, pp. 344–366.

MacKinnon, J.G. (1991), Critical values for cointegration tests, in Engle, R.F. and C.W.J. Granger (eds), *Long-run economic relationships: Readings in cointegration*, Oxford University Press, New York, pp. 267–277.

MacKinnon, J.G. (1996), Numerical distribution functions for unit root and cointegration tests, *Journal of Applied Econometrics*, 11, pp. 601–618.

MacKinnon, J.G., A.A. Haug & L. Michelis (1999), Numerical distribution functions of Likelihood Ratio tests for cointegration, *Journal of Applied Econometrics*, 14, pp. 563–577.

Nachane D.M., A.B. Chakraborty, A.K. Mitra & S. Bordoloi (2013), Modelling currency demand in India: An empirical study, *Reserve Bank of India Discussion Paper* 39.

PaySys (2015), ECB card payment statistics: The missing 792 billions Euro, PaySys Report 02/2015, April, pp. 5–9.

Rao, B.B. (2007), Estimating short and long-run relationships: A guide for the applied economist, *Applied Economics*, 39, pp. 1613–1625.

Reimers, H.-E. (1992), Comparisons of tests for multivariate cointegration, *Statistical Papers*, 33, pp. 335–359.

Saikkonen, P. (1992), Estimation and Testing of Cointegrated Systems by an Autoregressive Approximation, *Econometric Theory*, 8, pp. 1–27.

Schneider, F. (2002), The size and development of the shadow economies of 22 transition and 21 OECD countries, *IZA Discussion Paper* 514.

Seitz, F. (1995), The circulation of Deutsche Mark abroad, *Discussion Paper* 1/95, Economic Research Group of the Deutsche Bundesbank.

Seitz, F. (1998), Geldnachfrage, Zinsen und Zinsstruktur ("Money demand, interest rates and the term structure"), *Konjunkturpolitik – Applied Economics Quarterly*, 44, pp. 256–286.

Seitz, F. & R. Setzer (2009), The demand for German banknotes: Structural modelling and forecasting, *Discussion Paper*, mimeo.

Snellman, J. & J. Vesala (1999), Forecasting the electronification of payments with learning curves: The case of Finland, *Bank of Finland Discussion Paper* 8/99.

Snellman, J., J. Vesala & D. Humphrey (2000), Substitution of noncash payment instruments for cash in Europe, *Bank of Finland Discussion Paper* 1/2000.

Stock, J.H. and M. Watson (1993), A Simple Estimator Of Cointegrating Vectors In Higher Order Integrated Systems, *Econometrica*, 61, pp. 783–820.

Tobin, J. (1956), The interest-elasticity of transactions demand for cash, *Review of Economics and Statistics*, 38, pp. 241–247.

5 规范银行卡支付交换费

Nicole Jonker

5.1 引言

欧洲零售支付市场是零散的，它过去由 28 个国家的支付市场组成，这些市场由于法律和技术壁垒而相互分离。随着欧洲零售支付市场的统一，各国之间的大部分法律和技术壁垒已被消除。欧洲各国的信用转账和直接借记的支付工具已逐渐被欧洲统一的支付工具所取代。而且自 2014 年 8 月 1 日后，在本国或其他欧洲国家使用这些支付工具进行支付理论上并没有任何区别。但是，对于"尚未达到与信用转账和直接借记相同的协调和整合水平"（ECB，2014）的卡支付来说，目前还做不到这一点[1]。根据欧洲中央银行的说法，这是由于卡支付市场非常复杂，要实现统一的卡支付，还需要付出很大的努力。

欧洲各国之间仍然存在的差异之一是卡支付的交换费水平。如果进行卡交易，交换费将由商户的收单银行支付给消费者发卡银行。交换费用的高低影响着商户和消费者支付的交易费用。因此，它会影响消费者的支付习惯和商户决定受理哪家银行卡。欧盟委员会（European Commission，2007a，2007c）认为，卡支付交换费的水平变化是解释各个国家交易金额以及支付卡使用程度不同的重要因素。

1997 年，欧洲商业联合会（European Merchants United in Euro Commerce）就银行卡支付的交换费水平提出了投诉（Borestam 和 Schmiedel，2011），他们认为银行通过交换费从商户那里收取费用。国家竞争管理当局（National Competition Authorities）和欧盟委员会都对其进行了反垄断调查，他们认为在许多情况下交换费确实违反了反垄断法。

经过多年的诉讼和调查，《欧盟官方刊物》①（EC，2015a）公布了银行卡交换费的规定（IFR），其目的是降低商户和消费者的支付成本，消除阻碍欧盟内

---

① 该刊物为 Official Journal of the European Union。

部银行卡市场（包括在线支付和移动支付）安全、高效、有竞争力和创新的因素。IFR 的一个重要因素是调整交换费的安排，这将降低商户接受支付卡的成本。此外，IFR 还调整了与银行卡支付相关的几个业务规则。

其他公共机构也对银行卡支付的交换费进行了监管。澳大利亚储备银行（RBA）在 2003 年对交换费进行了监管；联邦储备委员会（FRB）理事会在 2011 年作为《杜宾修正案》（Durbin amendment）的一部分，对借记卡和信用卡支付交换实行了基于成本的上限设置；欧洲已经进行了几次国家干预，也旨在限制交换费的水平。

这些其他国家/地区的交换费监管经验或许有助于评估欧盟银行卡市场运作监管可能产生的影响。本章试图回答的关键问题是，银行卡支付交换费监管是否会减少欧洲支付卡市场的分散程度，并有助于在欧盟范围内建立一个创新的、具有竞争力的银行卡支付市场。

本章讨论了几家公众机构对交换费的监管方式。在第 5.2 节中，我们将介绍有关交换费的一些概念性问题。第 5.3 节简要概述了有关交换费和双边市场的理论文献。第 5.4 节概述了欧盟委员会和其他公共机构为限制交换费用水平而采取的措施。第 5.5 节讨论了它们的相同点和不同点。第 5.6 节讨论了监管措施对消费者和商户支付行为的影响，特别关注了 IFR 对欧洲支付卡市场的预期影响。第 5.7 节为本章总结。

5.2 概念性问题

本节解释了交换费的基本概念，主要参考 DNB（2007）。为此，采用了借记卡的交换费的案例进行分析。然而，这些原则也适用于其他非现金支付工具的交换费用，如信用卡、信用转账或直接借记。

银行卡支付市场是一个双边市场，因为卡组织提供的支付平台只有在两边最终用户（消费者和商户）愿意购买的情况下才能进行支付。我们分析一个四方银行卡系统，四方包括持卡人（消费者）、消费者银行（发卡行）、商户和商户银行（收单行）。消费者银行和商户银行都属于借记卡体系，卡交易涉及的支付流程如图 5.1 所示。

要了解借记卡的交换费，需仔细研究非现金支付的实际处理流程。我们假设消费者有一张借记卡，并且商户与银行建立了接受借记卡付款的关系。在一笔交易中，消费者以价格 p 从商户处购买商品，消费者在付款终端上同意付款，并会触发消费者银行的自动认证和授权流程。除此之外，银行系统还检查消费者的银行账户是否有足够的余额。检查之后，消费者银行立即向商户出具付款保证书。在消费者开户银行、自动清算所和商户银行进行处理后，实行实际收款（p）。

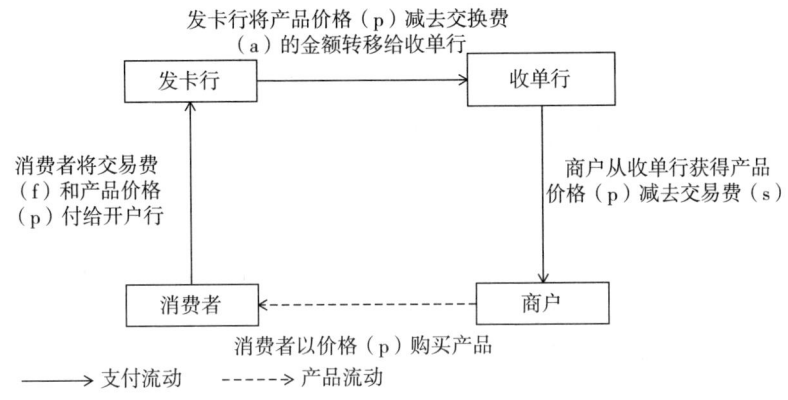

图 5.1　四方模式的银行卡产品和支付流程

消费者开户银行可以向消费者收取借记卡支付交易费（f），如果银行希望促进借记卡支付，该交易费用可以是正、零，甚至为负。然而，大多数银行并不向持有借记卡的消费者收取明确的交易费用，而是向消费者收取标准的定期固定套餐费用，收取对象包括活期账户、网上银行服务、ATM 取款和大多数非现金支付[2]。商户也向商户银行支付交易费，此交易费收取方式可以是向每笔交易收取固定费用，可以是按照交易金额的比例收取，也可以是两者的组合。交换费（a）则通常由商户银行支付给消费者银行，商户银行向商户收取交易费来弥补交易成本和交换费成本。

设置交换费用的水平方式有多种。银行可以双边谈判，但这只有当提供支付服务的银行数量有限时才可行。如果涉及多家银行，签订双边协议将是一个复杂且高成本的过程。相反，卡组织可能倾向于选择多边协议，并在多边协议中为所有参与银行商定一项违约费用。多边协议可以由银行自己制定或由卡组织（管理品牌和制订方案规则的公司）制定。但是，多边协定可能与竞争法相悖。监管机构可能将它们视为定价的一种方式，因为它们在银行向商户收取的费用下设定了一个下限。

5.3　理论：双边市场与交换费

银行卡市场是一个双边市场，其特征是具有两个不同的最终用户群体（"消费者"和"商户"),以及一个可以使两类群体用户间产生交易的平台。理论文献假设存在这样一个市场,两组最终用户无法就为共同购买时每一方应该支付的价格进行协商(即,使用平台进行银行卡支付,以便将钱从消费者转移给商户),由平台决定消费者和商户支付的总价和每一方支付的价格[3]。该平台试图通过适当的双边市场定价策略来同时吸引消费者和商户。通常情况下,适用于这一目的的交换费分配比例会影响银行卡交易量。因为在双边市场中,不仅"价格水平"起着关键作用,而且"价格结构"、总价格"$s+f$"[①] 在两个终端用户之间的分配也是关键性的。一家银行支付给另一家银行的交换费可用于调整最终用户的价格结构。

在一篇具有开创性的论文中,Baxter(1983)提供了在双边市场使用交换费的理论基础。其基本思路如下:消费者和商户必须就共同使用的特定支付工具(即现金或借记卡)的使用达成协议。因此,对特定支付产品的选择反映了双方的偏好,而不仅仅是其中一方的。消费者和商户都在权衡各种支付产品的边际成本和收益。如果其中一方不同意借记卡支付,这一决定将由某一方负的成本效益分析结果引起。如果另一方更愿意通过借记卡完成交易,那么他/她的成本效益分析结果是正的,因为边际效益大于边际成本。这种情况为另一方提供了调整条件的机会。交易一方的正成本效益结果可用于影响另一方的结果。在这种情况下,会发生的情况是,获得最好收益一方(借记卡支付,通常是商户)的余额的一部分被转移到最差的收益一方(消费者),以便任何一方从卡支付中获益。但是,只有当平台通过降低费用或改进服务等方式使其对消费者更有吸引力时,这才是可能的。实际上,商户与发卡行没有关系,消费者与收单行没有关系。代理发卡银行和收单银行的平台可以在与该平台相关的发行银行和收单银行之间作出安排,例如,收单银行承担交换费,以使对最终用户更具吸引力。

在 Baxter 的模型中,交换费的使用使银行卡支付交易成为社会最优支付工具。然而,这一结果在很大程度上取决于交换费完全转嫁给最终用户,以及商户无法通过收取借记卡使用费的方式将商户的交易费转嫁给消费者(Gans 和 King,2003)。请注意,在 Baxter 的模型中,交换费可以由发卡行或收单行支付。在后来的几年里,人们常常假定交换费是由收单行支付给开卡行。因为与消费者相比,商户被认为价格弹性相对较小,而且发卡行的刷卡费用高于收单行。

许多经济学家拓展了 Baxter 的模型,如 Verdier(2011)对其进行了概括。Rochet 和 Tirole(2002)放宽了关于商户之间非竞争行为的假设。竞争市场的商户

---

① 此处 s 与 f 的对应见图 5.1。——编者

即使在银行卡支付成本超过了利益时也会接受银行卡支付,他们这样做的原因在于为了吸引竞争对手的客户,或者为了避免将客户输给受理银行卡支付的竞争商户。在这样一个市场中,发卡银行的利润最大化交换费可能高于社会最优交换费,从而导致银行卡支付服务的超额供给。Vickers(2005)将这一结果描述为"必须接受银行卡"的问题。Rochet 和 Tirole(2011)后来采用了这一表达,他们基于他们所称的"游客测试"(Tourist Test)或"避免成本测试"(avoided-cost test)引入了交换费,作为发卡机构银行卡费用的替代基准,该标准有时被竞争主管当局使用,但根据理论文献来看,这并非社会最优标准[4]。理论文献表明,在某些条件下,发卡行选择的交换费确实可能超过短期社会最优水平。这会影响市场效率,因为如果交换费设置得太高,则收单费也会设置太高。即使是面临竞争并接受银行卡支付的商户,也可能倾向于拒绝非重复客户(游客),因为这样的客户将前往另一个受理卡支付商户的风险可能相当小。通过接受现金,这些商户降低了他们的运营成本。然而,从社会福利的角度来看,考虑到社会使用卡支付的边际成本和边际效益,这些不重复使用银行卡支付的客户使用银行卡支付会更好。基于用银行卡支付取代现金支付后商户可减少的成本,Rochet 和 Triole 提出了监管干预的另一个基准,即如果且仅当接受卡支付与接受现金相比不会增加商户的净运营成本时,收单费用才通过游客测试。这一基准很有吸引力,因为接受银行卡支付的商户不会有动机引导"非重复客户"转向现金。如果一个人的目标是使短期总用户剩余最大化,那么这个基准是合理的。

该游客测试基准受到了相当多的关注。Bolt 等人(2013)和 Górka(2014)分别使用商户的成本数据估算了荷兰和波兰的基准,不同结果表明基准水平取决于当地市场情况。Zenger(2011)认为,该基准等价于基于商户对更昂贵的支付工具完全额外收取更高费用。Leinonen(2011)怀疑,基于游客测试的交换费用将促进银行卡的使用并提高成本效率,因为基于游客测试的多边交换费(multilateral interchange fees,MIFs)将导致银行和商户对现金和卡不感兴趣,从而推迟实现增加借记卡使用的成本效益。Bolt 等人(2013)更进一步认为,从长远来看,直接用游客测试方法可能无法为交换费监管提供合适的基准。他们指出,在借记卡使用量增加、现金使用量下降的市场中,基准利率可能会随着时间的推移而增加,甚至可能超过银行借记卡交易的总成本。如果银行在商户服务费中把增加的交换费转嫁给商户,商户可能不被鼓励使用卡支付或投资更高效的卡支付基础设施,因为交换费将抵销其收益。

与 Rochet 和 Tirole 在其理论模型中强调加入的"必须接受"的论点不同,Korsgaard(2014)质疑了银行卡市场的双边性。他认为,支付卡市场实际上是单边市场，因为消费者通常只支付不由银行卡使用产生的定期固定费用。在假设两组最终用户中只有商户面临边际成本的前提下，Korsgaard 的理论模型表明，社会最优交换费仅取决于生产卡的边际成本和银行现金支付的差异。由于银行卡支付的边际成本通常接近现金支付的边际成本，因此最佳交换费用可能接近于零。如果银行卡支付的边际成本低于现金支付的边际成本，交换费甚至会变成负值。在后一种情况下，收单银行收到卡支付的交换费用，可以用来降低商户的交易费用。

Korsgaard 的模型预测显示，随着交换费水平的提高，银行卡的使用率会降低。如果一个社会规划者想要提高支付体系的效率，需要根据银行的边际成本设定一个较低甚至为负的交换费来刺激商户受理银行卡。Korsgaard 的模型解释了为什么借记卡在没有或较低交换费用水平的国家的使用率相对较高。

5.4 交换费的监管

5.4.1 各国银行卡使用和交换费的比较

如图 5.2 所示，不同欧盟国家公民在零售中的支付习惯存在较大差异。尽管存在这些差异，Bagnall 等人（2015）在他们的跨国比较研究中，找出一些推动现金和卡使用的普遍因素，如人口因素、交易规模和地点。

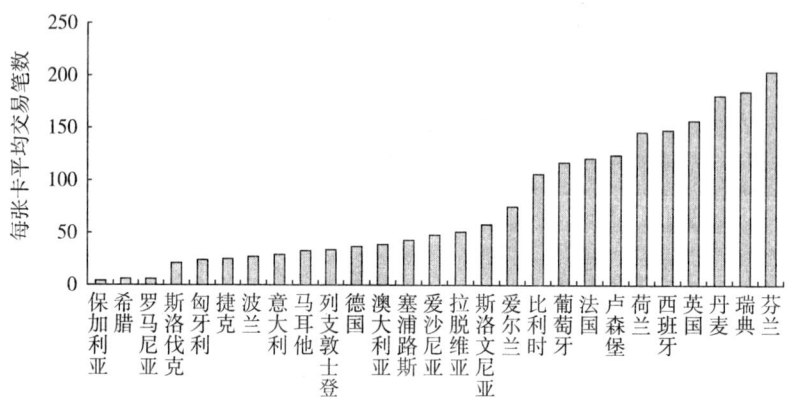

图 5.2 2011 年欧洲各国银行卡支付使用差异大

然而，这些因素不足以解释观察到的支付方式的所有变化。如消费者获得银行服务的差异、商户接受卡的差异、支付工具的差异，以及银行和卡组织使用的定价政策等其他因素也可能很重要。卡组织和银行为银行卡支付交易设置

5 规范银行卡支付交换费

交换费,会影响发卡行和收单银行使用零售支付工具的定价政策。经常有人认为,高昂的交换费用会刺激消费者使用银行卡。然而,在欧洲,没有证据证明这一说法。图 5.3 显示,银行卡使用率最高的国家也是交换费用水平最低的国家,指出高交换费用不一定刺激消费者使用银行卡,另见 Korsgaard(2014)。表 5.1 列出了 2011 年欧盟国家借记卡和信用卡交易交换费的平均水平。

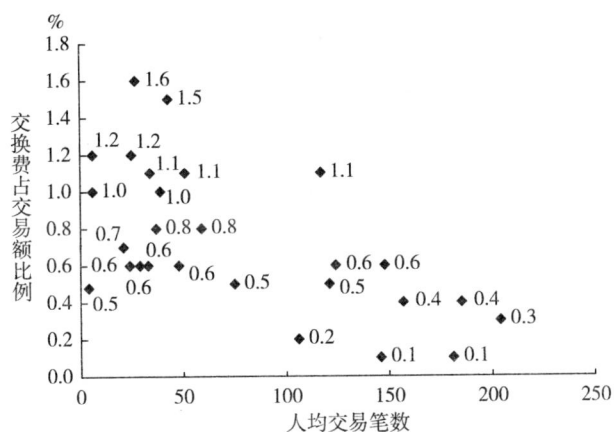

图 5.3 2011 年欧盟国家的高银行卡使用率与低交换费关系

表 5.1 欧盟国家借记卡和信用卡的平均交换费

排名	国家	平均交换费(%)	排名	国家	平均交换费(%)
1	丹麦	0.09	15	西班牙	0.63
2	荷兰	0.15	16	斯洛伐克	0.70
3	比利时	0.25	17	斯洛文尼亚	0.82
4	芬兰	0.26	18	德国	0.83
5	瑞典	0.42	19	爱沙尼亚	0.95
6	拉脱维亚	0.43	20	澳大利亚	1.00
7	英国	0.44	21	希腊	1.03
8	保加利亚	0.48	22	列支敦士登	1.05
9	法国	0.52	23	立陶宛	1.05
10	爱尔兰	0.52	24	葡萄牙	1.11
11	卢森堡	0.57	25	罗马尼亚	1.16
12	匈牙利	0.58	26	捷克	1.17
13	意大利	0.60	27	塞浦路斯	1.50
14	马耳他	0.61	28	波兰	1.61

注:冰岛平均交换费率为 0.45%~0.78%;挪威平均交换费率为 0.44%~1.13%。

资料来源:European Commission(2013)。

根据欧盟委员会 2007 年对零售银行业务的调查（European Commission, 2007a），欧洲银行和国际银行卡公司在 2004—2005 年向消费者收取借记卡和信用卡交换费仅为总额的四分之一。调查显示，在 2004 年 20 个欧盟成员国中的发卡行凭不收取交换费的发卡就获得了利润。这也表明，借记卡网络中交换费用较低（甚至为零）的收单银行向商户收取相对较低的交易费用，这可能刺激商户对借记卡的受理。

将欧盟的银行卡使用率和交换费水平与不同大洲上相似财富水平国家的银行卡使用率和交换费水平进行比较，并没有发现交换费水平与银行卡使用率之间存在明显的正相关关系。2010 年，欧盟人均银行卡（借记卡和信用卡）的交易量为 74 笔。银行卡交易的平均交换费用为交易金额的 0.5%（借记卡：交易额的 0.4%，信用卡：交易额的 0.8%）。在澳大利亚、加拿大和美国，银行卡使用率几乎是欧盟的三倍，但交换费并不总是更高。在澳大利亚，交换费平均比欧盟低 2.5 倍。除此之外，据传闻，日本的人均银行卡使用量为 70 笔，比欧盟低，而平均交换费高于美国。

表 5.2　　三大洲间的银行卡使用和交换费用之间没有关系

地区	年份	每人平均卡交易次数	交换费占交易金额的比例（%）
欧盟	2011	74	0.5
澳大利亚	2014	210	+/-0.2
加拿大	2014	215	+/-0.9
日本	2012	70	高
美国	2014	249	+/-1.0

资料来源：BIS (2014)，European Commission (2013) 以及 Hayashi 和 Maniff (2014)。

5.4.2　交换费的规定

世界各地的政府监管机构都对银行卡市场采取了监管措施并实施改革。本节讨论了 2015 年欧盟采取的措施，并与之前欧盟委员会、西班牙、波兰、澳大利亚和美国采取的监管措施进行比较。

5.4.2.1　欧盟的监管措施

（1）2015 年欧盟基于卡支付交易的交换费规定

2015 年 5 月 19 日，《欧盟官方刊物》（*Official Journal of the European Union*）公布了最终关于银行卡支付的交换费监管法规（EC, 2015a）。IFR 仅仅适用于发卡行和收单行都在欧盟的银行卡交易，其目的是为在整个欧盟范围的消费者和企业形成一个支付市场。它旨在为支付服务提供透明的法律和公平的竞争环境，从而为欧盟提供更广范围的支付服务，并促进零售和电子商务中银行卡市场的效率和创新。委员会认为，涉及四方卡组织的多边交换费是实现整个欧盟市场的银行卡支付一体化的最主要障碍之一。此外，卡组织对商户使用有一些强制性商业准则，这限制了商户使用银行卡支付。

该监管条例的核心是为消费者使用由四方模式的银行卡支付体系进行借记卡和信用卡交易设置交换费上限。根据游客测试方法，利用比利时（Banque Nationale de Belgique，2005）、荷兰（Brits 和 Winder，2005）和瑞典（Bergman 等人，2007）的现金、借记卡和信用卡支付的商户成本数据，计算出交换费上限的水平[5,6]。交换费上限于 2015 年 12 月 9 日生效，即 2015 年 6 月 8 日 IFR 生效 6 个月后生效。借记卡和信用卡交易交换费有不同的上限：

- 欧盟境内跨国借记卡支付的交换费上限为交易额的 0.2%。
- 对于国内借记卡支付，会员国可以选择从价上限（默认值）或强制规定每笔交易的固定上限（会员国选项）。从价上限为交易金额的 0.2%，固定每笔交易交换费上限为 5 欧分，前提是交换费总额不超过借记卡国内年度交易额的 0.2%。
- 欧盟成员国也可采用另外两种选择。第一，他们可以降低国内银行卡支付交换费的上限。第二，在 5 年的过渡期内，它们可以允许银行和卡组织使用加权平均交换费，但不得超过国内所有借记卡交易年平均交易额的 0.2%。
- 信用卡的交换费上限为交易额的 0.3%。这既适用于国内支付，也适用于跨境支付。对于国内信用卡支付，会员国可定义较低的每笔交易交换费上限。

交换费上限不适用于商业卡或由三方模式卡组织发行的卡交易或现金提取。IFR 中其他涉及业务规则的条款也适用于商业卡和三方模式卡组织发行的卡，以确保与四方模式卡组织的公平竞争。[7] 本许可性条例旨在提高欧洲卡市场的跨境竞争，它禁止卡组织对向消费者或企业提供跨境支付服务的发卡机构和收单机构施加任何地域限制。

除自 2015 年 6 月 8 日起生效的《禁止引导规则》（no‐steering rule）和自 2015 年 12 月起生效的《许可和向收款人提供信息规则》（rules on licensing and the prousion of informatoin to pagees）外，所有这些监管措施应自 IFR 生效后 1 年的 2016 年 6 月 9 日起生效。

(2) 2002 年 Visa 卡跨境支付交换费

在通过 IFR 之前，欧盟委员会对 MasterCard 和 Visa 在欧盟境内的跨境支付中的多边交换费（Multilateral Interchange Fees，MIFs）作出了若干规定。下面简要总结了一些关键规定，强调了委员会在确定用户社会福利最大时的多边交易交换费水平时，所需要考虑哪些因素的观点正在发生变化。委员会的网站有关于所有规定的详细资料。委员会的规定经常被国家竞争主管当局用于评估其管辖范围内所达成的协议，可参见本章中关于西班牙交换费条例的讨论。

2000年9月，委员会正式反对Visa制定的MIFs。Visa制定MIFs的方式并不透明，在委员会与Visa讨论和相关方协商后，Visa向委员会提交了一份改革方案。随后，委员会于2002年7月24日宣布，根据《欧盟条约》（*EU Treaty*）第81（3）条的规定，在Visa实施了几项组织改革的条件下，该委员会在2007年12月31日前对Visa国际组织的跨境借记卡和信用卡支付多边交换费给予豁免。据委员会称，由Visa制定的多边交换费限制了银行之间的竞争，但同时委员会也认为，如果交换费用水平以合理和公平的方式确定，该多边交换费可以促进技术和经济进步。值得注意的是，2002年委员会对交换费的态度仍然相当积极，而从2007年起，MasterCard（European Commission，2007b）和Visa（European Commission，2010）设定跨境交换费后，欧盟委员会的态度就发生了变化。

改革方案包括将降低借记卡和信用卡付款的加权平均跨境交换费水平，逐步降低至2007年12月交易额的0.7%。改革的一个重要因素是，信用卡支付的交换费上限也可能低于0.7%，这是基于发卡银行对特定服务成本的研究结果。这些服务包括交易处理成本、付款担保和免费融资期限。对于借记卡交易，Visa必须立即推出统一的交换费用上限，即0.28欧元。委员会认为，借记卡和信用卡服务对受理卡支付的商户来说是有益的。此外，该方案还包括一个重要进步，即如果商户请求知道交换费水平，允许会员银行告知商户交换费的水平及其三个主要组成部分，使交换费对最终用户更加透明。Visa必须将这种可选权利告知商户。

在评估国内卡支付交换费时，欧盟国家竞争主管当局密切关注委员会对交换费的规定。在本章的其余部分，将简要讨论西班牙和波兰的交换费改革。西班牙的改革受到2002年Visa案件的启发，而波兰的改革则遵循委员会在2007—2009年MasterCard案件中的立场以及最近引入的IFR准则。

(3) 1999年西班牙交换费条例

西班牙在降低交换费方面的经验非常有趣，因为这些经验可能让我们深入了解交换费对各国卡市场运作的潜在影响，这些国家的特点是商户受理卡的程度较低、交换费较高。

与类似规模和地理位置的国家如法国、德国和葡萄牙相比,西班牙的现金使用率相对较高,卡的使用率非常低(Carb_Valverde 等人,2003)。其中一个原因是西班牙商户受理卡的程度非常低,这是因为借记卡和信用卡的多边交换费用较高以及随之形成的商户交易费用较高。西班牙政府干预了西班牙卡支付市场,以促进商户受理卡支付和消费者使用卡支付。Bolt 和 Chakraverti(2011)概述和讨论了 20 世纪 90 年代末以来西班牙政府采取的与交换费设定相关的措施,以及 Carbó Valverde 等人(2010)基于 1997—2007 年的银行层面数据对改革影响进行了实证分析。

工业、旅游和贸易部与西班牙反托拉斯局竞争法庭(TDC)一起,与西班牙卡组织网络和商业协会就借记卡和信用卡支付的交换费改革和执行修改后的交换费进行了谈判。下文概述了卡支付交换费改革的时间和措施。

- 1999 年 5 月:三个银行卡组织网络和商业协会达成协议,从 2002 年 7 月 1 日起,将借记卡和信用卡支付的多边交换费用的最高限额从交易额的 3.5% 降至 2.75%。请注意,借记卡和信用卡支付的交换费上限相同。该协定于 2000 年 4 月 26 日获 TDC 批准。
- 2005 年 12 月:卡组织网络和商业协会商定了进一步降低借记卡和信用卡的商户最高交换费和交易费的时间表。协议的一个重要内容是,借记卡与信用卡的交换费不再相同。信用卡交换费的最高水平从 2006 年的 1.40% 降至 2009 年的 0.35%。对于借记卡支付,借记卡支付的交换费限额从 2006 年的 0.53 欧元降至 2009 年的 0.35 欧元。

该协议是 TDC 和西班牙政府几次行动得到的结果。2003 年 12 月,TDC 宣布卡组织不再赋予设定国内卡支付交换费的权力。该决定是在 TDC 审查了卡网络组织如何确定交换费后作出的。TDC 收到西班牙政府要求审查后,2002 年 7 月 24 日委员会批准了 Visa 制定多边交换费的方法。2005 年 4 月,TDC 公布了一项决议,要求卡网络组织根据发卡机构的交易处理成本和欺诈风险确定交换费的最高额度。从 2009 年起,卡网络组织被要求对借记卡和信用卡支付的运营成本进行审计。[8]

Valverde 等人(2010)对政府主导的交换费的降低与支付卡市场表现进行了实证分析,他们找到强有力的证据表明:当商户受理卡支付的程度较低时,降低交换费能够提高商户和消费者的卡支付的使用,此结论对借记卡和信用卡都适用。关于卡支付的银行收入,实证分析表明:卡交易数量的增加抵销了每笔交易收入的下降,发卡行的收入增加,而收单行的收入保持稳定。

(4) 2014年波兰交换费条例

波兰经过多年对借记卡和信用卡合适的交换费水平的辩论和反垄断后,也对交换费设定了上限。波兰竞争和消费者保护协会在收到波兰贸易和分销组织的投诉后,于2001年启动了反垄断程序(NBP,2012)。过去波兰的交换费水平是由波兰Visa或欧洲/波兰MasterCard的会员银行共同确定的。

2013年9月19日,波兰议会通过了《支付服务法》修正案,其中国内借记卡和信用卡交易的交换费上限为交易额的0.5%。该法案于2014年1月1日生效,发卡机构和收单机构有6个月调整期,在这期间它们可以执行新的立法。然而,2014年11月28日通过了一项新的修正案,这意味着国内借记卡交易的最高收费水平将进一步降低至0.2%,国内信用卡交易的最高收费水平将进一步降低至0.3%(Czarnecki,2015)。最新的交换费上限于2015年1月29日生效。在新的交换费上限法案实施之前,2013年波兰的平均交换费用相当高,国内借记卡支付为交易价值的1.65%,国内信用卡支付为交易价值的1.50%。而欧盟的平均水平为平均借记卡交换费为0.25%,平均信用卡交换费为0.87%。2011—2013年,Visa和MasterCard降低了大多数借记卡和信用卡的交换费用。然而,2013年交换费水平仍然至少是2014年生效的0.5%上限的两倍(Górka,2014)。

此外,该法案还规定了新的发行支付卡前3年收取的最高费用。它还要求发行银行公布确定交换费用水平的方法以提高透明度。

由于监管措施只是最近才开始实施,因此目前还无法对这些措施对卡使用和卡市场运作的影响得出明确的结论。但它们似乎会导致发行银行的收入大幅下降。此外,一些迹象表明,2014年商户受理卡的增长很快(Górka,2015)。

5.4.2.2 澳大利亚和美国的监管措施

(1) 澳大利亚——从2003年起

21世纪初,根据1996—1997年关于金融系统运作调查(Financial System Inquiry,1997)中提出的建议,澳大利亚储备银行(Reserve Bank of Australia,RBA)与澳大利亚竞争与消费者委员会(Australian Competition and Consumer Commission,ACCC)就澳大利亚支付卡市场的运作进行了几次磋商。RBA和ACCC联合在其联合研究报告(RBA和ACCC,2000)中的结论认为,现有的银行卡体系使用市场势力,并进行了削弱澳大利亚支付系统效率和竞争力的安排。他们特别指出以下三个因素阻碍了零售支付系统的效率:信用卡交换费的统一设置,防止商户将卡使用成本转嫁给客户的"无附加费"规则,以及进入信用卡市场的高准入标准。澳大利亚储备银行通过两次系列改革,加强了卡支付成

5　规范银行卡支付交换费

本和费用结构透明度的卡支付市场干预。支付系统委员会已经或正在审查这些改革的有效性。2002 年 8 月，澳大利亚储备银行宣布了第一次系列改革，重点关注信用卡市场（RBA，2002）。改革包括以下三项（立法）措施。

- 2003 年 1 月：商户定价标准。这项措施取消了涉及四方信用卡组织对商户征收信用卡使用附加费的限制。
- 2003 年 7 月：交换费标准。该标准根据发卡机构在卡组织的平均成本，为每个卡组织设定了一个交换费基准。
- 2004 年 2 月：准入制度。该措施旨在减少非金融机构信用卡组织的准入障碍，涉及建立一个只能从事信用卡支付的特殊类别机构。

第二轮改革于 2006 年 4 月发布，重点关注借记卡市场。这些改革的目的是促进零售业的电子资金转账（EFTPOS）系统，因为它比国际借记卡和信用卡更具成本收益效率。然而，由于当时发卡行的交换费很高，对于金融机构来说，鼓励消费者使用国际卡组织的借记卡和信用更为有利。措施包括以下几个方面。

- 2006 年 7 月：Visa 借记卡交换费标准、Visa 的"所有卡"（honour all catds，HAC）和"无附加费"（no surcharge）规则。设置国际交换费用标准的目的是减少 EFTPOS 系统与国际借记卡和信用卡系统中交换费用水平的差异。对于 Visa 或 Maestro 系统的借记卡，支付给开户行的交换费用从 44 美分降至 12 美分，而支付给收单行的 EFTPOS 系统的交换费用则降至 4~5 美分。此外，自 2007 年 1 月起，卡组织不再被允许对受理借记卡付款的商户强制执行"所有卡"规则，同时接受借记卡商户受理信用卡付款，反之亦然。
- 2010 年 1 月 1 日：修订 EFTPO 交换费标准。随后，创建了名为 ePal 的机构来管理 EFTPOS 系统。ePal 进一步缩小了交换费之间的差距，与国际借记卡体系的情况一样，对开户行支付的多边交换费引入了 12 美分的加权平均上限。
- 2013 年 7 月：双边交换费用标准。双边交换费受到了监管，如 ePal 使用的交换费使其与 EFTPOS 借记卡支付和借记卡支付的多边交换费与国际体系更加一致。

2007 年 8 月，委员会审查了 2002—2003 年的改革。2008 年 9 月，委员会发布了其结论，改革改善了卡支付的价格信号，提高了价格透明度，降低了进入卡组织的门槛（RBA，2008）。因此，总体而言，改革提高了卡支付市场的竞争力。然而，它还建议通过公布平均交换费和计划收费，进一步提高透明度。

2015 年，澳大利亚储备银行概述了澳大利亚银行卡市场的发展以及改革对其运作的影响（RBA，2015）。总的来说，有迹象表明，改革影响了消费者的支付行为，因为改革后不同类型卡的使用增长率发生了变化。在改革之前，信用卡使用量的增长比借记卡使用量的增长更为强劲，而改革之后情况正好相反。

对于使用 MasterCard 或 Visa 信用卡支付的交换费用，加权平均交换费率下降到改革前的平均水平以下。两个卡组织所采用的商业模式变化显著：增加了交换费类别，这导致交换费范围从改革前的 0.70% 以下扩大到 2013 年的 1.80%。对于 Visa 和 Maestro 借记卡支付的交换费，也发生了类似的变化。减少的信用卡交换费被转嫁给了商户，在某种程度上也转嫁给了消费者。根据澳大利亚储备银行对银行手续费的年度调查，信用卡支付的年费似乎在改革前后有所上升，但之后似乎保持稳定，甚至可能在实际情况下有所下降。至少对于"基本"的信用卡而言，优惠奖励更少。商户的信用卡交易费大幅度降低，具体而言，下降了 0.63 个百分点，这超过了交换费的平均下降幅度。下降的原因不仅是使用 Visa 和 MasterCard 信用卡支付的商户费用减少了，还因为三方信用卡体系中的商户费用有所下降，而三方信用卡体系并未受到交换费改革的影响。

在借记卡支付方面，目前还没有迹象表明交换费改革导致消费者的银行手续费上涨。借记卡通常不单独对消费者收费，但消费者需要为一个标准支付套餐定期支付固定费用，包括一些支付和账户服务。然而，交换费被监管以来（最初的交换费支付给收单银行，改革后支付给发卡银行），EFTPOS 交易中的商户交易费已增加了大约 12 美分，而 EFTPOS 交易中的商户费用低于 Visa 或 MasterCard 借记卡支付费用。总体而言，澳大利亚储备银行估计，2003 年 11 月以来，改革使商户支付的费用减少了约 130 亿澳元。

澳大利亚储备银行还取消了一些限制性的商业规则，如 2003 年禁止实施"禁止引导规则"（no steering rule）。其目的之一是让消费者更加注重成本，并激励他们使用经济高效的支付方式。随着时间的推移，使用一张或多张卡的商户所占份额增加。在 2007 年底，大约 23% 的大型商户收取额外的卡支付附加费，约 10% 的小型商户也收取额外的卡支付附加费（Chakravorti，2010）。附加费水平似乎与商户交易手续费存在正相关关系，且信用卡支付比借记卡支付更容易被收取附加费，因为借记卡支付对商户来说成本更低。2010 年，澳大利亚储备银行委托相关机构进行了一项消费者调查结果显示，消费者确实更加了解使用信用卡的相关成本，并变得对成本敏感。当面临信用卡使用附加费时，一半的消费者选择免费的替代品，如借记卡或现金。因此，附加费有助于提高澳大利亚支付系统的效率。然而，也有迹象表明，在少数情况下，主要在出租车行业和航空业，商户收取过高的附加费。因此，在 2012 年 5 月，澳大利亚储备银行委员会允许卡组织将附加费限制在商户能够接受的合理水平（RBA，2015）。

（2）美国——2011年

在美国，关于交换费是否有必要存在，以及交换费的合理水平是多少，商户、银行和卡组织机构之间存在多年的冲突和诉讼。《多德—弗兰克华尔街改革和消费者保护法案》的德宾修正案试图解决这一问题。美国联邦储备委员会（Board of Governors of Federal Reserve System）已被授权对借记卡交换费进行监管。该法案于2010年7月15日由参议院通过。美国联邦储备委员会于2010年12月16日公布了交换费的建议，其中包括借记卡交换费的上限为12美分。上限是基于发卡行每笔交易的授权、清算和结算成本，包括支付给网络的每笔交易处理费用。然而，在利益相关方强烈抗议后，美国联邦储备委员会于2011年6月29日发布了"规则Ⅱ"（Regulation Ⅱ），其中交换费用的上限为21美分加上交易金额的0.05个百分点[9]。较高的费用反映了比初始提议更广泛的成本定义。新的上限于2011年10月1日生效，资产在100亿美元以下的金融机构受本规则约束。在2009年改革之前，PIN借记卡支付的平均交换费为23美分，签名借记卡的平均交换费为56美分。由于典型的借记卡交换费为38美分，这项改革使交换费水平整体降低约45%（Federal Reserve Board，2011）。

德宾修正案还打算提高卡支付市场的效率和竞争能力。它禁止卡组织不允许商户为消费者提供借记卡而不是信用卡的折扣。此外，它允许商户设置一个下限，在下限金额之下商户可以不接受信用卡付款。这些措施旨在促进市场使用更具成本效益的借记卡，而不使用信用卡。该条例还规定发卡银行在一张借记卡上至少设置两个无关联卡网络组织，商户可以选择卡网络组织。该规定旨在促进收单行的竞争，并降低商户的成本，因为商户可能将借记卡支付导向成本更低的卡网络组织。

这项规定最近在美国实施。因此，到目前[①]为止，关于该规定对卡支付市场的总体影响的证据有限。Hayashi（2012）分析了修正案对卡组织网络和银行的初步影响，她总结：政府干预似乎对卡行业产生了预期的影响，它提高了卡网络组织之间的竞争，导致商户交换费用的下降。然而，大型卡网络组织和银行似乎在寻找弥补其较低收入的方法。卡网络组织已经开始每月向商户收取固定费用，银行也开始对借记卡和活期账户的消费者收取新的费用。Hayashi（2013）表明，最初的行业反应可能对不同的商户和消费者群体产生不同的影响。虽然

---

① 本书原版出版于2015年。——编者

许多商户从借记卡较低的手续费用中获益,但有些商户却支付了更高的交易费。随着一些商户积极利用它们现在对支付路径的选择权,PIN借记卡网络之间的竞争似乎也在加剧。

Kai等人(2014)考察了美国交换费条例对银行盈利能力的影响。他们发现被监管的银行每年损失近140亿美元,占其核心非利息收入的4%。他们并没有完全通过提高借记卡或提高信用卡数量来抵销收入的减少,也没有证据表明银行降低了运营成本,但他们发现受监管银行增加了消费者的定期付款套餐费。这些较高的费用补偿了大约30%的交换费收入损失。然而,尽管提高了消费者费用,但银行账户的数量和借记卡交易的数量都在增加。

5.5 比较不同的卡支付交换费规范方法

本节讨论了公共当局监管卡支付交换费的方法之间的异同以及它们对支付卡市场运作的影响,表5.3概述了它们在这方面的改革。

5.5.1 相似之处

第一个相似之处是交换费通常是逐步改革的(如澳大利亚、欧盟和西班牙)。在借记卡和信用卡交换费的最高限额方面,后期的改革比早期的改革更为严格。对此有两种解释。其一,监管机构可能希望评估改革对消费者和商户行为的影响。根据主流理论文献和卡行业实际情况,降低交换费可能阻碍消费者使用卡。然而,最近的研究对上述结论提出了一些疑问。如果在降低交换费用后,信用卡受理和信用卡使用量增加,监管机构可能有进一步降低的空间。其二,银行和卡网络组织可能试图规避监管措施,因此需要制定更严格的规则来进行纠正。

另一个相似之处在于,交换费的最高水平通常是用一个客观方法计算的基准来估计的。对于信用卡支付,最高交换费表示为交易金额的一部分,而对于借记卡支付,上限通常是固定的每笔交易费,或是固定费用和从价部分的组合。

最后一个相似之处是,大多数监管机构不仅对交换费用设定了限制,而且他们还试图通过取消卡组织对商户施加的限制性业务规则来提高支付卡市场的竞争水平。

5 规范银行卡支付交换费

表 5.3 不同监管规则概述

国家（地区）	生效时间	卡的种类	管辖范围	交换费方式	其他商业规则	银行收入影响	消费者影响	商户影响	卡使用量影响
澳大利亚	2003—2004	信用卡	国内	多边交换费基准均值：发卡行平均成本；0.5%	无指导原则；降低进入障碍	不确定	增加年费，减少奖励	商户费用减少	借记卡使用数量增加
澳大利亚	2006—2007	借记卡	国内	国际借记卡系统以及国内EFTPOS系统的基准值	禁止强制施HAC准则；没有附加费准则	不确定			
澳大利亚	2010	借记卡	国内	多边交换费基准均值：发卡行为12欧分		不确定			
澳大利亚	2012—2014	借记卡	国内	借记卡通过EFTPOS交易，给发卡行的平均交换费	修正进入市场壁垒的框架；将附加费限制在可接受的合理范围内	不确定			
美国	2011	借记卡	国内	发卡行的借记卡交易的成本	WRT 路由更少的限制使用借记卡有折扣以及约束信用卡的使用更少约束	核心非利息收入减少4%	增加年费	不确定	没有证据表明借记卡使用数量减少
欧盟	2002	借记卡+信用卡	跨国	发卡行的特定服务成本；借记卡上限28欧分，信用卡上限：0.7%	更高透明度	不确定	不确定	不确定	不确定

续表

国家（地区）	生效时间	卡的种类	管辖范围	交换费方式	其他商业规则	银行收入影响	消费者影响	商户影响	卡使用量影响
欧盟	2009	借记卡+信用卡	跨国+一些成员国	特定服务的商户成本；借记卡上限：0.2%；信用卡上限：0.3%	无 HAC；附加费被允许；更高透明性	不确定	不确定	不确定	不确定
欧盟	2015	借记卡+信用卡	跨国+国内	商户使用现金和卡的成本；借记卡上限：0.2%或5欧分；信用卡上限：0.3%	无 HAC；联名制；没有混合费用；高透明度；Lic许可证；无指导卡组织与处理过程分离	不确定	不确定	不确定	不确定
西班牙	2002	借记卡+信用卡	国内	信用+借记卡：2.75%；		发卡行的福利增加,收单行保持不变	信用卡收取更多年费	更低的商户费用以及借记卡和信用卡的使用率	借记卡和信用卡使用数量均增长
西班牙	2006	借记卡+信用卡	国内	发卡行特定成本服务：借记卡：1.40%；信用卡：：53美分；		发卡行的福利增加,收单行保持不变	信用卡收取更多年费	更低的商户费用以及借记卡和信用卡的使用率	借记卡和信用卡使用数量均增长
西班牙	2009	借记卡+信用	国内	交换费上限：借记卡：0.35%；信用卡：：35美分		不确定	不确定	不确定	不确定
波兰	2014	借记卡+信用	国内	借记+信用卡：0.5%；	新进入的发卡行的上限；	发卡行的福利减少	不确定	更低的 MSC；MSC 以及更高程度的卡接受度	不确定
波兰	2015			借记卡：0.2%；信用卡：0.3%	更高的透明度				不确定

5.5.2 差异之处

不同司法管辖区对交换费的监管方式也存在差异。首先，确定交换费用最高水平的方式不同。在早期的规定中，没有用于确定交换费最高水平的基准。在后来的法规中，发卡行的成本经常被用来设定基准。监管机构明确规定了允许发行机构在成本计算中包括哪些服务。这种方法的优点是它是一种客观的方法，它可以使其他利益相关者清楚了解哪些因素影响交换费的水平以及影响程度。这种方法的缺点是，根据经济理论，因为它只考虑市场一方的部分成本，而忽略了银行获得的边际成本以及消费者和商户的边际效益，它无法得到社会最优的交换费用。基于成本的方法的另一个可能的缺点是，它不能刺激发卡银行提高授权和处理卡支付的效率。但是，这可以通过根据发卡行的高效率成本设置交换费水平来解决。

欧盟委员会根据游客测试，从使用发行人成本改为使用商户成本来设定基准。与使用发卡机构的成本作为基准相比，这种方法的优势在于，使卡支付的成本和现金支付的成本一样。与基于发行卡的成本来设定基准相反，基于游客测试设定的基准产生交换费用可以在短期内使消费者和商户的社会福利最大化。然而，正如 Bolt 等人（2013）所指出的，这种方法也有一些需注意的事项，它不鼓励商户投资提高卡支付的效率，而直接应用游客测试方法可能导致某些市场的交换费上涨[10]。

另一个不同之处在于监管的范围。在澳大利亚，2002—2004 年的第一轮改革集中在信用卡支付上，借记卡支付在第二轮改革中才被纳入监管的范围。在美国，德宾修正案侧重于借记卡支付，而其他地方的信用卡支付也受到监管。

最后一个区别涉及法规的管辖区域。大多数法规侧重于国内支付，因为它们是国家公共当局决定的结果。然而，在 2015 年之前，欧盟委员会的规定都是针对跨境卡支付的。直到 2015 年，欧盟委员会的规定才涵盖欧盟的所有信用卡交易。该规定的具体内容是促进欧洲范围内支付服务提供商之间的竞争。

5.6 评估监管对支付卡市场的影响

5.6.1 早期监管的影响

大多数改革最近才开始生效，所以目前还没有足够的数据来评估这些改革对卡市场运作的影响。然而，澳大利亚和西班牙在 21 世纪初就已经对卡市场进行了改革。RBA（2008，2015）和 Valverde 等人（2010）估计了改革的影响。此外，Hayashi（2012，2013）和 Kay 等人（2014）研究了德宾修正案对美国银行业的影响。

总的来说，调查结果表明，规范借记卡和信用卡的交换费有助于提高零售支付系统的效率。借记卡和信用卡的交换费已经降低，而收单银行通过降低商户卡支付的交易费用将减少的费用转移给商户。卡使用量的增长并没因为改革而放缓。在西班牙，商户对卡的受理程度有所提高，同时消费者对卡的使用也有所增加。在澳大利亚，借记卡使用率的增长率比改革前更高，而信用卡则相反。此外，澳大利亚储备银行没有发现任何证据表明澳大利亚银行卡行业的创新能力受到了改革的影响。

尽管银行卡行业存在一些先兆，但在澳大利亚和西班牙没有发现证据表明，由于借记卡交换费的规定，消费者必须支付更高的年度固定费用。然而，有证据表明，美国的发卡银行提高了消费者的套餐费用于弥补收入的下降。在西班牙，银行卡支付收入并未因改革而减少，因为每笔交易收入的下降被卡交易数量的增加所抵销。

最后，一些证据表明，持卡人的信用卡费用有所上升，或者发卡行对信用卡支付提供的奖励不足。然而，这些年消费费用的增加似乎并没有导致经常账户或信用卡发卡数量的减少。

5.6.2　IFR 对欧盟卡支付市场的预期影响

澳大利亚和西班牙的改革经验表明，可以预期的是 IFR 的实施对那些交换费高的国家，可以提高商户受理卡支付的程度和消费者在国内的卡使用率。在这方面，欧盟国家之间银行卡的使用差异似乎会缩小，特别是由于发卡机构可能缩减使用信用卡支付奖励，借记卡的使用量可能增长得更为强劲。这将提高零售支付体系的效率，因为借记卡支付是欧盟零售市场中最具成本效应的支付方式之一（Schmiedel 等人，2013）。由于支付习惯只能逐渐改变，所以很难预测这些变化会有多快发生。

此外，也很难预测 IFR 对消费者在国外支付行为方面的影响有多大。消费者只有相当确定国外卡支付的接受程度时，才会在国外使用他们的银行卡。因此，关键在于银行卡行业与商户一起寻求改善（跨境）卡接受度的方法，如通过促进主要卡组织的接受度，使消费者可以在欧盟任何地方使用他们的借记卡。

一个相关的问题是欧盟范围内银行卡市场的跨境竞争。根据 IFR 的许可条例，由各银行决定是否要向本国以外的消费者和企业提供服务，卡组织的规则不应再禁止银行这样做。因此，银行在向跨境商户和消费者提供卡服务方面处于主导地位。然而，MasterCard 的规则似乎仍然限制了收单行这样做的可能性。欧盟委员会（European Commission，2015b）于 2015 年 7 月 9 日向 MasterCard 发出了一份反对声明，其初步观点概述如下：MasterCard 的规则仍然限制收单银行之间的跨境竞争。主要的问题似乎是，该卡组织的规则阻止交换费较高国家的商户从其他成员国的收单银行提供的较低交换费和交易费中获益。也许像这样的问题只是暂时的，否则可能还需要进行其他更多改革，以确保卡组织的规则不会妨碍跨境收单。然而，这也可能是一个信号，表明银行本身并不渴望从事跨境收单，也不愿与其他成员国的银行竞争。如果是这样，进一步的改革也可能无效。

支付市场的竞争和创新的加剧也可能来自市场中的新进入者，包括非银行机构。IFR 确实可以降低新支付服务提供商的准入门槛。随着市场规则的调整，从 28 个成员国每个国家有着各自的规则到整个欧盟的统一，竞争者的进入成本可能会下降，从而带来规模经济效应和更高的潜在收入。交换费的整体减少可能会进一步降低市场进入壁垒，因为它可以确保现有竞争者和新进入者之间有一个更公平的竞争环境。由于交换费用较低，这些新进入者将需要向发行银行提供比改革前更少的交换费。随着《支付服务指令Ⅱ》（PSD2）的实施，市场的进入门槛可能会更进一步降低。根据《支付服务指令Ⅱ》规定，支付工具发行方有权从账户服务支付服务提供商处获得对经常账户资金可用性的确认。此外，在严格的安全条件下，发起支付的服务提供商可以从另一支付服务提供商持有的账户发起交易[11]。这可能会减少新进入者对与现有竞争者合作提供服务的依赖。另外，由于收单行的利润率较低，交换费的整体减少可能降低欧洲市场对新支付服务提供商的吸引力。一些传闻称，某些在美国提供支付服务的非银行机构由于这个原因不愿在欧盟提供服务。

5.7　结束语

欧盟委员会于 2015 年 5 月 19 日在《欧盟官方刊物》上发布了《基于卡支付交易的交换费条例》（*Regulation on Interchange Fees for Card – based Payment Transactions*）（EC，2015a）。该条例的目的是降低商户和消费者的支付成本，消除阻碍欧盟范围内形成一个安全、高效、有竞争力和创新的银行卡支付市场（包括在线和移动支付）的障碍。

根据其他国家的监管经验，预计 IFR 确实会使欧洲银行卡市场不那么分散。对于大多数会员国来说，交换费上限意味着国内卡支付的交换费水平将大幅降低，从而提高商户对卡的受理程度和消费者对卡的使用率。消费者在其他成员国是否会像在本国一样经常使用自己的银行卡取决于整个欧盟是否接受不同的卡组织。目前，国内外银行卡接受程度仍存在差异。因此，银行卡行业与商户继续联合寻求提高银行卡（跨境）接受程度的途径显得至关重要。

关于改善欧盟范围内银行卡市场的跨境竞争，可能需要进一步立法来促进跨境收单。目前，已有规则采取禁止低交换费用国家的银行为高交换费国家的商户提供收单服务。为使欧盟支付市场更具有竞争力，降低新进入者的进入壁垒也可能是促进竞争的一个好方法。IFR 已经提供了一些必要的条件。再加上即将通过的《支付服务指令Ⅱ》（PSD2），该指令允许第三方提供商直接向消费者提供服务，并在严格的安全条件下访问其支付账户，新进入者可能不那么依赖于与现有支付服务提供商合作为欧洲消费者和企业提供支付服务的意愿。

注释

1. 单一欧元支付区（SEPA）是欧洲银行业的一项创新举措。它的目标是使整个欧元区的所有电子支付，无论是通过信用卡、借记卡、信用转账还是直接借记，都能像在一个国家的国内支付一样容易。信用转账和直接借记受单一欧元支付区法规（EC 260/2012）的监管。信用卡支付不属于本条例的范围。《SEPA 规则》在 2014 年 2 月 1 日规定所有以欧元为单位的信用转账和直接借记将在相同的技术标准和条件下进行。然而，一项新的修正引入一个额外的 6 个月过渡期，即至 2014 年 8 月 1 日。

2. 对于信用卡支付，发卡银行通常会通过忠诚度计划或折扣（"现金返还"）对持卡人进行的每一笔信用卡交易进行奖励。

3. 在实践中，一些商户可以与收单银行或卡组织协商交易费用的水平，这一点尤其适用于具有市场影响力的大型商户。

4. 例如，参见欧盟委员会（Resetve Bank Australia，2002，2007）的借记卡和信用卡跨境支付体系、澳大利亚储备银行（2002）和作为德宾修正案一部分的美国联邦储备银行文献（Federal Reserve Bank，2011）。

5. MasterCard 在遵循游客测试方法下，使用荷兰、比利时和瑞典中央银行公布的商户现金和信用卡交易成本信息，估算了借记卡交换费的上限为交易额的 0.2%，信用卡交换费的上限为交易额的 0.3%（见 Brits 和 Winder，2005；Banque Nationale de Belgique，2005；Bergman 等人，2007）。MasterCard（2009）于 2009 年 4 月公布了这些上限，作为对欧盟委员会 2007 年 12 月裁定 MasterCard 在欧盟借记卡和信用卡的跨境交换费违反了欧盟限制性协议条约规则的回应，该公司宣布了多个承诺。这一系列承诺是 MasterCard 与欧盟委员会就 MasterCard 是否遵守反垄断法进行谈判的结果。

6. 欧盟委员会于 2015 年 3 月 18 日发布了一份关于商户处理现金和卡支付

成本的研究报告。该项研究是与德勤咨询公司一起进行的。研究中，收集了十个欧盟国家的大型商户的成本数据，以便为游客测试提供最新的基准。对于大型商户，分析发现游客测试基准远远低于 IFR 中应用的基准。委员会期望这些结果将在正在进行的竞争事件中发挥作用。结果可通过以下网站获得：http：//ec.europa.eu/competition/sectors/financial_services/enforcement_en.html。

7. 除交换费和许可证外，IFR 还包括以下业务规则。联名制：卡组织不得再强制实施其规则，以妨碍或阻止发卡机构在一张支付卡或同等支付设备上联名两个或多个不同的卡组织品牌或应用程序。不混合：收单机构应当按照不同种类、不同品牌、不同交换费用水平的银行卡分别向商户单独收取交易费用，除非商户要求收单机构向其收取混合费用。此外，除非商户告知收单机构其有不同的偏好，否则收单机构应向商户提供关于支付的交易费金额、交换费和适用于每种卡品牌的费用具体信息。执行所有卡规则：如果商户决定接受一种类型的银行卡，则不允许卡组织强制商户接受其组织内的所有卡支付。无导向规则：卡组织和收单银行不允许对希望推广某种支付方式的商户施加限制，也不允许向消费者告知交换费水平或商户交易费水平。卡组织与交易活动的分离：支付卡组织与支付实体机构在会计、组织和决策过程上应独立；不得捆绑支付卡组织与交易活动的价格；不得交叉补贴。

8. 在 2009 年以后，发卡机构的卡交易成本信息是否被用于确定借记卡和信用卡支付的交换费水平，目前尚不清楚。

9. 如果发行方有投资防止欺诈，发行方可能会收取高出 1% 的交换费。

10. 根据 Bolt 等人（2013）的研究，应对理论模型进行调整以说明特定的市场特征和仅考虑反映商户边际成本的成本类别。Layne Farrar（2013）进行了更进一步工作，在将游客测试应用于美国商户数据时还考虑商户接受支付卡的边际收益。

11. 想要提供支付服务的新进入者在欧盟境内提供服务之前，必须根据《支付服务指令Ⅱ》获得许可。

参考文献

Bagnall, J., D. Bounie, K. Huynh, A. Kosse, T. Schmidt, S. Schuh and H. Stix (2015), Consumer cash usage: A cross-country comparison with payment diary survey data, forthcoming in the *International Journal of Central Banking*.

Banque Nationale de Belgique (2005), Costs, advantages and disadvantages of different payment methods, December.

Baxter, W.P. (1983), Bank interchange of transactional paper: Legal perspectives, *Journal of Law and Economics*, 26(3), 541–588.

Bergman, M., G. Guibourg and B. Segendorf (2007), The costs of paying – private and social costs of cash and card, *Sveriges Rikskank Working paper Series* 212.

Bank for International Settlements (BIS) (2014), Statistics on payment, clearing and settlement systems in the CPMI countries – Figures for 2013, available at https://www.bis.org/cpmi/publ/d124.htm.

Bolt, W. and S. Chakravorti (2011), Pricing in retail payment systems: A public policy perspective on pricing of payment cards, *DNB Working Paper* 331.

Bolt, W., N. Jonker and M.A. Plooij (2013), Tourist test or tourist trap? Unintended consequences of debit card interchange fee regulation. *DNB Working Paper* 405.

Börestam, A. and H. Schmiedel (2011), Interchange fees in card payments, *ECB Occasional Paper Series*, No. 131.

Brits, H. and C. Winder (2005), Payments are no free lunch, *DNB Occasional Study* 3(2).

Carbó Valverde, S., D. Humphrey and R. López del Paso (2003), The falling share of cash payments in Spain, *Moneda y Crédito*, 2017, 167–190.

Carbó Valverde, S., S. Chakravorti and F. Rodrigues Fernandez (2010), Regulating two-sided markets: An empirical investigation, Revised version of *Working Paper* 2009-11, Federal Reserve Bank of Chicago.

Chakravorti, S. (2010), Externalities in payment card networks: Theory and evidence, *Review of Network Economics*, 9(2), 1–28.

Czarnecki, J. (2015), New statutory reduction of interchange fees: Important regulations also for acquirers, *New Technologies Newsletter*, March-April.

De Nederlandsche Bank (DNB) (2007), Interchange fees and the unification of the European payment market, *DNB Quarterly Bulletin*, December 2007.

European Commission (2007a), Report on the Retail Banking Sector Inquiry, *Commission Staff working document*. available at http://ec.europa.eu/competition/sectors/financial_services/inquiries/sec_2007_106.pdf.

European Commission (2007b), Antitrust: Commission prohibits MasterCard's intra-EEA multilateral interchange fees, Press release, available via http://europa.eu/rapid/press-release_IP-07-1959_en.htm?locale=fr.

European Commission (2007c), Antitrust: Commission prohibits MasterCard's intra-EEA multilateral interchange fees- frequently asked questions, memo, available via http://ec.europa.eu/competition/antitrust/cases/dec_docs/34579/34579_2265_6.pdf.

European Commission (2010), Antitrust: Commission makes Visa Europe's commitments to cut interbank fees for debit cards legally binding, Press release, available via http://europa.eu/rapid/press-release_IP-10-1684_en.htm?locale=en.

European Commission (2012), Regulation (EU) no 260/2012 of the European Parliament and of the Council of 14 March 2012 on establishing technical and business requirements for credit transfers and direct debits in euro and amending Regulation (EC) No 924/2009, *Official Journal of the European Union*, 14 March 2012.

European Commission (2013), Summary of the impact assessment, *Commission Staff Working Document*, SWD(2013) 289.

European Commission (2015a), Regulation (EU) 2015/751 of the European Parliament and of the Council of 29 April 2015 on interchange fees for card-based payment transactions, *Official Journal of the European Union*, 19 May 2015.

European Commission (2015b), Antitrust: Commission sends Statement of Objections to MasterCard on cross-border rules and inter-regional interchange fees, Press release, available via http://europa.eu/rapid/press-release_IP-15-5323_en.htm.

European Commission (2015c), Antitrust: Commission prohibits MasterCard's intra EEA multilateral interchange fees – Frequently asked questions, available via http://europa.eu/rapid/press-release_IP-15-5323_en.htm.

European Central Bank (ECB) (2014), Card payments in Europe. A renewed focus on SEPA for Cards, available via http://www.ecb.europa.eu/pub/pdf/other/cardpaymineu_renfoconsepaforcards201404en.pdf.

Federal Reserve Board, (2011), 2009 interchange fee revenue, covered issuer costs and covered issuer and merchant fraud losses related to debit card transactions, *Federal Reserve Board paper*, 5 March.

Financial System Inquiry (1997), Financial system inquiry final report (S. Wallis chair), March, available at http://fsi.treasury.gov.au/content/FinalReport.asp.

Gans, J.S. and S.P. King (2003), The neutrality of the interchange fees in payment systems, *The B.E. Journal of Economic Analysis and Politics*, 3(1), 1–18.

Górka, J. (2014), Merchant indifference test application – A case for revising interchange fee level in Poland, in: *The Usage, Costs and Benefits of Cash – Revisited, Conference Volume International Cash Conference 2014*, Deutsche Bundesbank.

Górka, J. (2015), Transformując rynek płatności – Polska w awangardzie europejskiej (Transforming payments market – Poland in the European vanguard) given at the Third International Congress Cashless Payments in Warsaw, 15 March 2015.

Hayashi, F. (2012), The new debit card regulations: Initial effects on networks and banks, *Economic Review*, Fourth Quarter 2012, 79–115, Federal Reserve Bank of Kansas City.

Hayashi, F. (2013), The new debit card regulations: Effects on merchants, consumers, and payments system efficiency, *Economic Review*, First Quarter 2013, 89–117, Federal Reserve Bank of Kansas City.

Hayashi, F. and J. Maniff (2014), Public authority involvement in payment card markets: Various countries – August 2014 update, Federal Reserve Bank of Kansas City.

Kay, B., M.D. Manuszak and C.M. Vojtech (2014), Bank profitability and debit card interchange regulation: Bank responses to the Durbin Amendment, Working paper.

Korsgaard, S. (2014), Paying for payments: Free payments and optimal interchange fees, *ECB Working Paper Series*, No. 1682, June 2014.

Layne-Farrar, A. (2013), Assessing the Durbin's Amendment's debit card interchange fee cap: An application of the 'tourist test' to US retailer data, *Review of Network Economics*, 12(2), 157–182.

Leinonen, H. (2011), Debit card interchange fees generally lead to cash-promoting cross-subsidisation, Bank of Finland *Discussion Research Papers*, No. 3(2011).

MasterCard (2009), MasterCard Europe reaches interim arrangement with European Commission on cross-border interchange fees, press release, accessible via https://www.mastercard.com/us/company/en/newsroom/european_commission_announcement.html.

National Bank of Poland (NBP) (2012), Analysis of the functioning of the interchange fee in cashless transactions on the Polish market, January 2012.

Reserve Bank of Australia (RBA) and Australian Competition and Consumer Commission (ACCC), (2000), Debit and creditcard schemes in Australia. A study of interchange fees and access, October 2000. Accessible via http://www.rba.gov.au/payments-system/resources/publications/payments-au/interchg-fees-study.pdf.

Reserve Bank of Australia (RBA) (2002), IV Final Reforms and Regulation Impact Statement, August 2002, accessible via http://www.rba.gov.au/payments-system/reforms/cc-schemes/final-reforms/complete-stmt.pdf.

Reserve Bank of Australia (RBA) (2008), Reform of Australia's payments system: Conclusions of the 2007/08 review, September 2015.

Reserve Bank of Australia (RBA) (2015), Review of card payments regulation, Issues paper, March 2015.

Rochet, J.-C. and J. Tirole (2002), Cooperation among competitors: some economics of payment card associations, *RAND journal of economics*, 33(4), 549–570.

Rochet, J.-C. and J. Tirole (2011), Must-take cards: Merchant discounts and avoided costs, *Journal of the European Economic Association*, 9(3), 462–495.

Schmiedel, H., G. Kostova and W. Ruttenberg (2013), The social and private costs of retail payment instruments: A European perspective, *Journal of Financial Market Infrastructure*, September 2013.

Verdier, M. (2011), Interchange fees in payment card systems, A survey of the literature, *Journal of Economic Surveys*, 35(10), 273–297.

Vickers, J. (2005), Public policy and the invisible price: Competition law, regulation and the interchange fee, *Proceedings of a Conference on Interchange Fees in Credit and Debit Card Industries*, Federal Reserve Bank of Kansas City, Santa Fe, NM, 231–247.

Zenger, H. (2011), Perfect surcharging and the tourist test interchange fee, *Journal of Banking and Finance*, 35(10), 2544–2546.

6 IBANs 还是 IPANs?
在银行和非银行支付服务提供商之间创造一个公平的竞争环境

Jakub Gorka

6.1 问题说明

欧洲立法机构在如《支付服务指令》和《电子货币条例 II》等不同的法律法规中显示了通过建立新的支付服务提供商类别，如支付机构（Payment Institutions，PIs）和电子货币机构（Electronic Money Institutions，EMIs），以促进支付市场上的竞争和创新的意图。传统上，经营消费者和企业活期存款账户的银行曾是主要的支付服务提供商（Payment Service Providers，PSPs）。银行作为一个集体，在终端的支付业务中只面临很小的竞争。然而，随着欧洲新支付法律的出台以及客户使用非银行创新服务的意愿不断增强，我们有必要对新旧参与者之间的公平竞争环境提出质疑。

尽管银行并不喜欢支付机构和电子货币机构，但只要新的支付服务提供商不是提供辅助支付服务，而是威胁到银行的核心支付业务，那么在一定程度上来说，新进入者在支付领域享有与现有支付服务提供商几乎同等的地位。

目前，支付机构和电子货币机构并不是完全独立于银行的，因为银行是根深蒂固的参与者、是更强大的支付服务提供商，它拥有新支付服务提供商所不具备的法律保障特权。因此，我们必须解决如何使新参与者完全独立于银行这一问题。如果非银行机构要与银行在平等的基础上运作，就需要解决一些问题。

本章的结构如下：第6.2节介绍单一欧元支付区域（Single Euro Payments Area，SEPA）的潜在优势以及监管机构实现欧盟零售支付市场一体化的方法。第6.3节集中讨论支付服务提供商。第6.4节展示了从国际银行账户号码（International Bank Account Number，IBANs）到国际支付账户号码（International Payment

Account Number，IPANs）的路径。第6.5节阐述支付服务提供商进入支付系统和中央银行基础设施的问题，其中包括一个简单的理论风险评估。第6.6节以移动支付为例调查了第三方提供商访问银行账户的问题。第6.7节为本章结论。

6.2　单一欧元支付区监管机构的做法

支付行业处于一种不断变化的状态的原因，在于它是由需求决定的，消费者和企业需要根据他们的需求提供相应的支付服务。这些服务需要适应社会和经济环境，并须随着技术的进步而迅速改变。同时，它也由供给决定，因为支付服务提供商为了追求利润会试图通过发明新的产品和服务来满足客户的需求。

新的支付环境是在供需博弈中形成的。正如2014年诺贝尔经济学奖得主Jean Tirole（2014）所说，有时积极地改变需要市场监管机构的支持和宏观协调，建立一个合适的法律框架能够减少或消除市场失灵。这种宏观协调工作在欧盟范围内是在泛欧层面（pan-European）进行的，即法规是经过欧洲联盟理事会（代表成员国）、欧洲议会和欧洲联盟委员会（EC）协商后通过。而欧洲议会和欧盟委员会通常是起草如《支付服务指令》（PSD）、《交换费条例》（IF Reg）和《电子货币指令》（EMD）等法规草案的主导者。

单一欧元支付区项目（SEPA）的前提是，如果将单一欧元现金区项目（Single Euro Cash Area project，SECA）包括在内，那么跨境和国内电子零售支付以及现金支付之间应当是没有区别的。然而更受重视的是电子支付，因为现金支付的成本较高，与已经在大多数流程都实现了自动化、数字化的发达经济体的需求不符。因此，我们看到泛欧监管机构大力推动端到端直通式处理（Straight Through Processing，STP），允许在整个支付周期中完全以电子方式处理所有交易，而无须任何人工干预或重复操作。这种处理系统的倡导者表示，STP可以节约成本，减少交易处理失败率。

根据普华永道（PwC，2014）对16个欧盟国家（以欧元计价占欧盟总交易价值的97%）的分析，一旦在所有单一欧元支付区域顺利推行并完全覆盖，由于处理的高效性和银行账户基础设施的简化，所有利益相关者的年度成本总体可减少219亿欧元，且现金池的变化和清算的效率提高会使减少90亿个银行账户，释放的流动性和信贷额度高达2270亿欧元。普华永道还认为电子发票和XML ISO 20022标准的推广可以带来更多好处。Erik Nooteboom（2014）指出单一欧元支付区加强了消费者和企业的地位。

推广电子支付和电子发票是实现单一化数字市场这一数字议程的一个重要

部分。数字议程本身是《欧洲 2020 战略》（*Europe 2020 Strategy*）的七大支柱之一，该战略旨在通过更好地利用信息和通信技术（ICTs）的潜力促进欧盟的发展。单一化数字市场应解决成员国市场的分散现状，减少跨境获取数字化信息的障碍，完善单一欧元支付区并提高网络空间保护水平。其中，具体的措施将包括数字化产业，释放电子服务和提高数字技能的优势，在物联网、网络安全、大数据和云计算等领域提高交互性和执行标准（European Commission，2015）。

在 2013 年 7 月修订《支付服务指令 II》（PSD2）、《交换费条例》（IF Reg）之前，欧盟委员会以直接消除欧洲零售支付一体化市场的主要障碍为目的，通过 2012 年 1 月 11 日发布的《绿皮书：整合欧洲市场的卡支付、互联网支付和移动支付》发起了广泛的社会咨询（European Commission，2012）。此次咨询涉及广泛的利益相关者，不仅包括作为支付委员会一部分与欧盟委员会合作的政府相关机构，而且包括代表市场供求双方并协助委员会起草相关法案和提议的支付体系市场专家组（Payment Systems Market Expert Group，PSMEG），以及其他欧盟利益相关方。欧盟委员会收到了 300 多份针对绿皮书的书面意见（全文和摘要报告已在委员会网站上公布），这可以被视为对这一复杂问题有了一个令人比较满意的反响。

绿皮书收到了以下需要注意的事项：
- 市场划分，现有和新服务提供商的市场分割和市场准入；
- 支付安全和数据保护；
- 支付服务的透明和高效的定价；
- 技术标准化；
- 服务提供商之间的相互操作性；
- 单一欧元支付区的管理。

欧盟委员会在绿皮书中分析了相关领域的许多问题。对于上述中的第一个问题，它直接关系到日益激烈的竞争。与银行相比，支付机构和电子货币机构不能直接使用清算和结算系统，因为根据《结算最终性指令》（*the Settlement Finality Directive*）的第 2（b）条，只有信贷机构和投资公司才能参与指定的结算系统。因此，非银行支付服务提供商无法与银行公平地竞争，因为它们必须使用银行的系统来进行结算支付。此外，要强调的是，银行作为银行账户的管理人，即使代表银行账户所有人行事，也可以拒绝获取非银行实体要求的资金可用性信息。

所谓的账户信息服务（Account Information Services，AIS）和支付发起服务（Payment Initiation Services，PIS）将包含在修订后的《支付服务指令II》（PSD2）

中，该协议已于2015年5月5日达成（最终版本于6月2日公布，本章提及的最后版本于10月8日由欧洲议会通过）。《支付服务指令Ⅱ》将取代自2007年起实施的现行《支付服务指令》（由于该指令转化为国家法律需要一些时间，其实际生效时间会更晚些）。

欧洲官员一直呼吁在支付市场上加强竞争，并公平对待所有的支付服务提供商。最近，负责开发单一数字市场的欧盟委员会副主席Andrus Ansip表示："修订后的指令被称为《支付服务指令Ⅱ》（PSD2）……将包括到现在才被纳入的第三方支付提供商，并使他们受监管的支付机构……通过增加现有供应商和新供应商之间的竞争，可以为人们提供更广泛、更好的支付选择系统。"

欧洲中央银行执行委员会的成员Yves Mersch（2015）则从更直接的角度考虑这一问题："新支付服务和新支付服务提供商的出现需要为在位者与新进入者提供一个公平竞争的环境，并且能够为支付服务用户提供适当的保护。"

6.3 新型支付服务提供商的出现

从历史上看，建立电子货币机构（Electronic Money Institutions，EMI）的法律基础早于支付机构（PIs）。欧洲议会和理事会于2000年通过了《电子货币指令Ⅰ》（*the first Electronic Money Directive*，*EMD1*），于2009年采用了《电子货币指令Ⅱ》（*the second Electronic Money Directive*，*EMD2*），并同时废除了《电子货币指令Ⅰ》。

在欧洲，20世纪90年代就关于发行电子货币及其对货币体系稳定性的影响产生了争论。根据《电子货币指令Ⅱ》第2（2）条，电子货币是指以电子方式（包括以磁方式）存储的货币价值，该价值为发行人收到的代表用于支付交易的资金债权，并被除电子货币发行人以外的自然人或法人接受。电子货币被归类为第三种仅次于现金和存款的货币（Bleyen等人，2010）。起初，尽管电子货币须通过克服"鸡和蛋"的僵局来解决网络性商品面临的典型困难，但电子货币似乎很有希望获得快速发展（Van Hove，1999）。Malte Krueger（2002）在分析欧盟委员会和欧洲中央银行的立场时强调，监管机构对只允许银行发行电子货币的想法持怀疑态度。因此，为了刺激竞争和电子货币产品创新，《电子货币指令Ⅰ》引入了一类新的金融中介机构——电子货币机构（Electronic Money Institutions，EMI）。该类金融中介机构受到了适当的审慎监管，可能受益于比银行更宽松的监管制度。例如，对于初始资本为100万欧元的机构，中央银行没有准备金要求。在《电子货币指令Ⅱ》中，初始资本门槛甚至更低，为350欧元，电子货币机构不再被视为信贷机构。除非来自它们自己的资金，电子货币机构不允许接受存款和授予信贷，但可提供《支付服务指令》中列出的支付服务。

支持单一欧元支付区实施的《支付服务指令》建立了另一类支付服务提供商——支付机构。它们可以像电子货币机构一样，从欧盟的"单一护照"制度中获益。根据《支付服务指令》附件，支付机构可以在整个欧盟范围内提供和执行以下支付服务：

- 经营支付账户所需现金的存款/取款业务；
- 执行支付交易（信用转账、直接借记、卡和卡基支付），如果信用与所提供的支付服务密切相关，则还包括最多12个月的授信；
- 支付工具的签发/获取；
- 汇款。

《支付服务指令Ⅱ》在此列表中增加了两项额外的支付服务——支付发起服务（Payment initiation services, PIS）和账户信息服务（Account information services, AIS），这与支付工具的发行类似，不涉及占用支付服务用户的资金。在《支付服务指令Ⅱ》的第4（15和16）条中定义：支付发起服务是指应支付服务用户的请求，就另一支付服务提供商持有的支付账户发起支付指令的服务；而账户信息服务是指提供支付服务用户在另一个支付服务提供商或多个支付工具供应商的一个或多个账户的综合信息。

支付机构需要获得满足许多标准的许可证。根据将提供的支付服务类型，支付机构必须确保初始资本为2万到12.5万欧元，以及根据《支付服务指令》第8条规定所列出的由成员国主管当局确定的三种方法之一计算的持续资本。支付机构有义务保护从支付用户处收到的资金，要么对这些资金进行风险隔离，要么为其提供保险，要么由其他保险公司或信贷机构提供同等力度的担保来保障这些资金。一般而言，第二种选择要昂贵得多，支付机构更愿意将用户资金与其他类型的资金分开，并将其存放在信贷机构，或投资于国家主管当局定义的低风险流动性资产。因此，一旦支付机构破产，资金所有者能够收回其持有的资产。此外，支付机构必须遵守反洗钱和反恐怖主义融资（Anti - Money Laundering and Counter - Terrorism Financing, AML/CTF）法律，并遵守《支付服务指令》第三篇（title Ⅲ）中关于支付服务条件和信息透明度要求的规定，以适当方式保护付款人和收款人。根据《支付服务指令》的第16条规定，支付机构可以执行与支付服务密切相关的活动，如确保支付交易的执行、外汇服务、保管活动以及数据的存储和处理。此外，根据《支付服务指令》的理念，不同的实体（如移动运营商或商户）可以通过在运营其核心业务的同时提供支付服务而成为混合支付机构。所有支付机构均受到监管，他们可信度的提高是因为它们受到与金融和操作风险相对应的监督和审慎制度的约束，而这些风险比银行活动产生的风险要小。

Janina Harasim（2013，pp. 96 - 99）指出，由于新的支付服务提供商具有创新性、灵活性和金融领域外其他经济活动领域的经验，可以随时准备提供比银行更低成本的服务，因此为零售支付市场带来了附加值。例如，在电子商务中发展起来的支付发起服务，是为了向消费者和商户提供比银行卡更便宜的替代品，为商户提供支付确认/担保以鼓励商户可以准时发货，以满足交易中对支付的需求。

电子货币机构和支付机构在许多方面都非常相似。然而，尽管有一些国家使用国家选择权，授予在其本国境内经营的支付机构发行电子货币的权利，大多数国家通常不允许支付机构发行电子货币。在波兰，支付机构可以发行电子货币的前提是未偿电子货币价值不超过500万欧元［波兰支付服务法第73a（4）条］。然而，尽管波兰的一些预付款产品在其他成员国更有可能成为电子货币，但在最近波兰中央银行或金融监督管理局的官方统计数据中还没有电子货币在流通。根据欧盟委员会委托 VVA Europe 进行的关于《电子货币指令Ⅱ》影响的研究（VVA Europe，2015），其初步结果表明，需要在将产品和服务分类为电子货币方面提供泛欧洲式指南，并特别强调了支付账户和电子货币账户之间的区别。该研究还提到，尽管现有数据并不完整，欧洲电子货币交易的金额和数量正在稳步增长。截至 2014 年 7 月，欧盟共有 177 个电子货币机构正在办理更多的许可证，但到那个时候，英国已发放了 27% 的许可证，而丹麦已发放了 21% 的许可证（见图 6.1 和下面的注释）。大多数电子货币机构自 2011 年获得许可证，因此新的电子货币指令似乎在这方面起到了支持作用。

Leo Van Hove 和该领域的其他专家曾经对电子货币的广泛应用感到非常高兴，因为电子货币具有更低的社会成本（Hove，2008）。诚然，这一产品类别目前还在发展，但与过去设想的形式存在不同。电子钱包的专有系统，如芬兰的 Avant、比利时的 Proton 或葡萄牙的 Mulibanco 电子钱包，在欧洲并没有获得成功或只获得了有限的成功。然而，越来越多的支付机构提供了许多其他的支付服务以满足消费者和企业的需求。

对于《支付服务指令》附件中列出的每项支付服务，支付机构都需要主管机构的授权。作为欧盟委员会评估《支付服务指令》影响的依据，London Economics、iff 和 PaySys 的研究显示（London Economics and iff in association with PaySys，2013，p.33）：2012 年，汇款发放的授权数量占比最多，占总体的 40%；

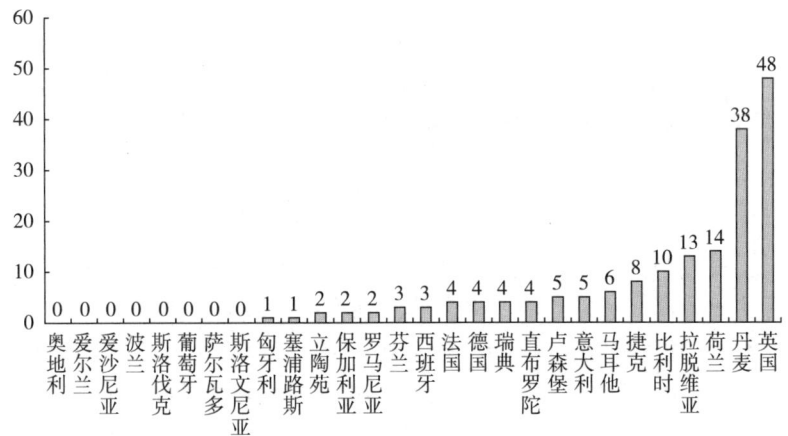

注：丹麦电子货币机构的数量似乎被高估了。

图 6.1　2014 年欧盟各国电子货币机构数量

[资料来源：VVA Europe（2015）]

其次最常见的授权类型是获取/发行支付工具，占比为 19%；再次是支付交易的执行，包括将资金转移到支付账户，占比为 15%。当时，多达 40% 的支付机构（欧盟 568 个支付机构中的 224 个）在英国注册，这表明除英国零售支付市场的发展阶段外，监管差异和司法管辖区之间套利效应也发挥了重要作用。此外，《支付服务指令》还专门提供了一个可以免除指令对专门从事汇款业务的所谓小额支付机构的某些规定的选择。根据《支付服务指令》第 26 条，如果该实体每月执行的支付交易总额不超过 300 万欧元，则适用豁免条款。各国之间允许存在一些差异，如在波兰，交易总额大幅降低至 50 万欧元。根据 London Economics、iff 和 Paysys（2013，p. 39）的研究，截至 2012 年 8 月底，约有 2200 家小型支付机构在欧洲注册，其中 45% 在波兰、44% 在英国。

2012 年以来，欧盟授权支付机构和小额支付机构的数量迅速增加，如截至 2014 年 12 月，波兰有 27 家授权支付机构和 1356 家小额支付机构，而在 2012 年 12 月只有 3 家授权支付机构和 1122 家小额支付机构（数据来自波兰金融监督管理局，Polish Financial Supervision Authority，2015）。

London Economics 等人（2013）的研究提出了一个有用的支付机构活动分类方法学，包含汇款、外汇经纪、卡收单、卡组织、互联网支付服务、其他服务（运营 ATM 网络、租赁 POS 设备、IT 解决方案等），以及发行卡、信贷供应、其他金融商业服务和电信支付服务。

显然，上述分类列表中明显缺少的是支付账户的运营。《电子服务指令 I》

的第4（14）条和《支付服务指令Ⅱ》的第4（12）条指出，支付账户是指以一个或多个支付服务用户的名义持有的用于执行支付交易的账户。原则上，此类账户应提供包括执行信用转账、直接借记和卡支付等完整的功能。毫无疑问，不同于支付机构和电子货币机构不同的电子/数字/移动钱包，银行支付账户为所有这些操作提供了便利。如今，电子钱包通常是通过电子或移动渠道在线提供的预付账户，可能可以选择连接银行卡或其他更不常见的支付工具选项。PayPal、Google Wallet（或 AndroidPay）、ApplePay、SamsungPay、PayU 等小型供应商的本地应用程序，如在波兰提供票务和停车服务的 SkyCash、mPay 或 moBilet，都是电子钱包的案例。他们中的某些应用，如 PayPal 有庞大的商户和消费者基础。PayPal 在 B2C 和 P2P 领域的电子商务中是很有用的，但它也有不能完全取代银行账户的局限性。PayPal 利用电子邮件地址，这虽然可能是模仿了银行账户号码的系统，但实际上 PayPal 账户会形成封闭的环境，与银行账户不兼容。PayPal 用户不能向其他人的银行账户发起单一欧元支付区信用转账。

为了使非银行支付服务提供商与银行平等，存在三个相互相关的问题：

一是有权将自己的国际银行账户号码分配给支付服务用户的账户；

二是在公平客观的条件下，直接访问被指定的支付系统的可能性；

三是在运行指定支付系统的中央银行开立账户的权利。

6.4 从 IBANs 到 IPANs

IBAN 是国际银行账户号码（International Bank Account Number）的缩写，可以以简单和机器可读的形式识别银行账号。根据 SWIFT – IBAN 注册信息，截至 2015 年 6 月，全球共有 66 个国家（包括欧盟所有 28 个成员国）使用国际银行账户号码编号系统。国际银行账户同时支持跨境和国内交易的通信和处理。它可以通过计算票据代码来验证所提供的信息，因此在输入国际银行账户时出错的概率很低。国际银行账户可以在电子或纸质环境下使用，纸质环境通常要求在每四个字符之间添加空格。

国际银行账户号码架构须遵守 2007 年发布的 ISO 13616 – 1 国际编码标准（以及后来的修订），ISO 13616 – 2 国际编码标准界定了注册管理机构 SWIFT 的角色和职责。

根据 ISO 13616 – 1 国际编码标准，国际银行账户号码的格式应为：

$$2!a2!n30c$$

其中：

- 如 ISO 3166 – 1 中的定义，开头的两个字母（2!a）是国家编码，例如，FI 代表芬兰，DE 代表德国；
- 第三、第四个字母（2! n）是校验数字；
- 基本银行账号（BBAN）的其余部分应由不超过 30 个字母数字字符（30c）组成，每个国家都有固定的长度，银行通过特定位置、长度的标识符来进行区分。

国际银行账户号码的具体结构是基于不同国家划分的，最多可以有 34 个字符，表 6.1 展示了几个国家的国际银行账户号码。

表 6.1　各国的国际银行账户号码（IBAN）示例

国家	IBAN 长度	示例
比利时	16	BE68539007547034
芬兰	18	FI2112345600000785
德国	22	DE89370400440532013000
荷兰	18	NL91ABNA0417164300
波兰	28	PL61109010140000071219812874

资料来源：SWIFT Registry（2015）。

在制定 ISO 13616 – 1 国际编码标准时，主管技术委员会认为没有必要针对每个国家制定一种单独的标准，并认为有必要在可能的情况下保留现行的国家身份识别系统，这需要进行一些调整，但原则上本可以保留。因此，尽管需要遵循公共规则，国际银行账户号码结构仍然是比较灵活的，国际银行账户号码因国家而异。其中，一些国家的国际银行账户号码长度为 16 个字符，另一些国际银行账户号码长度则为 28 个字符（见表 6.1）。对于一个国家来说，号码字符位数必须是固定的。国际银行账户号码的内部结构是由主管部门在全国范围内定义的，如在哥斯达黎加，银行标识符不包括在基本银行账号中的分行标识，而在意大利则包括。表 6.2 介绍了波兰国际银行账户号码的具体结构。

表 6.2　波兰的国际银行账户号码（IBAN）结构

国家银行账号（BBAN + 票据号码）			
P L 2 5	1 0 6 0 1 0 2 8	2 2 7 6 7 2 7 2 1 4 3 8 5 7 4 1	
国家代码	校验数字	银行代码*	账号
		银行标识符/分类代码	
IBAN（国际银行账户号码）			

注：*合作银行为四位数，其他银行三位数。

资料来源：波兰国家银行（Narodowy Bank Polski, 2015）。

在波兰，银行标识符（ISO 13616-1）也被称为业务单元排序代码。这些代码基于 2010 年 7 月 15 日波兰国家银行行长的第 15/2010 号令，由波兰中央银行根据某一银行的要求制定。它可以决定是否将其分支机构或其他业务单位（如银行部门）的编号设置在基本银行账号的前 8 位。实际上，由于在单一的中央信息技术系统上运行的银行认为没有进行逐一编码的必要，所以波兰的许多银行分支机构还没有编号。在这种情况下，这些银行分支机构就不被包括在由支付系统部门管理的波兰国家银行登记册内。根据波兰国家银行官网的相关资料，未被授予单独分类代码的银行业务单位数量是在波兰国家银行登记册上登记的银行业务单位数量的三倍（NBP，2015）。

波兰国际银行账户号码的最后 16 位数字用于识别客户在给定银行的银行账号，这些银行根据自己的编号系统进行编号。整个国际银行账户号码的校验必须根据标准明确验证。在波兰，国际银行账户号码通过在银行账号前添加 PL（波兰）来确定国内账户号码。

波兰国内账号编号的规范是基于 ISO 13616 标准形成的。2012 年 12 月波兰 PN-F-01102 号规范明确了国家银行账号开户的要素和原则，即"基本银行账号 + 两个校验数字"。该编号规范的使用范围不仅仅局限于银行，还扩大至支付服务提供商，包括支付机构和电子货币机构。

但是，该规范更具技术特性，而且根据波兰法规，中央银行有权仅向银行而不是非银行支付服务提供商授予分类代码。为了扩大该规范适用权限，必须通过一项修订《波兰支付服务法》的新法规。截至 2015 年 6 月，已有一项提案准备就绪。波兰财政部已经在 2014 年启动了法律程序，以使非银行支付服务提供商能够将自己的国际银行账户号码提供给客户，但随后该提案暂被搁置。

尽管没有必要在所有欧洲国家复制推行相同的规范模式，但波兰的例子表明，支付机构和电子货币机构提供国际银行账户号码的权利可能遇到阻碍。为了验证单一欧元支付区国家在多大程度上仍存在问题，笔者于 2015 年 5 月/6 月在单一欧元支付区成员国进行了一项调查，方法是通过波兰财政部向各成员国的国家支付专家分发了一份简短的调查问卷或直接联系成员国的主管当局。问卷包含三个问题和一个开放式的意见选项。第一个也是最重要的一个问题是："贵国是否有非银行支付服务提供商，如支付机构和电子货币机构，同银行一样授权发行自己的国际银行/支付账号，并将其提供给支付服务用户？"如果答案为"是"，则要求回应者提供基本法律依据和负责提供银行标识符/分类代码的权限。

问卷调查的回复率为 60%，这意味着 30 个国家中（28 个欧盟国家，以及瑞士和挪威）的 18 个国家在两个月内回答了问卷，结果如表 6.3 所示。

表 6.3　　　　国际银行账户号码发布的信息（2015 年 6 月）

国家	银行标识符/分类代码的颁发机构	支付机构和电子货币机构提供国际银行账户号码吗？
奥地利	奥地利国家银行	未回答问卷
比利时	银行间协议秘书处（由中央银行主管）	是
保加利亚	保加利亚国家银行	否
克罗地亚	克罗地亚国家银行	否
塞浦路斯	塞浦路斯中央银行	未回答问卷
捷克	捷克国家银行	是
丹麦	丹麦银行间协会	是
爱沙尼亚	爱沙尼亚银行协会	否
芬兰	芬兰银行服务联合会	是
法国	审慎监督管理局（ACPR）（银行主管）	是
德国	德意志联邦银行	是
希腊	希腊银行	未回答问卷
匈牙利	匈牙利中央银行	是
爱尔兰	爱尔兰银行与支付联合会	未回答问卷
意大利	意大利银行	是
拉脱维亚	环球银行金融电信协会（SWIFT）	未回答问卷
立陶宛	立陶宛银行	是
卢森堡	卢森堡银行家协会	未回答问卷
马耳他	马耳他中央银行	未回答问卷
荷兰	荷兰支付协会	是
挪威	挪威金融行业联盟	是
波兰	波兰国家银行	否
葡萄牙	葡萄牙银行	未回答问卷
罗马尼亚	环球银行金融电信协会（SWIFT）	未回答问卷
斯洛伐克	斯洛伐克国家银行	未回答问卷
斯洛文尼亚	斯洛文尼亚国家银行	是
西班牙	西班牙银行	是
瑞典	瑞典银行家协会	否
瑞士	瑞士交易所（SIX）银行间结算处（同瑞士国家银行）	未回答问卷
英国	英国支付委员会	未回答问卷

资料来源：个人调查和欧洲中央银行网站（单一欧元支付区国家）。

在不同国家，银行标识符（国际银行账户号码的第一部分）由不同的机构负责提供。如表6.3所示，最典型的是由中央银行提供（包含17个），此外是行业协会（支付协会或银行协会）（9个）、监管机构（1个）、清算机构（1个），或环球银行金融电信协会（2个）。有的国家会将环球银行金融电信协会发布的业务标识符代码（Business Identifier Codes，BICs）作为银行标识符（Bank Identifiers），如拉脱维亚、罗马尼亚、荷兰和英国。此外，支付服务提供商可根据ISO 13616-1国家特定格式，从业务标识符代码中获得国际银行账户号码。与波兰不同，银行标识符的获得过程通常不受任何特定法律的约束，而是基于自我监管。

同样，有几个成员国（如芬兰、德国、立陶宛、挪威和西班牙）表示，向银行、支付机构和电子货币机构授予分类代码的权利属于自我监管的问题。18个国家中大多数国家回应称，目前可以为非银行支付服务提供商提供它们的分类代码，然后这些新的市场进入者（非银行支付服务提供商）可以将国际银行账户号码分配至支付服务用户（PSUs）的账户。但是，上述操作在接受问卷调查的保加利亚、克罗地亚、爱沙尼亚、波兰和瑞典五个成员国中是不可能的，即使这种情况在爱沙尼亚和波兰必然会发生变化，但仍然不可行。根据波兰支付服务法修正案草案，中央银行除了向银行指定代码外，还有权向非银行支付服务提供商指定分类代码（在爱沙尼亚，金融监管局将负责此工作）。挪威银行协会（Norwegian Banking Association），或挪威金融行业协会（Finance Norway）负责分配分类代码，但挪威没有给出明确的答案，这说明它们从未在这方面接触过支付机构，但如果有，该结果可能是积极的。

一些回应此问卷的国家表示，通过支付机构和电子货币机构提供国际银行账户号码的权利直接源于《支付服务指令》，但只要非银行支付服务提供商不能进入特定支付系统，那么该权利就没有那么重要。在比利时，非银行支付服务提供商可以发行自己的国际银行账户号码，但实际上它们很少这么做，因为他们更喜欢使用已有的商业银行账户来安排付款流程。因此，类似于其他银行客户，非银行支付服务提供商可以间接访问银行间支付系统。调查结果显示，在芬兰如小型银行和支付机构等其他支付服务提供商主要基于与一家清算银行签订的代理银行协议运营。他们可以在代理银行的国际银行账户号码序列中使用一些通用账户完成所有客户交易，还可以在代理银行的国际银行账户号码中获得国际银行账户号码子账号序列。在这两种情况下，它们都会使用清算银行的业务标识符代码。挪威则称，真正的问题不在于是否能给非银行机构分配银行标识符，而是非银行机构是否能够使用它们进行哪些服务。而在挪威能否使用标识符服务客户则取决于是否能直接参与挪威银行间清算系统（Norwegian Interbank Clearing System，NICS）。

调查结果证实了三个问题交织在一起的假设，即分配自己的国际银行账户的权利、直接访问支付系统的可能性和在中央银行开立账户的权利。对于指定的且通常也用于其他具有系统的重要支付系统，如果不在进行清结算的中央银行开立账户，则不可能获得直接访问。

我们可以大胆地假设，在许多没有回应问卷的国家中，理论上允许支付机构和电子货币机构获得国际银行账户号码，但对这些机构来说可能没有什么用处，因为他们无法访问指定的支付系统。此类非银行支付服务提供商则把重点放在其他支付服务上，而不是提供由银行担保且可以通用的信用转账和直接借记的支付账户。业务标识符代码不仅可以分配给银行，还可以分配给清算所甚至非金融机构（SWIFT，2015）。因此，在国际银行账户号码中含有业务标识符代码以作为银行标识符的国家，除环球银行金融电信协会（SWIFT）之外并无其他机构可以分配分类代码。因此，从技术上说，支付机构和电子货币机构很有可能能够创建自己的国际银行账户号码。

然而，在不能直接访问主要支付系统的情况下，非银行支付服务提供商拥有自己的分类代码并可以将国际银行账户号码分配给的支付服务用户的支付账户这一权利价值似乎没有多大价值，但这给非银行支付服务提供商带来了一个优势。支付机构和电子货币机构负责管理客户账户和子账户，对其银行支付服务提供商的依赖性降低。非银行支付服务提供商可以自由更改其服务银行，这使将支付服务迁移到另一家银行变得更加容易。现有的非银行支付服务提供商的国际银行账户号码只需要与新的服务银行的国际银行账户号码账户交叉连接起来，但从支付服务用户的角度来看并没有任何变化。用户拥有相同的账号，并且可以像目前一样在电子钱包中预存现金。此外，如果支付机构决定向其客户提供信用转账或直接借记，收款人将在转账详细信息中看到该过程是在支付机构处发起的，而不是在提供支付机构服务的银行。这加强了支付机构和支付服务用户间的联系，更不用说银行在这个领域还面临新的竞争。显然，当支付机构与银行可以在平等的基础上访问支付系统时，收益会增加（参见下一节）。

无论 P2P 移动支付（如基于单一欧元支付区信用转账）和移动钱包功能是由支付机构和电子货币机构还是银行提供，国际银行账户号码与移动电话号码相互绑定连通都为上述支付服务的推广和提升开辟了新的可能性（参见第 6.6 节）。

国际银行账户号码在欧洲越来越重要。根据欧盟第 260/2012 条法规所谓的

《单一欧元支付区终止日期条例》（SEPA end – date Regulation），国际银行账户号码应该是识别支付账户所需的唯一号码。因此，从 2016 年 2 月 1 日起（非欧元区成员国从 2016 年 11 月 1 日起），付款人和收款人将不必使用任何其他代码，如用业务标识符代码（SWIFT）进行欧元区跨境信用转账和直接借记，而"仅限国际银行账户号码"的支付规则将生效。

最后，值得考虑的是，在单一欧元支付区领域，将国际银行账户号码称为"国际支付账户号码"是不合理的，因为账户的提供商不再限于银行。此外，这个新术语已经被纳入法律（参见《支付服务指令》）：我们所说的是支付账户，而不是银行账户。根据 2014 年 7 月通过的所谓《支付账户指令》（PAD），每个欧洲公民都应有权开立和使用具有基本功能的支付账户。实施支付账户指令的目标如下：通过更为轻松的转换支付账户（也是跨境）以及更透明的和更优惠的费用，提高金融包容性水平，加强消费者保护和市场竞争。在《支付账户指令》实施之后（应该在其发布日期的两年内），由于技术原因这些账户将由金融机构提供。然而，如果支付机构和电子货币机构也能够提供这种服务，该指令的目标则可以更好地实现，特别是在这些非银行支付服务提供商由于其特殊性不太愿意提供如信用卡等其他不被视为具有基本支付账户功能产品的情况下。

6.5 支付系统和中央银行的基础设施访问入口

《支付服务指令》设想认为关键是任何支付服务提供商都可获得支付系统技术基础设施的服务以便更高效地处理付款和转账。《支付服务指令》的第 28 条和《支付服务指令Ⅱ》的第 35 条规定，会员国有责任确保"作为法人的已授权或已注册的支付服务提供商访问支付系统的规则应是客观的、非歧视性的和适当的，并且这些规则对访问的限制不得超过防范结算风险、运营风险和业务风险等特定风险以保护支付系统财务和运营稳定性的限制程度"。根据该条例，支付系统运营者不得区别对待不同的支付服务提供商，无论是基于它们的参与程度还是在支付系统中的权利义务。但是，该条款第 2 段将特定支付系统和封闭式系统排除在《支付服务指令Ⅱ》的范围之外。同时也指出，授权和注册的支付服务提供商（如支付机构或电子货币机构）可以要求直接参与者以客观、适当和一视同仁的方式通过它们的支付指令。因此，新的规定将保证进行间接评估。另外《支付服务指令Ⅱ》第 36 条确保支付机构可以访问金融机构，金融机构不能拒绝为支付机构开户和阻碍支付机构进行的业务活动。

如图 6.2 所示，支付机构和电子货币机构同竞争对手商业银行相比处于从属地位。他们的支付命令必须通过商业银行处理后进入支付系统。在及时执行支付或施加甚至可能被银行贴上"客观和必要"标签的附加条件方面,银行对支付机构和电子货币机构具有一定的行使权利的空间。此外,银行可以监控支付机构或电子货币机构产生的整个支付流向,从而能够了解竞争对手的活动类型,甚至了解他们的客户。此外,定价仍然是一个问题,不容否认的是直接访问支付系统也需要成本。

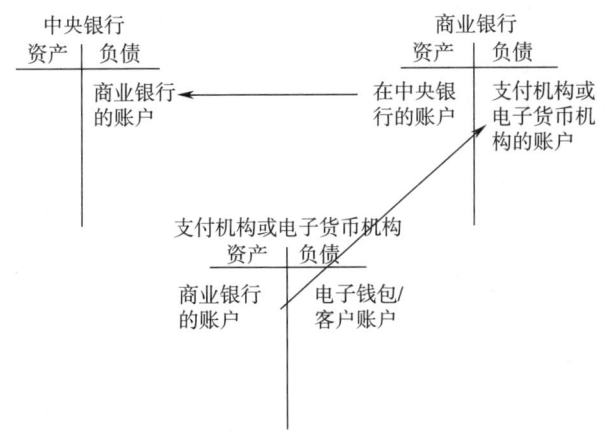

图 6.2　当前支付机构和电子货币机构的运作方式

(资料来源:笔者总结)

根据欧共体关于《绿皮书:整合欧洲市场的卡支付、互联网支付和移动支付》(2012)咨询意见的反馈,相关方对非银行支付服务提供商在非直接获得清算和结算是否存在问题上没有达成共识。大多数银行表示,对支付机构和电子货币机构而言,间接访问能够充分降低成本、抵御风险。而大多数非银行支付服务提供商不同意该说法,认为间接访问成本更高、更复杂、支付过程更长。大多数零售商和消费者都赞成直接访问非银行支付服务,这表明需要更开放、更公平的环境条件。一些利益相关者提出了相应修改《结算最终性指令》(Settlement Finality Directive,SFD)的建议。然而,大多数人则指出修正前需要确保支付机构和电子货币机构直接访问支付系统不会增加运营和资金流动风险(London Economics 等人,2013,p. 215)。

在《支付服务指令》修订建议所附的影响评估中,欧盟考虑了三个有关支付机构和电子货币机构访问指定支付系统的选项,不改变原有政策的选项、允许支付机构直接参与指定支付系统的选项,以及为支付机构提供客观透明的规则以进行间接访问支付系统的折中选项(European Commission,2013,pp. 263 –

264)。正如本节开头介绍的那样，即使无法使已在原有体系内的机构和新进入的机构享有同等权利，欧盟委员会依然采用了折中选项，这将使非银行支付服务提供商访问主要支付系统时更加容易。

至于访问其他支付系统（如银行卡支付系统），支付机构和电子货币机构已从《支付服务指令》第2007/64/EC条所规定的条款中获益。看来，在银行卡四方模式中，与银行相同的条件下发行和获得银行卡支付交易以及提供辅助服务的可行性为卡组织、商户和持卡人带来了增值的同时，并不会产生更高的风险。

然而，可以理解的是，就支付系统的重要性而言，在允许新进入者直接访问指定基础设施之前，应充分审查所有风险。

中央银行可能担心与支付机构和电子货币机构相关的风险，因为这些新的支付服务提供商不具有与银行相同的审慎监管和偿付能力监管要求，以及风险管理政策。

此外，拥有在中央银行开户权利的商业银行，也要遵守准备金要求。当面临流动性问题时，商业银行可能在银行间市场上进行短期拆借，或直接在中央银行进行即日贷款。而支付机构和电子货币机构目前无法使用这些金融功能。但是，支付机构和电子货币机构与金融机构不同。根据《支付服务指令Ⅱ》的第34条，支付机构的活动范围比金融机构要窄得多，因为支付机构是专门提供支付服务的，不允许接受存款，他们只能使用从用户回笼的资金来提供支付服务。同样，根据《电子货币指令Ⅱ》第13条，电子货币的发行不是存款活动。支付机构和电子货币机构都无法通过贷款创造资金，他们没有货币乘数，也不受准备金要求的约束。因此，他们的监管制度与随之产生的财务和运营风险相匹配，表现为更为宽松。事实上，非银行支付服务提供商的初始资本和持续资本要求不如银行严格。但是，支付机构和电子货币机构必须遵守一套确保合理和谨慎管理的规则（参见第6.3节）。在获得授权之前，以及在开展业务的过程中，非银行支付服务提供商必须向监管机构证明其在包括风险政策管理、应急计划、组织结构、内部控制系统和外部审计等方面的内部安排合理且稳健。

与银行相比，支付机构和电子货币机构有义务保持更高的流动性，且投资能力更为有限。根据《支付服务指令Ⅱ》第10条和《电子货币指令》第7条，支付机构和电子货币机构必须满足严格的防范要求，应该把从用户那里收到的资金或电子货币加以限制以降低风险。这些资金可以存放在金融机构或投资于安全的低风险资产，如由公共机构发行或担保的国库券或债券。低风险资产目录则由成员国主管当局确定。

截至2014年12月，在波兰，支付机构拥有约1亿欧元的流动资产，其中

96%储存在银行的活期账户、1%是现金、3%是担保资产,担保支持到期日最长为7天(Polish Financial Supervision Authority,2015)。

根据《支付服务指令Ⅱ》第10条第1段所言,由用户资金形成的资产应受到保护,特别是在破产的情况下,以防支付机构其他债权人提出索赔。如第6.3节所述,如果这些资金包含在保险单或类似担保中,支付机构不需要对资金进行限制。然而,高昂的成本阻碍了支付机构此种做法,他们不愿将用户资金与其他类型的资金混合在一起。

支付系统的风险管理包括持续监控和使用适当的安全措施。运行指定支付系统的中央银行必须考虑相关风险,如信贷、法律、运营、流动性、结算和系统风险(Górka,2013,pp. 21-22),这些类型的风险是相互关联依存的。

由于不具有非银行支付服务提供商长期的记录信息,因而几乎没有任何关于其风险活动的实证研究。出于这个原因,欧盟的大多数中央银行都不愿意向支付机构和电子货币机构开放账户,也不愿让这些机构访问大额支付系统,因为保持这些系统平稳且不间断地运行对金融稳定至关重要。

另外,正如本文所述,支付机构和电子货币机构的风险状况在法律框架中得到了明确界定。他们的资产直接与按需可转让的用户资金挂钩,具有流动性且在实际中与其他类型的资金分离。为了降低支付系统的流动性和结算风险,中央银行可以自由要求保证足够的流动性,与支付机构和电子货币机构对其债权人的债务水平成比例。通过使用预付模式,非银行支付服务提供商将资金提前存入中央银行的账户可以很好地解决信贷、流动性和结算风险。

允许非银行支付服务提供商进入支付系统一方面可以将这些类型的风险转移至支付机构和电子货币机构,另一方面也将促使它们进行必要的技术和法律方面的投入以连接到指定的支付系统。显然,支付机构和电子货币机构应自行决定是否申请直接参与大额支付系统并承担相关成本,或类似小型银行或信用社通过大型机构来完成支付流程。以上判断标准还取决于支付机构和电子货币机构提供的支付服务类型。目前,对于许多非银行的支付服务提供商来说,无法直接进入主要支付系统似乎还不成太大问题。但是,这种情形会很快发生转变,特别是当支付机构和电子货币机构愿意提供功能完整的支付账户或进行即时支付时。因此,尽管《支付服务指令Ⅱ》第35条第2段规定了间接使用指定支付系统的权利使上述机构往理想方向发展,但从长远来看,如何区分不同类别的支付服务提供商似乎仍然是问题。

6.6 使用银行账户和开发移动钱包

另一个问题是访问银行客户支付账户（XS2A），其性质与访问支付系统略有不同，但对促进欧盟支付市场的竞争和创新也至关重要。

向所谓的第三方提供商（Third Party Providers，TPPs）开放银行入口一直是修订后的《支付服务指令》中最受争议的话题。直到 2015 年 5 月就《支付服务指令Ⅱ》达成一致意见前的最后一刻，利益相关方和监管机构之间还在进行激烈的讨论。欧盟委员会认为，必须填补支付发起服务（Payment Initiation Services，PIS）和账户信息服务（AIS，见第 6.3 节中的定义）的法律空白，因为市场上都有提供这两种服务，但第三方提供商、账户服务银行和用户之间的权利和义务不受任何法律规则管制。有人认为支付发起服务和账户信息服务对市场有利。由非银行支付服务提供商（如 Sofort、Trustly、SafetyPay、DT Online 和 Citadel）代表客户发起的信用转账，为网商提供了一种比信用卡支付成本更低的支付方式，且该服务为它们提供了支付担保（European Commission，2013，p. 137，224）。有趣的是，银行也在做这项业务（如荷兰的 iDEAL、德国的 GiroPay、奥地利的 EPS、意大利的 MyBank 和瑞士的 PostFinance）。另外，账户信息服务允许消费者将不同银行账户的信息收集和整合在同一处，并帮助它们管理个人财务。还有一些建立在账户信息服务之上的其他的服务，如银行和非银行贷款机构开始使用从客户的不同银行账户中检索到的信息来评估他们的信用度。账户信息服务有助于收集大量丰富的数据，使不同的企业能够分析海量的数据集，从而将金融和非金融信息联系起来。

银行部门的代表关注非银行第三方支付提供商在许多领域的活动不足为怪。欧洲支付委员会（European Payments Council）主席 Javier Santamaria 认为与第三方支付提供商共享账户持有人的登录信息和交易凭证的做法是有风险的，除非凭借强大的客户身份认证和标准化开放欧洲接口（尚未存在）的重定向模型。此外，他认为在第三方支付提供商参与未经授权交易的情况下，账户服务银行将承担第一责任。他还指出，第三方支付提供商不应当在不向银行提供经济补偿的情况下访问银行的支付基础设施和获取其客户数据（Santamaria，2014）。

Harry Leinonen（2015）指出，由于缺乏标准化的 t+0（当日结算）电子支付解决方案，参与支付发起服务的第三方支付提供商应运而生。他建议支持快捷/即时支付，并要求未来信用转账实行 t+0（当日结算）而不是 t+1（次日结算）交付作为支付服务提供商的法定义务。他的建议值得行业人士思考。

经过广泛磋商，修订后的《支付服务指令》已成型。立法机关考虑到所有支付利益相关者的立场，解决了上述问题。根据《支付服务指令Ⅱ》，支付发起服务和账户信息服务活动的授权必须得到账户持有人的明确同意。第 66 条和第 67 条分别规定了支付发起服务和账户信息服务服务付款账户的准入规则。简而言之，支付发起服务提供商应：

- 不持有与提供支付发起服务有关的用户资金；
- 确保账户持有人的个人凭证安全且不被第三方获取；
- 在每次付款时向服务于支付服务提供商（通常是银行）提供服务的账户进行身份验证；
- 不存储支付服务用户的敏感数据，也不提供除支付发起服务所需外的任何其他数据；
- 不使用、获取和存储用于除支付发起服务规定以外其他目的的任何数据；
- 不修改任何支付特征，特别是金额或接收人信息。

账户支付服务提供商应：

- 与支付发起服务提供商进行安全沟通；
- 在收到支付指令后立即向支付发起服务提供商提供所有交易发起的信息；
- 不得区别对待支付发起服务供应商传输的支付指令（尤其是在时间、优先级和费用方面）。

立法机关认为电子支付安全至关重要，应采取所有相关的安全措施以保护支付服务用户，并防止欺诈风险，包括网络钓鱼等（见《支付服务指令Ⅱ》第 93~96 段）。因此，根据第 98 条，当付款人使用其支付账户或发起支付交易时，需要强有力的客户身份认证。这种强有力的客户身份认证甚至应该包括动态地将交易与特定金额、特定收款人（强交易授权）与更为宽松的低风险支付制度（如小额移动支付）相联系的要素。如《认证和通信的监管技术标准》（*regulatory technical standards on authentication and communication*）第 98 条所述，客户身份认证将在欧洲银行管理局制定的标准中进一步进行定义。

根据《支付服务指令Ⅱ》第 73 条第 2 段，负责偿还用户损失的账户支付服务提供商将负有首要责任。但是，如果支付发起服务提供商对未经授权的支付交易负有责任，则应立即向账户支付服务提供商赔偿由此产生的损失，并证明支付交易经过适当举证由支付发起服务提供商承担责任。

支付开通服务和账户信息服务将不再依赖第三方支付提供商和账户服务银行之间存在的合同关系，无论是基于直接或间接访问，《支付服务指令Ⅱ》将不会为这些类型的服务定义任何特定的业务模式（见引言第 30、第 93 条，和第

66、第 67 条）。很明显，立法者并没有把银行放在这些条款的中心，而是把作为资金和个人数据所有者的账户持有人置于中心位置，认为应该由他们决定选择一个值得信赖的支付服务提供商。缺乏合同制约将增加银行向第三方提供商收取费用的难度，但银行却可能向客户免收费用，如信用转账。在讨论关于泛欧论坛的新规定时，有人已经提出了为同一服务收取两次费用是否合理的问题。根据《支付服务指令Ⅱ》第 93 条和第 98 条，欧洲银行管理局规定了第三方提供商、账户服务支付服务提供商、付款人、收款人和可能的其他支付服务提供商之间的共同和开放式通信的标准。

前段时间，Michael Salmony（2014）提出了一个用于控制获取支付服务（Controlled Access to Payment Services，CAPS）开放式标准接口的概念，从而将监管机构的构想与账户支付服务提供商和第三方提供商的利益联系起来。他认为，开放访问银行账户可以释放第三方提供商提供新服务的潜力，但同时也可以以新收入流的形式为银行带来收益。Salmony 还呼吁建立一个安全基础设施，在基础设施内根据合同对账户依照支付服务类型授予有限的访问权。其中，对各方的费用将由市场决定，消费者决定是否将他们的支付账户数据授权给选定的服务提供商。

欧洲银行业协会（Euro Banking Association）引入了一个类似的概念，其电子支付和其他支付工作组于 2015 年 5 月发布了一份关于数字客户服务接口（Digital Customer Services Interface，DCSI）的意见书。数字客户服务接口可定义为泛欧应用程序接口（Application Programming Interface，API），它能帮助第三方提供商访问银行账户，同时通过第三方提供商向银行提供适当的客户及其数据访问权限。应用程序接口是一种允许软件应用程序在没有人为干预的情况下进行通信的技术，规定了连接软件的机制、可用的数据和功能以及其他软件应用程序访问数据和功能必须遵循的一套标准化规则（Euro Banking Association，2015，p.9）。正如 Innopay 公司的 Mounaim Cortet 和 Douwe Lycklama 所说，应用程序接口并不是什么新鲜事物。谷歌、脸书和推特向外部各方提供其编程接口，PayPal 则是支付服务提供商的一个典型例子，它使用应用程序接口功能来增强其业务能力并建立了整套的企业和服务生态系统，而自身则是这个生态系统的核心。然而，访问银行客户支付账户扰乱了银行业秩序，并要求银行调整其业务和运营模式以适应新环境，这种情况下将产生由第三方提供商引发的去中心和再中心化变化（Cortet 和 Lyckama，2015）。

数字客户服务接口概念旨在弥补金融科技领域的挑战者与银行之间的差距，不仅在支付领域，而且在如数字身份等其他领域也是如此。此接口可以重复使用支付账户属性来验证其他网站上的身份。数字客户服务接口概念开发了技术层和业务层,并收取内部费用,如通过使用账户服务银行的"了解您的客户/反洗钱"专业知识为第三方提供商收取的每次服务费用(Euro Banking Association,2015,p. 18)。

未来将看到,欧洲银行业协会创建数字客户服务接口的倡议是否能够在金融部门或金融部门外的商户和消费者之间获得足够的支持,以及这一概念是否符合欧洲银行业管理局(European Banking Authority,EBA)的做法。如《支付服务指令Ⅱ》中所述,该机构将负责制定第三方提供商、银行和支付服务用户之间共同的和开放式通信标准的要求。

Brett King(2013,p. 32)注意到:"银行账户与银行的脱离意味着金融服务业的大规模瓦解,这意味着银行账户最终将只是一种价值储存的商品。"

电子/移动钱包发展带来的革命是大势所趋。全球范围内的非银行支付服务提供商通过在实体经济、电子商务、移动商务和最终在通用商务中实现的一键式/一触式即时支付来提供更好用户体验的服务。直到最近,云计算为基础的电子钱包的移动支付增长的主要障碍是,通过使用与国际卡组织银行卡不同的支付工具转移资金来获取银行账户中流动资金(见图6.3)。然而,在欧洲监管机构的推动下,将第三方提供商提供的服务纳入《支付服务指令Ⅱ》的范围,并随着合理的银行支付账户应用程序编程接口的发展,上述阻碍可能很快就不复存在了。数字钱包和实体钱包一样,也可以配备如会员卡、门票、优惠券或电子收据等其他功能。此外,与使用传统钱包一样,用户可以通过将资金、电子货币甚至私人货币(如比特币)存款余额维持在盈余状态,将价值存储在移动钱包中(见图6.3)。

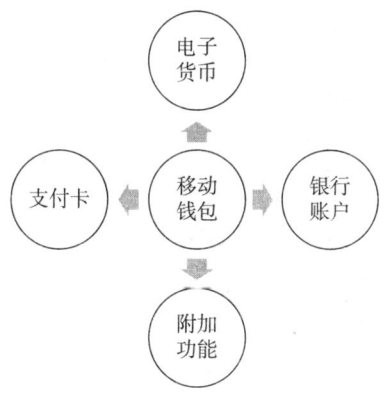

图6.3 手机钱包的功能

(资料来源:笔者总结)

移动钱包可由银行和非银行支付服务提供商提供。然而，似乎非银行支付服务提供商在这一领域更活跃，比如谷歌，苹果，三星，PayPal，PayU 或 iPay 等。但是还有一些银行与 Visa 和 MasterCard 合作，通过与银行卡绑定的 Visa 或 MasterPass 钱包推出 V. me 移动钱包服务。银行还为便捷的 P2P 转账和 C2B 移动支付设计了解决方案，如波兰的 Blik、丹麦的 MobilePay 和英国的 Paym，这些方案与用户的银行账户绑定。

总体而言，由于严格的监管、遗留的系统和复杂的银行间协议，银行创新速度缓慢（King，2013，p. 345）。但另外，支付机构和电子货币机构并没有涉及银行特有的高风险存款借贷或投资活动，他们可以进行灵活创新。

亚马逊、谷歌、Apple 和脸书等公司具备与消费者建立关系的途径。它们都知道如何利用能够用作资本的"信息"扩大其影响力，这是银行担心这些公司会带来竞争的原因（Skinner，2014，p. 104）。然而，围绕支付建立一个环境，塑造积极的用户体验才是关键所在。

JürgenBott 和 UdoMilcau（2014）在本节讨论的背景下明确提出了一个问题："移动钱包和活期账户是朋友还是敌人？"其观点显示，答案是朋友。移动钱包（或更广泛地定义为交换支付的创新方式）作为一个安全稳定的流动性平台，由银行作为高度信任的合作伙伴提供流动账户，可以共存和相互协作，但前提是非银行和银行支付服务提供商在由监管机构制定明确规则的良好环境中开展业务活动（Bott 和 Milkau，2014，pp. 297 – 298）。

支付生态系统变得更加复杂。支付链中仍为许多公司留下了发展空间。Chris Skinner（2014，p. 50）预测："近期内，你可能通过一个由银行发行的 Visa 卡的 PayPal 支持的 O2 钱包，使用 Zynga 信用卡购买苹果下载产品"。

6.7 结论

支付机构和电子货币机构作为新型支付服务提供商和具有特殊目的的金融机构，可以为消费者和公司提供多种服务。本章认为，应同等对待市场新进入者应与银行以充分利用所有发展机会。

第一，他们需要将自己的国际银行账户号码（支付账号）分配至支付服务用户账户的权利，而在成员国之间进行的调查显示，并非所有单一欧元支付区国家都有这种选择权利。

第二，他们需要在公平和客观条件下直接访问支付系统，也就是指定的系统的权利。在实施首部《支付服务指令》后，支付机构和电子货币机构的地位有了显著的改善，获得了类似与国际卡组织公平的支付系统访问权，但仍然不能成为大额或其他重要支付系统的直接参与者。

第三，需要授予支付机构和电子货币机构在中央银行开立账户的权利，这最终将使他们独立于银行并有助于中央银行资金结算。

本章已经详细地讨论了这三个相互交织问题的形式。在银行和非银行支付服务提供商之间建立实际公平竞争环境是一个多阶段的过程，需要克服系统上和心理上的障碍。然而，在较长的时间范围内，没有什么理由歧视支付服务提供商。应对所有这些问题的方法应该是统一的，是完全基于风险考虑的。风险领域需要进一步研究，也需要实证研究。

《支付服务指令Ⅱ》减少了欧盟支付市场竞争和创新另一个障碍，因为它开放了银行。也就是说《支付服务指令Ⅱ》使第三方提供商能够访问构成流动性储备的银行账户。因此，支付机构和电子货币机构提供的电子和移动钱包将进入一个新的领域，并为用户带来更多的功能体验。但这不是一蹴而就的事情，这类服务的价值将逐步增长并有望通过开发一个面向所有欧盟国家 7000 家银行的开放式接口（应用程序接口）来实现。

应该寄希望于修订后的《支付服务指令》将推动小型非银行支付服务提供商进行创新，而不仅仅是寄希望于像谷歌这样的大公司。加快获取银行账户中存储的信息和流动性无疑会降低准入门槛。除最近为止能够提供的支付服务外，支付机构和电子货币机构将能提供除最近提供的服务外的其他支付服务，包括基本支付账户操作。解决本章讨论的三个主要问题，并获取存储在银行账户中的信息和流动性，有助于将移动钱包转变为完全成熟的支付账户。这可能会产生各种后果，其中之一可能是用单一欧元支付区的信用转账和直接借记逐步取代信用卡付款，成为资金转移的基本支付工具，包括目前在泛欧范围推出的非常受欢迎的即时支付。第二个后果可能是支付机构和电子货币机构市场地位提高，可以成为更值得信赖的一方，这也给它们带来了相关的义务。

致谢

感谢波兰国家银行（Narodowy Bank Polski）Paweł Łysakowski 的知识分享并提供来自欧盟委员会的国际银行账户号码和 Pierre – Yves Esclapez 的资料，感谢他对 P2P 移动支付和电子货币机构校核、验证和确认（VVA）的宝贵意见。还要感谢波兰财政部的 Paweł Bułgaryn 和波兰外交部的 Tomasz Krawczyk 向单一欧元支付区国家的支付专家分发了关于国际银行账户号码/国际支付账户号码的调查问卷。

参考文献

Ansip, A. 2015. "Keynote speech: Retail payments in the Digital Single Market", ECB and Suomen Pankki conference, *Getting the balance right: innovation, trust and regulation in retail payments*. Helsinki, 4 June, https://ec.europa.eu/commission/2014-2019/ansip/announcements/speech-vice-president-ansip-ecbsuomen-pankki-conference-helsinki-getting-balance-right-innovation_en date accessed 15 June 2015.

Bleyen, V.-A., Van Hove, L., and Hartmann, M. 2010. "Classifying payment instruments: A Matryoshka approach", *Communications & Strategies*, Vol. 1, No. 79, 73-94.

Bott, J., and Milkau, U. 2014. "Mobile wallets and current accounts: Friends or foes?", *Journal of Payments Strategy & Systems*, Vol. 8, No. 3, 289-299.

Cortet, M., and Lycklama, D. 2015. "PSD2 'Access to Account' (XS2A): Time to get real about banking API business strategies", *Innopay Blog, Payments Article*, 10.06. https://www.innopay.com/blog/psd2-access-to-account-xs2a-time-to-get-real-about-banking-api-business-strategies/ date accessed 30 June 2015.

Electronic Money Directive (EMD). Directive 2000/46/EC of the European Parliament and of the Council of 18 September 2000 on the taking up, pursuit of and prudential supervision of the business of electronic money institutions. In: Official Journal of the European Communities of 27 October, L 275.

Electronic Money Directive 2 (EMD2). Directive 2009/110/EC of the European Parliament and of the Council of 16 September 2009 on the taking up, pursuit and prudential supervision of the business of electronic money institutions amending Directives 2005/60/EC and 2006/48/EC and repealing Directive 2000/46/EC. In: Official Journal of the European Communities of 10 October, OJ L 267.

Euro Banking Association, Working Group on Electronic and Alternative Payments. 2015. "Opinion paper on Digital Customer Services Interface (DCSI)", Version 1.0, 11 May.

European Commission. 2012. "Green Paper: Towards an integrated European market for card, internet and mobile payments", 11 January, Brussels.

European Commission. 2013. "Impact assessment accompanying the proposal for revising the Payment Services Directive" http://eur-lex.europa.eu/legal-content/EN/TXT/?uri=CELEX:52013SC0288 date accessed 25 June 2015.

European Commission. 2015. "Communication from the Commission of 19 May 2010 to the European Parliament, the Council, the European Economic and Social Committee and the Committee of the Regions – A Digital Agenda for Europe [COM(2010) 245 final – Not published in the Official Journal]" https://ec.europa.eu/digital-agenda/en/our-goals/pillar-i-digital-single-market http://europa.eu/legislation_summaries/information_society/strategies/si0016_en.htm http://ec.europa.eu/priorities/digital-single-market/, date accessed 25

May 2015.
Górka, J. 2013. *Efektywność instrumentów płatniczych w Polsce (Efficiency of payment instruments in Poland)*, Warsaw: Publishing House of the Faculty of Management, University of Warsaw. http://jgorka.pl/wp-content/uploads/e-book-Efektywno%C5%9B%C4%87-instrument%C3%B3w-p%C5%82atnic-zych-w-Polsce-J.G%C3%B3rka-2013.pdf. DOI: 10.7172/978-83-63962-30-2.
Harasim, J. 2013. *Współczesny rynek płatności detalicznych – specyfika, regulacje, innowacje (Contemporary retail payments market – specificity, regulations and innovations)*. Katowice: Publishing House of the Economic University in Katowice.
Interchange Fee Regulation (IF/MIF Reg), Regulation (EU) 2015/751 of the European Parliament and of the Council of 29 April 2015 on interchange fees for card-based payment transactions, In: Official Journal of the European Union of 19 May, OJ L 123.
International Organization for Standardization (ISO). 2007. "ISO 13616-1, Part 1: Structure of the IBAN and ISO 13616-2, Part 2: Role and responsibilities of the Registration Authority", with later amendments.
King, B. 2013. *Bank 3.0: why banking is no longer somewhere you go, but something you do*. Singapore: Marshall Cavendish Business.
Krueger, M. 2002. E-money regulation in the EU. In Pringle, R., and Robinson, M. (eds), *E-Money and Payment Systems Review*, London: Central Banking, pp. 239–251.
Leinonen, H. 2015. "Regulatory interventions in retail payments – why? – when? – how?". Presentation, *IIIrd International Congress on Non-Cash Payments*, Warsaw, 18 March, http://en.kongresplatnosci.pl/#prezentacje date accessed 30 June 2015.
London Economics and *iff* in association with PaySys. (2013). "Study on the impact of Directive 2007/64/EC on payment services in the internal market and on the application of Regulation (EC) NO 924/2009 on cross-border payments in the Community", February, http://ec.europa.eu/finance/payments/docs/framework/130724_study-impact-psd_en.pdf date accessed 25 June 2015.
Mersch, Y. 2015. "Introductory speech", ECB and Suomen Pankki conference, *Getting the balance right: innovation, trust and regulation in retail payments*. Helsinki, 4 June, https://www.ecb.europa.eu/press/key/date/2015/html/sp150604.en.html date accessed 15 June 2015.
Narodowy Bank Polski (NBP). 2010. Ordinance No. 15/2010 of the President of Narodowy Bank Polski of 15 July 2010 on the method of numbering banks and bank accounts, NBP Official Journal No. 9/2010, item 9.
Narodowy Bank Polski (NBP). 2015. "Banks in Poland, register of bank codes – FAQs" http://www.nbp.pl/homen.aspx?f=/en/banki_w_polsce/ewidencja/pytania_odpowiedzi_en.html, date accessed 27 May 2015.
Nooteboom, E. 2014. "Taking the SEPA journey: From fragmentation to EU-wide payments". *Journal of Payments Strategy & Systems*, Vol. 8, No. 4, 339–342.
Payment Account Directive (PAD). Directive 2014/92/EU of the European Parliament and of the Council of 23 July 2014 on the comparability of fees

related to payment accounts, payment account switching and access to payment accounts with basic features. In: Official Journal of the European Union of 28 August, L 257/214.

Payment Services Directive (PSD). Directive 2007/64/EC of the European Parliament and of the Council of 13 November 2007 on payment services in the internal market amending Directives 97/7/EC, 2002/65/EC, 2005/60/EC and 2006/48/EC and repealing Directive 97/5/EC. In: Official Journal of the European Communities of 5 December, OJ L 319.

Payment Services Directive 2 (PSD2). Version adopted by the European Parliament for a Directive of the European Parliament and the Council on payment services in the internal market and amending Directives 2002/65/EC, 2013/36/EU and 2009/110/EC and repealing Directive 2007/64/EC COM(2013)547, 8 October 2015.

Polish Act on Payment Services of 19 August 2011. Dz.U. 2011 Nr 100 poz. 1175.

Polish Financial Supervision Authority (KNF). 2015. Register of Payment Institutions. Quarterly Information, www.knf.gov.pl, date accessed 27 June 2015.

Polski Komitet Normalizacyjny (PKN, Polish Standardisation Committee), Polish Norm PN-F-01102 on IBAN, Bankowość i pokrewne usługi finansowe. Numer rachunku bankowego (NRB). Elementy i zasady tworzenia. December 2012.

Pricewaterhouse Coopers(PwC). 2014. "Economic analysis of SEPA, benefits and opportunities ready to be unlocked by stakeholders", *Report*, 16 January.

Salmony, M. 2014. "The concept of an open standard interface for Controlled Access to Payment Services (CAPS). A commentary: Access to accounts – why banks should embrace an open future". *EPC Newsletter*, Issue 21, January.

Santamaria, J. 2014. "The emergence of new payment service providers and their impact on the regulatory and market environment". *Journal of Payments Strategy & Systems*, Vol. 8, No. 4, 407–414.

SEPA end-date Regulation. Regulation (EU) No. 260/2012 of the European Parliament and of the Council of 14 March 2012 establishing technical and business requirements for credit transfers and direct debits in euro and amending Regulation (EC) No. 924/2009. OJ L 94.

Settlement Finality Directive (SFD). Directive 2009/44/EC of the European Parliament and of the Council of 6 May 2009 amending Directive 98/26/EC on settlement finality in payment and securities settlement systems and Directive 2002/47/EC on financial collateral arrangements as regards linked systems and credit claims. In: Official Journal of the European Communities of 10 June, OJ L 146.

Skinner, C. 2014. *Digital bank: Strategies to launch or become a digital bank*, Singapore: Marshall Cavendish Business.

SWIFT. 2015. "SWIFT Directories Factsheet" http://www.swift.com/solutions/factsheet_downloads/SWIFT_Directories_factsheet.pdf, date accessed 25 June 2015.

Van Hove, L. 1999. "Electronic money and the network externalities theory:

lessons for real life". *Netnomics*, Vol. 1, No. 2, 137–171.

Van Hove, L. 2008. "On the war on cash and its spoils". *International Journal of Electronic Banking*, Vol. 1, 36–45.

VVA Europe. 2015. "Study on the impact of Directive 2009/110/EC on the taking up, pursuit and prudential supervision of the business of electronic money institutions". Presentation, *Payment Systems Expert Group meeting at the European Commission*, 28 April 2015.

Tirole, J. 2014. "Market failures and public policy", *Nobel Prize Lecture*, Stockholm University, 8 December.

7 移动支付：第二次浪潮

Malte Krueger

7.1 "移动支付"：一个尚未定义的概念

谈及移动支付（M-payments），很难给出一个恰当的定义，"移动支付"的定义仍然像以往一样不清晰，往往指的是非常不同类型的支付，唯一的共同点是在支付过程中使用了智能手机。手机可作为：

- 一个塑料体；
- 一个使用 SIM 卡的识别器；
- 一种通信通道；
- 一台计算机；
- 一个支付终端。

移动电话用于移动互联网的支付，用于 POS 的近距离支付和 P2P 支付。

因此，这类的支付有时被称为"手机支付"，有时也被称为"电子支付"。一个例子，一个人进入了互联网，在亚马逊网站上发起购买并选择直接借记进行支付：如果他使用笔记本电脑进行支付，交易将分为"电子支付"；如果使用智能手机支付，则为"移动支付"；如果是通过支持近场通信（NFC）在 POS 上使用信用卡支付，他选取的是"卡支付"；如果他使用连接到同一底层卡账户的 iPhone 进行支付，这也是"移动支付"。然而，那些装置在智能手机里的芯片卡属于什么呢？如果使用这样的设备进行交易，那么这笔交易是"移动支付"还是"卡支付"呢？

因此通常情况下，移动支付和其他类型的支付方式之间没有明显的界线。与此同时，许多被视为"移动支付"的支付类型差别都很大。一笔"移动支付"可以是从手机发起的信用转账、电子货币转账、通过移动互联网的支付，或者是 POS 上的支付（使用 NFC 技术或扫码支付技术）。可以说，它也可以是一种以手机作为支付终端的支付方式。移动支付这个术语的模糊性使人们很难对它给出一个概括性的概念。

7.2 第一次移动支付浪潮

当前，我们正在见证第二次移动支付的浪潮，而第一次浪潮大致与互联网浪潮并行。2000年互联网泡沫破灭也标志着许多移动支付计划的破产。在这之后的10年里，移动支付才逐渐恢复过来。今天，移动支付再次成为新闻头条并吸引了大量投资。研究移动支付的兴衰史有助于思考如何从过去的失败中吸取教训。

三个相关事件的发展驱动了第一次移动支付的繁荣：
- 移动电话的不断普及；
- 预期移动商务的扩张；
- 互联网繁荣。

首先，移动支付可以被用于移动商务、电子商务和现实物理世界中。在现实世界里，移动电话的拥有数量使其成为一个有前景的支付设备。2002年移动用户数量超过10亿大关，而且市场有信心也有理由最终实现移动支付的全面覆盖。基于移动电话的芯片卡数量已经超过了用于支付的芯片卡数量。EuroSmart称，2000年芯片卡行业分别向电信行业和银行业输送了3.7亿和1.2亿个微处理器卡[1]。尽管在世界上的一些地区几乎每个人都拥有配备芯片的手机，但一些调查者认为仍然需要一个单独的基于卡的电子钱包。

移动电话的普及也为移动电子商务未来的发展带来了巨大希望。事实上，该行业非常乐观。虽然移动电话主要用于语音流量，但短信息服务（SMS）的发展速度惊人，且运营商希望多媒体信息服务（MMS）会同样受欢迎。主要瓶颈在于移动网络的带宽有限。然而，从运营商对于3G牌照的巨额投入可以看出，移动运营商准备投入大量资金来改变这种状况。2000年，英国对3G拍照的竞拍达到了225亿英镑（383亿欧元）[2]，德国竞拍甚至达到了508亿欧元。互联网热潮使移动运营商更具价值，并使它们能够轻松筹集大笔新的资金，从而存在如此高的出价。毋庸置疑，互联网泡沫①的破裂也标志着许多移动支付项目的破产[3]，此后资金变得稀缺，许多项目被推迟或默默关闭。然而，正如随后的发展所显示的那样，其他因素也产生了作用。这些障碍使移动支付成为近10年来的利基产品。

---

① 互联网泡沫指1995—2001年的投机泡沫。——编者

移动互联网拥有巨大的发展空间，但在最初移动运营商无法实现。数据传输速度慢，设备太原始。WAP①的第一次推出（还记得吗？）完全是一场灾难，甚至后来的事态发展也没能激起人们的关注。因此，移动支付没有在POS上实现，在移动互联网上仍然没有市场。尽管进行了各种宣传，但这项技术还没有准备好为客户提供令人印象深刻的体验。事后看来，我们可以说，手机还不足以取代个人计算机和笔记本计算机成为处理各种内容的平台。除此之外，带宽仍是问题。

同样，使用移动电话进行POS支付既麻烦又缓慢，无法说服潜在用户使用。非接触式已经不是问题了。以Paybox为例，Paybox成立于1999年，由德意志银行（Deutsche Bank）持股50%，在欧洲的五个市场推出了一项大规模宣传的移动支付服务。它可以在基于互联的POS上使用，也可以用于P2P支付。然而，用户（消费者和商户）的数量仍然有限。对此，查看一次Paybox在POS机的交易流程时：

（1）消费者向商户提供他的手机号码（或Paybox号码）；
（2）商户将付款的数量和金额转移到Paybox；
（3）Paybox通过手机拨打电话联系顾客，并报出金额和商户；
（4）消费者使用Paybox PIN授权付款并确认。

很棒吧！但不知何故，用户并不买账，当互联网热潮爆发时，德意志银行取消了这一项目。2000年以来发生了许多变化，从技术的角度来看，移动支付的未来现在看起来比10年前更加光明。

第一次移动支付浪潮的唯一的幸存并持续蓬勃发展的模式是运营商计费。对于可以直接在手机上下载的铃声和其他数字商品的付费购买已经取得了巨大的成功。最重要的客户往往是没有银行账户或信用卡的年轻人。因此，运营商计费是他们唯一的付款方式。这项计费服务为移动运营商带来了巨大成功，预计未来计费量将继续保持良好的增长（Hernandez，2014）。移动支付业务这方面在某种程度上仍然有些"默默无闻"，其他相关企业受到更多关注。然而，移动运营商在移动支付领域进行的尝试都远没那么成功。最后，互联网泡沫的破裂降低了人们对新项目的兴趣，整个移动支付的话题也不再引起公众的注意。

---

① WAP：无线应用协议、一项全球性的网络通信协议。——编者

7.3 第二次移动支付的浪潮：技术

7.3.1 NFC 的发展

很长一段时间以来，使用近场通信（NFC）的非接触式支付一直是个大问题。非接触式不仅引发了银行卡最终赢得"现金战争"的希望，同时它也是第二次支付浪潮的驱动因素之一[4]。原因是显而易见的：首先，支付应用可以被存储在移动电话里；其次，越来越多的手机配备了近场通信技术。因此，智能手机可以执行与银行卡相同的功能。此外，手机还可以提供其他功能，特别是配备有必要软件（App）的智能手机可以实现用户执行余额查询、查看交易数据等与卡的交互性操作。

到目前为止，由于缺乏非接触式接受点，移动支付的实施受到很大的限制。随着近场通信终端的普及，这一难题正逐步被解决。尽管近场通信终端的可用性有限，但在美国，ApplePay迄今为止取得了巨大的成功（见下文）。然而，人们不应该忘记近场通信也使卡支付变得更快更方便，并且将应用于近场通信终端的可能仍然主要是卡而非移动电话（Judt 和 Viola，2013）。

目前近场通信是在非接触式支付领域使用最广泛的技术。然而，还有蓝牙和二维码等其他技术可以借助移动电话的相机或使用磁性安全传输（Magnetic Secure Transmission，MST）技术的附加设备进行传输，这种技术允许手机与老代终端进行通信（见 www.looppay.com）。

7.3.2 主机卡仿真

近场通信技术的普及加大推动了移动 POS（mPOS）的发展，但仍然存在一些障碍。标准移动 POS 基本上模仿了银行卡。它们不是将支付数据存储在芯片卡上，而是存储在手机内的安全元件（Secure Element，SE）上。这可以是 SIM 卡（模式一）、手机的嵌入式 SE（模式二）或微型 SD 卡（模式三）。模式一要求银行与移动网络运营商（Mobile Network Operators，MNOs）合作，这在 21 世纪初是一个容易发生冲突的问题，今天也如此。此外，由于银行的客户使用不同运营商的移动网络，一个银行必须能够处理特定国家或地区的所有移动网络运营商客户的支付业务。模式二目前在与 Apple 的合作中使用。这种模式似乎运作良好，但对银行来说是有代价的。模式三成本很高，因为银行必须向客户提供银行卡，这意味着微型 SD 卡会产生额外成本和安全交付风险。

主机卡模拟（Host Card Emulation，HCE）解决了这些问题[5]。随着具有 NFC 接口功能的智能手机可以直接连接到手机的操作系统（Operating System，OS），主机卡模拟可以通过"将 SE 放到云端"来替代在手机中加入 SE。2014 年版 Android 系统（Android KitKat 4.4）实现了该功能。手机用户可以下载一个支付应用程序，该应用程序将存储支付凭证并管理与非接触终端的通信。对于支付终端而言，手机看起来就像一张非接触式智能卡。

显然，在安全元件中存储凭证比存储在手机的无保护内存中更安全。永久性支付凭证在手机内存中不够安全。因此，主机卡模拟需要调整安全架构，这有可能使用代币（token）实现。为了能在电话离线的情况下进行交易，必须在交易前在手机上存储新的代币。

Visa 和 MasterCard 这两个卡组织都强烈支持代币化（tokenisation）。因此，这两个卡组织快速实现了对主机卡模拟技术的支持，这一事实并不令人意外[6]。虽然主机卡模拟可能是削减移动网络运营商的一种方式，但它涉及一个新的可能也很难对付的参与者，即移动操作系统的提供商，特别是安卓操作系统的提供商谷歌。安卓操作系统主要是免费和开源的，尽管如此，谷歌仍然是一个强大的参与者，它拥有丰富的资源和在支付领域的野心。主机卡模拟将使卡行业减少对移动网络运营商的依赖，但也会使它更依赖于移动操作系统的提供商。此外，谷歌、亚马逊和 PayPal 等作为电子钱包提供商的地位可能得到提升。

由于主机卡模拟在用户体验方面可能有其缺点，主机卡模拟在 POS 上的成功不能被视为理所当然。因为永久支付凭证无法安全地存储在手机上，所以只有在事先存储了代币的情况下才能进行付款。因此，每当连接出现问题时都可能导致支付暂时无法进行。此外，即使安卓系统是当前操作系统市场的领导者，市场的完全覆盖也需要其他移动操作系统提供商参与其中。因此，主机卡模拟必须与不同的操作系统配套工作，而且每个操作系统都可能在市场上出现各种版本。对用户来说，确保操作系统使用的稳定和方便是一个相当大的挑战。

在欧洲，集线器的可信服务管理器（Trusted Service Managers，TSM）的出现可能使移动网络运营商和银行之间更容易合作。在波兰，由 MasterCard 运营的支付清算机构 Trevica（http：//www.trevica.pl/）允许银行将支付应用程序上传到不同移动网络运营商的手机上。该模式目前已经发展到其他欧洲国家（见 MasterCard，2014b）。因此，基于 SIM 的方式也在进步。

如果使用上快速方便，非接触式将取得成功，基于主机卡模拟的移动支付将能够实现。但考虑到所涉及过程的复杂性，人们不禁怀疑，这种模型是否适合"点击"（tap）或"扫过"（wave）等简单途径进行支付。最终，非接触式移动支付的成功模式可能是开发出一种可以嵌在手机背面的缩小尺寸的塑料卡。[7]

7.3.3 智能手机的普及和移动互联网的兴起

现有的支付系统发展到让人惊叹的程度，满足了电子商务的支付需求。在某些情况下，现有支付系统（纸质支票、现金、信用转账）是在没有任何更改的情况下使用的；在其他情况下有较小的变动（信用卡或无签名借记卡）。最后，还有更复杂的适应互联网的情况（通过 Visa、SecureCode 和综合在线信用转账）。现有支付系统的强劲表现使新的创新者很难进入市场。

在移动商务领域也可能发生同样的情况，毕竟它的支付环境与电子支付环境没有太大差别。尽管如此，移动钱包的发展已经得到了很大的推动，这些钱包用于存储各种支付凭证以及优惠券、机票等。事实上，有如此多的优惠，以至于出现了"钱包战争"（War of the Wallets）（Seyedi，2015）。

现在预测结果还为时尚早。然而，我们需关注的是在电子支付领域已经存在一家供应商获得了很大的市场份额——Paypal。看看德国的移动支付市场数据，PayPal 可能在移动支付领域中复制这种成功。

7.4 第二次移动支付浪潮：一些成功案例

7.4.1 M – Pesa

将 M – Pesa 纳入第二波浪潮并非完全合适。在某种程度上，M – Pesa 以及类似模式在非洲出现是它们自身的发展。然而，在第一次移动支付浪潮爆发之后，M – Pesa 一直被用作展示和其他市场的基准。特别是以欧洲为代表的工业化国家的政策制定者，将 M – Pesa 作为支付系统存在差距，并且需要采取措施促进移动支付的证明。

那么 M – Pesa 作为移动运营商沃达夫（Vodafone）和非洲移动运营商萨法瑞康（Safaricom）的一个合资企业，到底是做什么的呢？主要可以归纳为两个方面：其一，在一个大多数人没有银行账户的国家，M – Pesa 的使用数量一直上升；其二，M – Pesa 的成功不仅基于移动支付技术，还基于允许客户将现金转换为移电子货币的代理商网络商（反之亦然）。

在某种程度上，M – Pesa 已将预付型移动账户转换为基本的银行账户。最重要的是,它为无银行账户的用户提供了执行信用转账等功能的服务。M-Pesa 于 2007 年在肯尼亚成立,随后扩展到坦桑尼亚(2008 年)、斐济(2010 年)、南非(2010 年)、刚果(2012 年)、印度(2013 年)、莫桑比克(2013 年)、埃及(2013 年)、莱索托(2013 年)和罗马尼亚(2014 年)。

肯尼亚是 M-Pesa 的展示地。萨法瑞康是沃达夫在肯尼亚的合作伙伴,前者有近20%的收入来自 M-Pesa。M-Pesa 有 1900 万客户,其中每月有 1300 万活跃客户。该服务由 81025 名代理人员网络提供。此外,M-Pesa 还有 122000 名注册商户,其中 20% 在 2014 年经常使用 M-Pesa(Safaricom,2015,p.10,42)。

毫无疑问,M-Pesa 正在为其用户提供非常有用的服务。经常被忽视的是,M-Pesa 能够运作仅仅是因为有一个大型代理网络允许用户将现金转换为 M-Pesa 电子货币,反之亦然。因此,像 M-Pesa 这样的系统可以使像肯尼亚这样的国家直接进入无现金支付世界的观点只有 50% 是正确的。M-Pesa 的主要优点是可以使用户便捷地收付款,如图 7.1 所示,从城市到地方行政区和农村地区的净转移量很大。

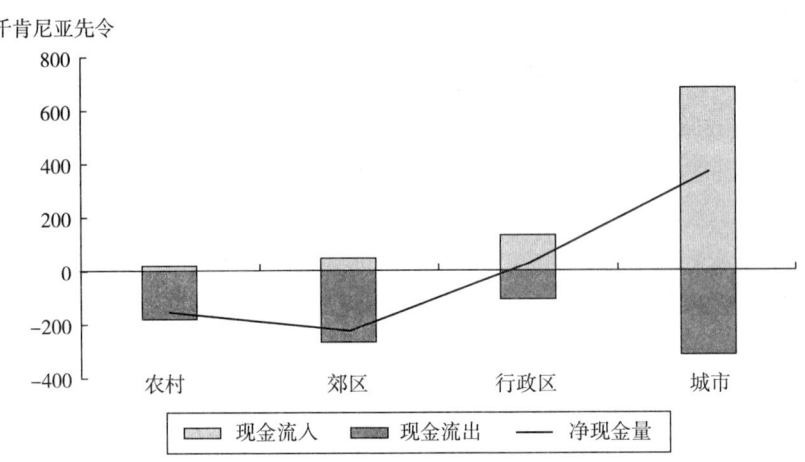

图 7.1　肯尼亚客户交易日均金额

[资料来源:Eijkman 等人(2010,p.236)]

为实现这一点,企业批发业务必须有相应的现金流,由大型代理商或提供代理服务的银行将把现金运到农村地区。

同时,M-Pesa 不仅提供移动 P2P 和移动 POS 支付服务,还涉足其他通常由银行提供的支付服务:"为可口可乐、联合利华、东非酿酒有限公司、英美烟草、国家媒体、标准集团等公司提供薪资支付、公用事业付款、通话时间购买

和无现金配送等服务。"（Safaricom，2014，p. 42）

在银行系统发达的市场，资金转移、提供现金和接受现金存款的服务由银行系统提供。况且，银行的表现相当不错，似乎没有多少新空间留给新竞争者。因此，像肯尼亚这样的国家"领先"于移动支付，而欧盟等其他地区必须"迎头赶上"的观点也是完全错误的。相反，M – Pesa 展示了移动电话、手机用户的预付账户以及最初为销售通话话费而建立的代理网络如何用于创建一个基本的银行系统，为以前没有银行账户的人提供巨大的利益。

7.4.2 Apple

手机和近场通信技术的结合已是很多年的话题了。但这个话题真正开始于 2014 年 10 月 Apple 在美国推出 ApplePay（Apple，2014）。ApplePay 允许用户在 POS 上进行非接触式支付，适用于 iPhone 6 和 Apple Watch。此外，它还与 iPhone 5、iPhone 5c 和 iPhone 5s 兼容。

ApplePay 依靠近场通信天线和安全嵌入式芯片（secure element，SE）。它的 Passbook 软件允许用户将多张支付卡与会员卡、登机牌、优惠券等一起存储在安全元件上。当用户使用 iPhone 时，可以依靠 Apple 的 Touch ID 进行身份验证，而该安全功能在使用 Apple Watch 时不可用，用户只需双击即可。

与其他方案一样，ApplePay 试图在实体 POS 上替换银行卡，但 Apple 不会参与支付流程，也不会跟踪客户交易，因此它目前更像是技术服务提供商。然而，值得注意的是，Apple 并不是简单地参与其中。相反，它采取了长远坚定的步骤，与主要的银行卡组织——美国运通、MasterCard 和 Visa 以及美国大多数大型银行卡发卡机构（包括美国银行、第一资本银行、大通银行、花旗银行和富国银行）合作。

Apple 此举被称为"收银机新时代"（Isaac，2014）。但到底会发生什么变化呢？如果 Apple（以及其他竞争者）获得成功，智能手机将在一定程度上取代银行卡。但这并不意味着大型四方模式银行卡的传统参与者也将被取代。目前，Apple 还依靠这些参与者提供支付服务。Apple 本身也提供了一个包含基于卡凭证的可用于支付的钱包。与 PayPal 不同，Apple 没有参与到支付流程中，Apple 不提供电子货币或支付账户。从这个意义上说，Apple 钱包更像是一个"容器"，而 PayPal 钱包则包含 PayPal 品牌的支付服务。从商业角度来看，这很重要，这种模式下 Apple 还没有对金融机构构成威胁。

然而，存在一个障碍。若新闻报道可信，Apple 会为其提供的"集成式服务"（或"钱包服务"）收取 0.15% 的高额费用（Fiveash，2014）。仅从苹果能够谈判出如此高的费用,就已经显示出它相对于银行的强势地位。如果ApplePay取得成功,并且有相当大一部分消费者会使用ApplePay,那么作为门槛的Apple服务将会更有价值,银行将越来越依赖Apple。到目前为止,银行一直试图避免处于这种依赖地位。在以前,这一直是移动运营商和银行之间联合项目的重要基石,银行对于在运营商控制的SIM卡安装支付应用程序而犹豫不决。特别是他们不喜欢为使用SIM卡向运营商付费的想法。现在,这成为它们最终与Apple商定的模式,也许在未来与谷歌也会有有类似的交易[8]。但是,银行与这两大巨头合作,会不会与运营商合作更愉快、更不会形成依赖呢?

现在预测ApplePay的表现还为时尚早,但目前的表现似乎前景广阔。市场研究发现,在美国ApplePay已经成为超过PayPal的移动支付工具(451 Research,2015)。然而,大部分将取决于美国EMV(Europay、MasterCard和Visa技术标准)的成功实施,随着新的芯片卡终端的安装,近场通信技术功能可能得到广泛应用[9]。

根据Paypers(2015)的研究,截至2015年初春,ApplePay发展了70万个配备近场通信技术的商户终端。即使数字听起来令人印象深刻,但这种成功并非已成定局。大型银行卡支付处理商和收单机构First Data在美国为390万个商户提供服务,所以70万个商户终端的数目还是相对较小的。因此,通过手机替代银行卡似乎还有很长的路要走。更糟糕的是,尽管Apple产品通常具有用户友好性,但用户可能因缺乏移动支付接受点而感到不满,并最终不愿使用移动支付。

ApplePay预计也将在其他国家推出。看看欧洲,Apple可能面临更大的困难。尽管欧洲部分地区在EMV实施方面领先于美国,但监管可能成为一个障碍。首先,欧盟刚刚通过了一项交换费的规定,规定信用卡交易的费率最高为0.3%。鉴于如此低的费率,欧洲银行似乎不太可能准备提供与美国银行相同的0.15%的交易费[10]。因此,问题在于Apple是否愿意接受大幅降低的价格,否则它不得不说服商户(低交换费的受益者)让利。

此外,欧盟还将更加严格地管理支付服务提供商。新的《支付服务指令Ⅱ》引入了"支付发起"作为一项未来将受到监管的服务[11]。在起草《支付服务指令Ⅱ》时,监管机构已考虑到允许付款人发起信用转账并立即向商户发送确认的服务,即所谓的"基于在线银行的电子支付"解决方案(Online Banking based e-Payment,OBeP)。但是,Apple提供了另一项与ApplePay非常相似的服务。Apple帮助持卡人访问其银行卡账户并发起支付交易。该卡的发行人甚至可以依靠Apple来验证卡账户的所有者身份。对于Apple而言,获得支付机构许可证可能是公司的一个阻碍。

除了监管之外，另一个可能使 Apple 更难以从其他市场参与者那里获取费用的重要因素是 Apple 手机在欧洲的市场份额较低，因为安卓系统才是欧洲市场领头羊。

Apple 基本上将部分 Apple 用户作为潜在的移动支付客户（见图 7.2 中的阴影区域）。那银行可以获得什么？它们为客户提供额外服务，能够更容易留住现有客户并获得新客户。与 Apple 合作可以减少所需的投资并从 Apple 强大的品牌中获利。如上所述，这是有代价的，发行银行向 Apple 支付交易费，它们将会更依赖 Apple。

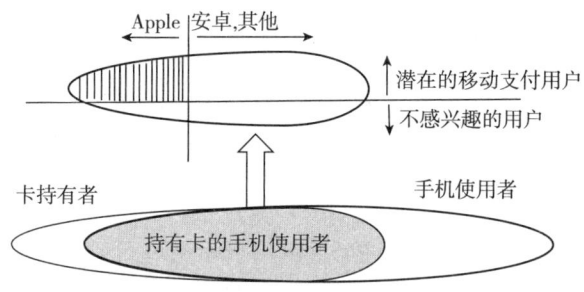

图 7.2　Apple 向发卡机构提供的服务

与此同时，谷歌表示它不愿意将移动支付领域留给 Apple。谷歌已经收购了美国移动运营商的支付合资公司 Softcard，并宣布将提供基于安卓系统的类似于 ApplePay 的解决方案——"Android Pay"（Paypers，2015）。

总的来说，人们可能想知道是什么促使 Apple 进入支付领域。从某种程度上说，进军支付领域让人回想起苹果公司通过 iTunes 销售音乐的大胆举动。当 Apple 启动其 iTunes 服务时，它也只有有限的客户群可供销售。尽管如此，它仍然能够从音乐产业中获得有利条件，Apple 能够以合理的价格和优秀的易用性提供合法的音乐下载，余下的就众所周知了。Apple 冒险销售应用程序，成为全球最昂贵的品牌。神奇的效果同样会在支付领域起作用吗？答案可能不会。原因很简单，支付行业在自己的专业领域比音乐行业做得更好。尽管经常有不好的指控，但支付领域没有出现巨大的缺口，银行卡（和现金）在 POS 机上运行良好，并且它们变得越来越方便。实际上，Apple 正在涉足该行业目前将转向的非接触式领域。

但无论 ApplePay 的未来如何，它的发展一直都很有前景，并且它向世人展示了一个有决心的玩家将如何改变局面。

7.4.3 Square

与 15 年前一样，手机主要作为一种消费设备，并相应地被视为银行卡的潜在替代品。很少有人注意到收单市场的发展。移动电话越来越多地用作 POS 支付的低成本支付终端。最著名的案例是美国公司 Square。但是，使用智能手机作为支付终端的想法也被其他参与者采用，包括一些老牌的收单企业或新兴企业。在某些情况下，使用智能手机作为支付终端甚至不需要额外的硬件。除了手机和承兑合同外，商户只需下载一个支付应用程序。但通常情况下，与 Square 一样，手机通过连接到读卡器就可以转换成简单形式的 POS 终端。在美国，基于附带读卡器的手机被作为移动终端（m-terminal）的商业模式已经取得了令人瞩目的成效（PaySys Consultancy，2011）。作为这一模式的先驱，是美国支付服务提供商 Square，正在为 300 万名用户（个人和企业）提供服务（见 www.squareup.com）。截至 2012 年 8 月，Square 甚至获得了美国星巴克 7000 家门店的支付渠道。目前，该公司处理的交易金额达到 100 亿美元，最近的一次融资活动对 Square 的估值接近 33 亿美元（Guynn，2013）。

与 PayPal 一样，Square 也是成功使用子收单模式的另一个例子。Square 允许商户在不与收单机构签订明确合同的情况下接受信用卡。只有在某些特定条件下，商户才必须与 Square 合作的收单机构（Paymentech）建立合同关系。

在欧洲，Square 商业模式已被 Adyen、iZettel、SumUp、Payleven 和 Streetpay 等多家公司复制，这些公司正在迅速扩张并在国际上活跃起来。除了这些创业公司之外，已成立的支付服务提供商还提供可通过智能手机接受卡支付的应用程序（仅举几例：德国的 B + S、ConCardis 和 TeleCash；西班牙的 Euro6000）。

现在下任何结论都为时过早。目前的发展表明，移动支付可能在一个几乎没有引起过注意的细分市场打开巨大的商业前景：市场的商户端。如果商户不用购买昂贵的终端，且可以自己进行软件更新，那么受理银行卡的成本就会降低很多。因此，潜在的银行卡接受者的范围比以前就要大得多。对于商户、持卡人、卡组织和发卡机构来说这都是个好消息。对于收单市场的支付服务提供商，这一影响可能不那么有利。租赁和服务终端可能成为一个不断萎缩的业务部门。但是，仍有一些重要问题需要解决。

首先且最重要的是安全问题。支付终端是复杂的硬件和软件，并不便宜，但有一个很好的优势就是安全。我们都知道，像 PC 这样能够运行新程序的智能设备是非常方便的，但我们也知道便利是需要付出代价的。智能机器可能被入侵,并做我们不希望它们做的事情。手机越智能、支付次数越多,它们被恶性病毒感染的可能性就越大。鉴于这种威胁,智能手机是否会成为小额支付以外的支付终端还有待观察。

Square 商业模式是否能一比一地在欧洲实施,目前仍没有定论。欧洲是一个 EMV 地区,因此银行卡交易往往是芯片和秘密。此外,如果可以在任何智能手机上输入敏感的支付数据,EMV 将不会在安全方面提供任何好处。因此,Visa 坚持认为读卡器需要配备安全的键盘来输入密码就不足为奇了。

带有安全密码键盘的芯片卡读卡器听起来不像是一个便宜的解决方案。但 Square、iZettle 和其他公司似乎已经找到了提供具有芯片功能的廉价终端的方法。因此,即使在 EMV 国家,该模式也可能快速发展。

与此同时,Square 已进入另一个传统银行业领域——信贷领域(Square, 2015)。获取支付数据似乎使 Square 能够以具有竞争力的价格为其客户提供信贷。如果这一模式是成功的,银行应该开始感到受到威胁了。

7.5 移动 P2P(mP2P)

M – Pesa 已经证明 mP2P 可能取得巨大成功。然而,M – Pesa 是在一个银行服务不发达的环境中发展,mP2P 能否在发达国家获得同样的成功还有待观察。

目前,这个领域似乎有强大的推动力。新公司正在快速扩张,并建立了专门的客户群。特别是美国新贵 Venmo 就处于领先地位。它已被 PayPal 接管,PayPal 在电子支付领域有着久经考验的发展经验。过去,PayPal 已成功实现了电子支付钱包,并将电子邮件地址转换为一种银行账号。PayPal 不仅拥有庞大的消费者客户群,还拥有庞大的商户群。PayPal 已经证明自己有能力根据移动商务的需求调整其系统。随着智能手机的兴起和近场通信技术的日益普及,PayPal 似乎也能够转向"真正的"POS,将手机号码转换为一种银行账号。

mP2P 也可能从安装实时银行转账中获利。这类系统,如英国的 FasterPay 或波兰的 Express Elixir 和 Blue Cash(Górka, 2015)允许银行账户所有者向其他账户进行"实时"转账[12]。如果这种系统广泛实施,将使提供商停止使用如信用等昂贵的资金方式。一方面,实时信用转账可以被视为 Venmo 等类似的 mP2P 支付服务提供商的直接竞争对手。如果可以通过手机银行应用程序启动实时银行转账,为什么要使用 Venmo 这样的中间商?然而,另一方面,考虑到易用性以及 PayPal 用户的买方保护等其他服务,mP2P 提供商实际上可能从实时信用转账中受益。

但是，也有一些问题需要克服。首先是安全问题，最近有人抱怨像 Venmo 这样的系统在安全性方面存在弱点。这类问题应该被严肃对待，并最终有可能解决。但是，从长远来看，另一个问题可能更严重，即无法识别商业活动。除非通过信用卡提供资金，否则 Venmo 支付目前只能是免费的。关键问题是未来是否可以让用户付费，目前市场观察人士对此表示怀疑。因此，这样的 mP2P 系统需要找到如广告之类的其他收入来源，或者它们需要切换到更传统的模式区分商户和消费者，并且向商户提供的服务收费。

7.6 移动运营商被边缘化？

移动运营商在移动支付领域已经进行了近 20 年的尝试。它们推出了试点，组建（和解散）联盟，也与银行合作并游说了监管机构。总而言之，移动运营商在这个领域已经投入了大量资金并引起了大量的管理层的关注，但成果有限。可以肯定的是，他们确实取得了一些成果，比如对手机铃声进行计费等。在银行系统运转不好的国家，移动运营商已经能够成功地实施移动支付计划，如 M-Pesa，为没有银行账户的用户提供一些基本的银行服务。[13]

但除此之外，就似乎没有什么成就了。在美国，AT&T、T-Mobile 和 Verizon 组建了一家合资企业（"Softcard"，以前称为"ISIS"，后来重新命名），以实施一种联合的移动支付方式。然而，谷歌在 2015 年收购了 Softcard，Softcard 的支付应用程序已整合到谷歌钱包中，从而退出移动运营商行列。再举一个例子，在德国，Mpass 于 2008 年成立，是 O2 和沃达夫的合资企业，随后 Telekom 也加入了 Mpass。但是后来发展受到限制，目前只有 O2 和随附信用卡的发卡行 Wirecard 银行在积极推广该系统。德国运营商不屈不挠地再次启动了一个新项目 "NFC City Berlin"。

在英国，EE[①]、Vodafone 和 O2 组建了一家合资企业，推出了一款手机钱包。然而，在竞争对手投诉后，欧盟委员会启动了一项深入调查并推迟了该项目。

最后，人们不禁要问，为什么移动运营商想涉足支付领域。支付是一项需要用户信任的服务，然而在这方面，德国、奥地利和瑞士进行的调查显示电信公司一直排在最后（见表 7.1）。

---

① EE：Everything Everywhere、英国移动运营商。

表 7.1　　　　　调查结果：您在互联网上信任哪些支付服务提供商？

	德国	奥地利	瑞士
银行	61.30%	69.40%	56.50%
成立的 PSP	56.70%	47.30%	49.80%
支付卡公司	36.80%	58.60%	63.50%
购物平台的提供商	43.30%	46.20%	39.60%
电信公司	20.80%	20.10%	17.70%
互联网服务供应商	10%	5.30%	16.00%
没有偏好	10.10%	6.30%	10.80%

资料来源：Klees 等人（2013，p.60）。

如果客户群相对稳定或许会有所帮助。但是众所周知，手机客户经常更换提供商。（也许客户流失是一个大问题，电信公司希望使用支付手段来减少客户流失？）

付款需要风险管理。电信公司也必须实施一些风险管理措施，但这不太可能具有支付所需要的质量。支付日益地成为一种合规业务，电信公司是否希望深入地参与其中？而支付最终不是其核心业务。支付业务很复杂，需要大量的关注和投入，很容易给公司带来坏的消息。总而言之，目前尚不清楚为什么电信公司在支付领域继续努力。

也许移动运营商最好专注于向客户账户收取的数字商品的利基市场（利基市场可不小！）。这种类型的运营商计费功能良好，预计未来也会表现良好。

7.7　欧洲的政策

正如上面讨论的案例所示，当将移动支付方案引入市场时，单个参与者都可以非常成功。他们使用标准化的基础架构，根据客户的需求定制产品，并在产品开发和发展过程中对产品进行更改和改进。这种方法可能需要很长时间才能覆盖整个市场。但快速占领市场而不与其他市场参与者协调，产品就可以相当快地推陈出新，使用这种做法的案例有 M-Pesa、Square 和 Apple 等公司。

欧洲政策制定者所青睐的方法似乎不同。他们希望事先协调以确保新产品进入整个欧洲市场。欧盟政治方针的重要内容可以在欧洲议会（European Parliament，2012）的一项决议中找到，该决议的基础是欧盟委员会关于"欧洲市场卡支付、互联网支付和移动支付"的绿皮书（European Commission，2011）。欧洲议会希望获得全欧盟的认可：

因此，欧洲议会……认为所有国家的银行卡、移动电话和互联网支付方案都应加入或转变为一个符合泛欧的单一欧元支付区的方案，以便所有银行卡、移动电话和互联网支付都可以在单一欧元支付区的任何地方被接受，并且委员会应给出一个必要过渡期的建议。（European Parliament，2012，R6）

此外，欧洲议会强调标准和协调实施工作的重要性（European Parliament，2012，R18）[14]。就标准的制定而言，欧洲议会当然希望使用良好的治理模式，并且所有利益相关者都有发言权。因此，欧洲议会要求欧盟委员会"提出一个更好的单一欧元支付区的治理方案……并允许独立组织制定技术和安全标准，以支持相关立法的实施；要求在进一步制订支付计划的共同技术和安全标准时更全面地代表和平衡所有利益相关者"（European Parliament，2012，R28）。

显然，在支付领域安全性很重要。因此，欧洲议会对于安全标准也有自己的看法。特别是，它希望有一个"共同的管理机构来制定要求"（European Parliament，2012，R54）。

为了符合欧洲议会的要求（主要基于委员会自己的想法），欧盟委员会制订了"2015年信息和通信技术（ICT）标准化滚动计划"（European Commission，2015）。在这项"滚动计划"中，欧盟委员会呼吁加强标准化和互操作性：

由于缺乏跨境标准化和可互操作的技术解决方案，欧盟移动支付一体化系统的发展受到阻碍。缺乏共享标准、标准化差距以及不同市场参与者之间缺乏互操作性，推迟了这种创新的支付方式在大众市场上的应用（European Commission，2015，p. 56）。

但到目前为止，欧盟委员会并没有提出任何具体步骤：

欧盟委员会目前还没有制定具体立法的计划，因为这需要一个更为成熟的市场。然而，他将继续与相关方和ESOs进行讨论和合作，一旦确定市场差距和需求后，将立即启动/支持适当的标准化举措。DG GROW将继续致力于移动支付市场的蓝图规划工作（European Commission，2015，p. 56）。

尽管欧洲政策制定者倾向于采取协调一致的方式，但他们一直对合作持怀疑态度，对反垄断的问题常常进行的调查耗费了市场参与者宝贵的时间。

在第一轮移动支付浪潮期中，监管机构急于阻止新兴移动支付市场中出现任何强势地位。例如，当西班牙毕尔巴鄂比斯开银行（BBVA）在2000年与西班牙电信（Telefonica Moviles）联合推出移动支付计划（Movilpago）时，西班牙竞争监管机构立即对其进行了严格审查（Krueger，2001）。反托拉斯当局要求允许其他银行和电信公司参与。显然，这减慢了整个项目的进度，然后移动支付的浪潮暴发，围绕移动支付市场一切环境变得更加困难。

最近，"奥斯卡项目"（Project Oscar）——一个由 EE、Orange 和沃达夫合资组建的企业，也发生了同样的事情。它受到了欧盟委员会的"深入调查"（European Commission，2012a，2012b）。最终这个合资企业获得了批准，但参与者也因此失去了宝贵的时间，此后一直在寻求其他合作机会（Meyer，2012）。

反垄断并不是唯一存在的问题。政策制定者还在制定支付服务提供商实施需要的更加详细的安全措施。在电子支付领域，欧洲银行业管理局发布了具有约束性的安全指南（EBA，2014）。这些措施可能在即将达成一致的《支付服务指令Ⅱ》中找到一个立法基础。欧洲中央银行已经为移动支付提出了几乎相同的指南（ECB，2014）。如果这些安全指南得以颁布，那么可能成为新的移动支付企业的沉重负担。

7.8 总结

移动电话在未来支付领域的角色仍不能确定，但互联网将越来越多地通过移动设备接入。然而，目前尚不清楚这是否需要全新的支付工具。移动电话可能在 POS 上扮演更重要的角色。尽管如此，仍然无法确定它将在多大程度上取代银行卡。

就政策而言，标准确实很重要。然而，欧洲委员会希望事前与所有利益相关者寻找合作解决方案的方法必然只是一幅停滞不前的蓝图。当前的创新建立在通用支付协议、近场通信技术等标准上。然而，在产品领域，涵盖服务提供商与消费者或商户之间的关系的专有解决方案似乎更能成功。这是一种以市场为基础的"试错法"，而不是试图解决数十个参与方之间的所有问题。不幸的是，目前的欧洲监管方式似乎完全不同。

注释

1. 参见欧洲智能市场 2004—1999 年数据（http：//www.eurosmart.com/images/doc/WorkingGroups/MkttechnoWG/eurosmart‐figures‐archives.pdf）。

2. 参见 National Audit Office（2001）。

3. Krueger（2001，p.8）提供了 2001 年存在的移动支付方案（非详尽的）清单，几乎所有这些都消失了。

4. 第一次浪潮的兴衰大致与互联网的繁荣和萧条并行，见 Krueger（2001）。

5. 更多关于 HCE 的信息可以在安卓网站上（https：//developer.android.com/guide/topics/connectivity/nfc/hce.html）和 Consult Hyperion（2014）中找到。

6. 见 Visa（2014）和 MasterCard（2014）新闻稿。

7. 但是说实话，在写这部分的时候，本文的作者（德国籍）仍然在等待一个实施非接触式卡支付的机会。

8. 谷歌的操作系统安卓是一个比 iOS 更开放的系统。从银行的角度来看，这是一个优势。

9. EMV 和 NFC 之间没有必要的联系，但是新芯片驱动终端的安装可能很大程度上提升 NFC 功能。

10. ApplePay 的商业协议条款似乎也是 Apple 与加拿大银行谈判中的一个问题，见 Trichur 和 Wakabayashi（2015）。

11. "支付发起服务"是指应支付服务用户的请求，向另一支付服务提供商的支付账户发起支付指令的服务，见《支付服务指令Ⅱ》第 4（32）条（2014 年 12 月 1 日版本），另见 PaySys Consultancy（2015）。

12. Salmony（2015）讨论了泛欧 P2P 移动支付系统的潜力。

13. 令人费解的是，为什么发达国家的政策制定者认为发达国家迫切需要一个 M–Pesa 型的移动支付体系。

14. 然而，与此同时，欧洲议会也不希望欧盟委员会强制执行标准："鉴于电子和移动支付市场发展的快速增长但目前还不成熟，在这些关键领域实施强制性标准以加强欧洲单一数字化市场，将会给创新、竞争和市场增长带来负面影响。"（European ParPiament，2012，R21）

参考文献

451 Research. 2015. "Apple Pay outperforming PayPal in mobile payments, according to new 451 Research survey", New York, April 21.

Apple Inc. 2014. "Apple announces Apple Pay", Press release. (https://www.apple.com/pr/library/2014/09/09Apple-Announces-Apple-Pay.html)

Consult Hyperion. 2014. "HCE and SIM Secure Element: It's not black and white", Discussion Paper, June 2014 (http://www.chyp.com/assets/uploads/Documents/2014/06/HCE_and_SIM_Secure_Element.pdf).

Eijkman, Frederik, Jake Kendall, and Ignacio Mas. 2010. "Bridges to cash: The retail end of M-PESA. The challenge of maintaining liquidity for M-PESA Agent Networks", *Savings and Development*, No. 2, 219–252.

European Banking Authority (EBA). 2014. "Final guidelines on the security of Internet payments", EBA/GL/2014/12, 19 December 2014.

European Central Bank (ECB). 2013. "Recommendations for the security of mobile payments", Draft document for public consultation, November 2013.

European Commission. 2011. "Green Paper. Towards an integrated European market for card, Internet and mobile payments", Brussels, 11.1.2012, COM(2011) 941 final. (http://eur-lex.europa.eu/legal-content/EN/TXT/PDF/?uri=CELEX:52011DC0941&from=EN).

European Commission. 2012a. "Commission opens in-depth investigation into the creation of a mobile commerce joint venture by UK mobile operators Telefónica, Vodafone and Everything Everywhere", Press release, Brussels, 13 April 2012.

European Commission. 2012b. "Commission clears the creation of a mobile commerce joint venture by UK mobile operators Telefónica, Vodafone and Everything Everywhere", Press release, Brussels, 5 September 2012.

European Commission. 2015. "The rolling plan for ICT standardisation. Directorate-General for Internal Market, Industry, Entrepreneurship and SMEs", published on 24 March 2015, (http://ec.europa.eu/newsroom/dae/document.cfm?doc_id=9137).

European Parliament. 2012. "Card, Internet and mobile payments. European Parliament resolution of 20 November 2012 on 'Towards an integrated European market for card, Internet and mobile payments'", (2012/2040(INI)).

Fiveash, Kelly. 2014. "Apple Pay is a tidy payday for Apple with 0.15% cut, sources say", *The Register*, 13 September 2014, (http://www.theregister.co.uk/2014/09/13/apple_to_get_15_cents_for_every_100_dollar_payment_on_its_pay_service_says_ft/).

Górka, Jakub. 2015. "Instant payments from the Polish perspective", Meeting of the Payment Systems Market Expert Group, European Commission, Brussels, 28 April 2015.

Guynn, Jessica. 2013. "Square taps into the mobile payment business", *Los Angeles Times*, 1 February 2013, (http://www.latimes.com/business/la-fi-square-dorsey-20130201,0,5416478.story).

Hernandez, Will. 2014. "The overlooked mobile payment: direct carrier billing", *Mobile Payments Today*, July 1 (http://www.mobilepaymentstoday.com/articles/the-overlooked-mobile-payment-direct-carrier-billing/).

Isaac, Mike. 2014. "Apple Pay Signals New Era at Cash Register", *New York Times Online*, Sept. 30, 2014. (http://www.nytimes.com/2014/10/01/technology/apple-pay-signals-new-era-at-cash-register.html).

Judt, Ewald and Loredana Viola. 2013. "M-Payments – Status und Akzeptanzbarrieren", *ÖBA*, 9/13, pp. 642–648.

Klees, Maria, Malte Krueger and Aline Eckstein. 2013. "Der Internetzahlungsverkehr aus Sicht der Verbraucher in D-A-CH – Ergebnisse der Umfrage IZV11", Eine Studie des ECC über den Online-Payment-Markt in Deutschland, Österreich und der Schweiz aus Verbrauchersicht, Ausgewählte Studien des ECC Band 3.

Krueger, Malte. 2001. "The future of m-payments – Business options and policy issues", Background Paper No. 2, Electronic Payment Systems Observatory, Institute for Prospective Technological Studies, Sevilla, (http://www.h-ab.de/

fileadmin/dokumente/krueger/2001_M-Payments_ePSO%20Background%20 Paper%202.pdf).

MasterCard. 2014a. "MasterCard to use host card emulation (HCE) for NFC-based mobile payments", Press release, (http://newsroom.mastercard.com/ press-releases/mastercard-to-use-host-card-emulation-hce-for-nfc-based-mobile-payments/).

MasterCard. 2014b. "Partnership creates a 'one stop shop' for banks and mobile operators to speed development of NFC payments offering to their customers", Press release, 25 February 2014, (http://newsroom.mastercard.com/press-releases/deutsche-telekom-telefonica-deutschland-vodafone-and-mastercard-join-forces-to-simplify-mobile-payments/).

Meyer, David. 2012. "Vodafone, O2, T-Mobile and Orange win EU thumbs-up for mobile wallet scheme", www.zdnet.com, 5 September 2012, (http://www.zdnet.com/article/vodafone-o2-t-mobile-and-orange-win-eu-thumbs-up-for-mobile-wallet-scheme/#!).

National Audit Office. 2001. "The auction of radio spectrum for the third generation of mobile telephones. Report by the Comptroller and Auditor General", HC 233 Session 2001–2002: 19 October 2001.

Paypers. 2015. "Google launches Android Pay, mobile payments scene heats up", Friday 29 May 2015, (http://www.thepaypers.com/mobile-payments/google-launches-android-pay-mobile-payments-scene-heats-up/760078-16).

PaySys Consultancy. 2011. "M-Payments: The acquiring side", *PaySys SEPA Newsletter*, August 2011, (http://paysys.de//index.php?option=com_content& task=view&id=42&Itemid=73).

PaySys Consultancy. 2015. "Who are the new kids on the regulatory PSD II-block?", *PaySys Report 01/2015*, (http://paysys.de//index.php?option=com_c ontent&task=view&id=42&Itemid=73).

Safaricom Limited. 2015. "Annual Report 2014".

Salmony, Michael. 2015. "Pan-European peer-to-peer payment by mobile phone including considerations on technical and commercial implementation options", *Banking and Information Technology (BIT)*, forthcoming.

Seyedi, Sep. 2015. "War of the Wallets", Crunch Network, posted 10 February, (http://techcrunch.com/2015/02/10/war-of-the-wallets/).

Square. 2015. "Square secures funding from new and existing investors to expand its popular small business financing program", *Square News*, 12 May 2015, (https://squareup.com/news/capital-investment).

Trichur, Rita and Daisuke Wakabayashi. 2015. "Apple Pay plans to launch in Canada this fall", *The Wall Street Journal*, Updated 17 April 2015, (http://www.wsj.com/articles/apple-pay-plans-to-launch-in-canada-this-fall-1429280816).

Visa International. 2014. "Visa to enable secure cloud-based mobile payments", Press release from 19 February 2014, (http://investor.visa.com/news/news-details/2014/Visa-to-Enable-Secure-Cloud-Based-Mobile-Payments/default. aspx).

8 去中心化区块链和中心化实时支付账本:发展趋势和基本要求

Harry Leinonen

8.1 引言

基于区块链技术的虚拟货币数量迅速增长,目前已超过 400 种不同的方案(ECB,2012,2015;Raymaekers,2015)。比特币(Bitcoin,2015)是最大和最广为人知的虚拟货币,它有几个竞争对手,如瑞波币(Ripple,2015)、莱特币(Ltecoin,2015)和点点币(Peercoin,2015)等,可以在 Cryptocoincharts(2015)上找到更多。"虚拟货币"一词可用于涵盖各种不同的互联网支付系统,其中有些系统并非基于区块链技术,而是基于传统的中心化实时账户。PayPal 可能是全球最知名的中心化互联网支付系统(PayPal,2015)。在本章中,虚拟货币一词只包括通常被称为"加密数字货币"的这类虚拟货币,即基于区块链技术和分布式账本数据库或文件的虚拟货币。这些支付工具将与建立在中心化数据库基础上的传统支付系统进行比较。虚拟货币和区块链技术常常被视为从根本上改变未来支付方式的新技术革命(见如 Harvey,2015),但也有更多批评的声音(见如 Tymoigne,2015)。欧洲银行管理局(EBA)发布了一份关于虚拟货币的意见,认为虚拟货币既可能带来潜在的好处,但也存在一些严重风险(EBA,2014)。本章的目的是分析支付工具的一般特点和要素,以及虚拟货币和传统支付工具之间的区别。还值得注意的是,虚拟货币主要被用于与传统支付工具进行比较,而不是与传统货币作比较。这是因为虚拟货币被视为一种新的支付方式。在大多数情况下,虚拟货币也可被认为是一种新的货币表现形式。但区块链技术是独立于货币的,因为区块链账本可以在任何货币中运行,即使是在传统货币、记账证券、数字黄金账户等情况下也是如此。

任何电子支付系统的基本要素如下:

- 会计方法；
- 结算资产或媒介；
- 货币负债的记账货币单位；
- 处理支付交易的基础设施；
- 私人和公共部门的规章和监管。

这些基本要素将以某种形式存在于每个支付系统中。区块链技术提供了一种新的会计方法，可用于不同类型的电子支付系统。与传统支付工具相比，作为支付工具的虚拟货币在这些要素上都存在不同。对于虚拟货币，其结算资产、货币、基础设施和监管制度都是不同的。然而，使用区块链技术不需要对这些进行更改。例如，区块链技术也可用于传统货币和传统存款账户（见 Ripple，2015），这类案例可参见澳大利亚联邦银行（Commonwealth Bank of Australia）和 Chromaway 的项目（Chromaway，2015），以及爱沙尼亚 Cuber/LHV 银行的基于比特币的项目。本章分析了虚拟货币是如何涵盖这些元素的，最后给出了一些替代方案和结论。

请注意，"虚拟货币"一词有多种含义，它用于描述一种转移资金的支付工具、一种特定货币作为记账单位和一种包含有价值资金的结算资产。当上下文阐明了该术语应在哪个意义上被使用时，使用该术语可被用来表示所有相应的不同含义，这似乎是最简单的使用方法。因此，在大多数情况下，使用这个术语时没有额外的性质来指定其确切的含义。笔者希望本章的研究能够有助于厘清虚拟货币的不同维度，尤其是相关的监管问题。

8.2 会计方法

中本聪（Nakamoto，2008）提出最初的设想后，对区块链技术有几种描述和定义（如 Segendorf，2014；ECB，2015）。区块链技术的基本思想是引入一种方法，在分布式账户账本内安全地进行转账，同时对整个账本进行核对。这种安全的对账意味着，在每次资金转移之后，分布式账本不同地方登记在各个账户上的资金总额是完全相同的。资金总额不能通过资金转移进行更改，因为该方法确保任何一个账户借记资金总是与另一个账户的贷记资金相匹配。这是标准的会计记账方式，但区块链有所不同的是，在分布式账户环境中，这一过程可以通过加密实现自动化和安全性。在分布式区块链账户的总资金只能通过发行方发行更多资金增加，和通过发行方取消发行减少总资金。值得注意的是，比特币和类似的虚拟货币由于缺乏可赎回性而不提供取消发行功能，但这是针对特定虚拟货币的设计选择，而不是区块链技术的基本特性。

在区块链系统中，重要的是要存储交易记录，以便对交易链进行验证，从而避免所谓的双重支付。即使用相同的电子资金支付两次。电子账户注册很容易被复制和重复使用。区块链确保每个账户只有一个完整的交易链用于对交易与相应的发送/接收账户进行对账。在一个简化的示例中，可以将此视为一个系统，其中每个账户的交易都收到一个按顺序递增的交易编号，且区块链交易日志确保在此顺序中没有重复或遗漏。如果有人复制一个账户并试图进行另一个交易，那么这个交易号将出现重复，而交易日志将丢弃该交易号的任何重复交易信息。因此，维护总体一致的交易日志和整体对账是区块链技术的基本特性。

虚拟货币也称为"加密货币"，因为从一个账户到另一个账户资金的转移是通过公钥加密来确保的，也就是说，账户之间的所有传输都是通过与负责发送和接收账户的公钥和私钥相连接来保证的。这是确保两个账户之间传输信息准确性的另一个重要特征。

区块链技术提供了去中心化账本以及账户之间的安全转账能力。与传统分类账方式相同，在区块链账本上登记的数字金额可以代表对任何一种资产的权利。例如，这些资产可以是存款、其他应收款项、债券、股票、商品等，这取决于向这些特定账户中发行的是什么资产。因此，账本需要具有一个发行人或一个发行人团体来维护。该项功能可以以不同的方式实现，我们将在基础设施一节进行分析。对于债券、股票和大宗商品等实物资产，就需要有一个存管职能，以确保发放到账本上的金额是基于相同数量的实物资产。由支付所代表的区块链账本可以实现转账，而转账本身既可以用虚拟货币或传统货币进行，也可以用黄金或共同持有的基金进行。有关转账本质的内容将在结算媒介和资产一节中进行讨论。

传统记账与去中心化区块链记账之间的主要法律区别在于，传统记账总是与一个负责维护分类账的法律实体相连。传统上，所有的账户都合法地记录在指定服务提供商的账簿中，该服务提供商负责登记转账和对账。例如，中央银行负责其分类账上的账目，具体的商业银行负责其分类账上的账目。因此，在传统的支付资金账本中，当不同服务提供者的分类账之间进行跨实体转账时，传统的支付系统需要一个特定的银行间结算账本。传统的支付系统由一个大型的网络形成，而这些网络由一个独立的中心化账本组成，通过账间结算功能连接，以便在不同的分类账之间进行转账。在去中心化区块链账本中，账户可以由不同的法律实体持有，整体对账功能只是一个技术功能。例如，对于比特币，个人客户账户由客户或其托管人保管。同样，证券账户也可以由托管人在同一个云中心化的区块链账本上保存，以核对已发行证券的总额。这种在账本中的去中心化行为为账户保管带来了一种新的方式。基本上，区块链技术提供了一种可以与其他领域"互联网扁平化"相一致的方式。一个很有启发性的例子是，为每一种证券保留的活期证券账户。现在发行中央证券存管机构（issuing central securities depository）下有几层托管人，每一层都有自己的分类账和一个用于核对这些证券账户托管人间的系统。有了区块链技术，这种结构可以被一个共同的账本所取代，每种证券在托管人层面甚至个体受益所有者层面上进行操作。例如，某一上市公司的股票将记入同一分布式总账本，买入、卖出和其他转账行为将直接通过这些中心化的账户进行。

所有的电子支付都需要记录在账本上，账户和转账都需要核对，同时还需要一个交易清单。在去中心化和中心化式的系统中，记账的生产成本在基础水平上是相同的，因为记账需要对数据寄存器进行同样的更新。然而，由于所有个人账户都需要被连接以便在任何个人账户之间进行转账，区块链技术为连接个人账户带来了更低成本的解决方案，这些解决方案在以前都是通过分级结算系统解决的。

8.3 结算媒介或资产

传统基于账户支付系统中的结算资产或媒介是支付服务提供商的可赎回负债，基本上是银行存款或电子货币机构和支付机构（在欧盟司法管辖区）或其他支付服务提供商（在其他司法管辖区）的其他可偿还负债。这些可赎回负债以传统货币（通常是本国货币）计价。在传统的支付系统中，这些负债由服务提供商发行，该服务提供商保存着已发行负债的中心化账本。当在同一中心化账本内（如在同一银行的存款账户之间）进行转账时，结算资产将保持不变。但进行银行间转账时，结算资产将从发送银行的负债变更为接收银行的负债。虽然转移的价值（如100欧元）在两个账户上都具有相同的货币值，但对该资金负有责任的实体已从付款人的服务提供商更改为收款人的服务提供商。付款人和收款人在不同的银行拥有债权。只有在服务提供者违约的情况下，责任人的身份才会有意义，因为违约可能使这些客户资金面临风险，尤其是在这些索赔没有存款保险或其他类型的保险或客户资金的隔离担保时。

如果要将区块链账本的解决方案用于传统的基于货币的负债，就需要确定谁的负债将被用作共同结算资产，即这些负债记录在哪个资产负债表上。在这种情况下，一个中性的选择可能是中央银行负债。这基本上创建了一个公共的、由政府提供电子货币类型的解决方案。它可以通过使用现金来维持许多共同的要素（如发行人和法定货币状态）以取代当前的现金使用。需注意的是，在区块链技术中账本保存是分散的，但支付媒介变得普遍和集中；而在传统会计中账本是集中的，但支付媒介在有多个服务提供商的环境中是个性化的。

目前，除服务提供商的传统货币负债外，其他资产很少用普通电子支付。然而，由于大多数证券采用记账形式，这类资金也可以很容易被用作电子支付中的结算资产。之所以提出这种替代方案，是因为在使用区块链技术时，使用由证券或大宗商品作为支付媒介的分类账账户就像使用支付媒介以及任何虚拟货币一样容易。由证券或大宗商品支持的支付媒介将遵循该特定证券或商品或任何构建的一篮子证券或商品的汇率。因此，区块链技术提供了一种重新有效利用基于商品作为结算资产的可能性。一个有趣的备选方案可能是基于高度流动性的货币市场资产的共同基金类型的安排，这将为共同基金资产的持有者提供基于市场的回报，甚至可能是持续的回报。

当前的虚拟货币（如比特币等）是一种新型的结算媒介，这种结算媒介可以被看作是一种永久性的、不可赎回的、零息的电子无记名债券，其票面价值以一种非传统货币表示。虚拟货币余额的名义价值通常由未定义的发行人团体（所谓的矿工）根据实际汇率向用户发行。发行人不承担在未来任何时间点赎回虚拟货币或支付利息的责任。商户既不被要求接受虚拟货币作为支付方式，也不必使用虚拟货币用于结算私人债务。去中心化的区块链账本录入系统将直接在所有者账户上记录所有所有权和转让，并维护一个包括所有交易的数据库。

大部分的虚拟货币，尤其是比特币，似乎是作为投机性投资持有的，因为只有一小部分用于日常支付操作（Raymaeskers，2015）。由于这些虚拟货币没有基于利息的收入，因此可以被认为是高投机性的投资。当投资者需要支付其融资成本，或在其他更多创收投资中找到更高的收益时，没有收入或者低收入的投机性投资将自动终止。由于这些原因，投机泡沫最终总是会破裂。创建新的虚拟货币和将传统支付工具转向区块链技术是很容易的，这意味着目前导致"泡沫"价格的供应限制可能不会存在于虚拟货币类投资中，或者至少在相当短的时间内不会存在。

另一个与纸基支付工具可比较的是某些私人实体发行的旅行支票。这类支付在任何时候都不受任何可赎回性或任何承兑保证。消费者和商户只能相信他们可以把旅客的支票以良好的价值转移支付给其他人。然而，旅行支票通常是以传统货币发行的,以便在旅游目的地国家以良好的价值和具有还款保障的方式接受。

现金(纸币和硬币)也不提供利息,但由于其法定货币地位,在国家法定货币要求规定的范围内,公共当局、私人和企业将始终接受现金付款。在不同的司法管辖区这些强制性的法定接受要求从各种私人支付到某些有限的支付类型(如支付私人债务)各不相同。现金也是可赎回的,因为它可以换成其他支付媒介。公民持有现金主要表现为银行存款。银行总能将现金返还给中央银行,并将现金转换成中央银行存款。当流通中的现金减少时,中央银行将面临一个短期内相当大的现金发行过程,如向欧元转换的过程(欧洲中央银行的现金统计数据见 http://sdw.ecb.europa.eu/browse.do? node = 2745)。未来现金的使用甚至可能被现代支付工具大规模替代,导致现金发行量的减少。国家法定要求是当前虚拟货币与法定货币之间的主要区别。

由于区块链技术的使用和效率与所选择的结算资产无关,因此未来的市场发展将是非常有趣的。付款人和收款人是否有兴趣使用当前既不产生利息,也不包含任何可赎回性,且需接受前景并不明朗的虚拟货币作为支付工具呢?服务提供商之间的竞争是否会为市场带来其他基于区块链技术的解决方案,而这些解决方案是否可以改进客户结算资产特性、提供更稳定可靠的支付媒介?爱沙尼亚 Cuber/LHV 银行区块链支付系统就是这种发展方式的一个案例,该系统基于欧元的可赎回资产(见 Cuber,2015)。

8.4 货币负债的记账单位

一般来说,大多数国家都采用了一种共同的货币,以便设立一个记账单位,这是货币交易、商品服务定价和支付的一种共同措施。由于共同货币联盟和一些国家选择使用一种外国货币而不是创造自己的货币,传统货币的数量最近呈下降趋势。一些本国货币也直接和很紧密地与另一种外币挂钩,这基本上导致基础参考货币的国家价值变化。尽管当今世界的总体经济前景不明朗,但共同货币联盟(如欧元区)背后的可持续政治理由是一直在加速的包括货币和传统经济市场的扩张,导致竞争加剧,并改善资本和其他资源的使用(如 European Commission,2008)。在支付方面,单一的共同支付领域(如单一欧元支付区)意味着在货币兑换需求消失、支付基础设施通用和协调的情况下,支付处理效率更高、交易成本更低(ECB,2013)。

虽然虚拟货币被称为"货币",但很大程度主要是以营销为目的,缺乏传统货币所需的一些重要特征。第一，虚拟货币不是可以用于建立私人债务、税收和其他政府付款的法定货币。第二，商户价格主要以传统国内货币表示，商户通过实际汇率加上可能的汇率波动和兑换成本才能将这些价格转换为虚拟货币。原因是大多数商户需要将收到的虚拟货币兑换成传统货币，以便他们能够支付账单、工资等。用许多种不同的虚拟货币表示价格并根据每日内快速波动虚拟货币价格来不断更新价格信息也是有问题的和不切实际的。第三，传统货币有一个庞大的二级货币市场用于使用传统货币支付各种债务。虽然存在一些基于虚拟货币的借贷行为，但虚拟货币更多的是作为一种发行单位数量有限的记账式证券。因此，虚拟货币不能被认为是完全成熟的货币，而更多的是一种具有单独汇率和价值决定功能的不可赎回的支付资产。

虚拟货币主要用于互联网或有互联网连接的实体商店，最可能的定价解决方案将是，基本价格以传统货币表示，特定虚拟货币的价格根据付款时的实际汇率，结合客户的要求进行调整。虚拟货币的汇率往往比传统货币的汇率波动更大，这意味着在大多数商户的成本都依赖于传统货币的情况下，存在着相当大的商业货币兑换风险。由于虚拟货币的运行没有中央银行或其他以稳定货币价值为目标的实体，因此即使在未来，虚拟货币的波动性也可能很高。例如，多年来比特币的汇率波动一直非常高（Ali 和 Barr，2014；Pollsik 等人，2015）。

虚拟货币类似于记账式债券，因为赋予资产的所有权被记录在识别资产和所有者的账户上。然而，传统债券的汇率主要取决于债券相对于一般利率水平相比所支付的债权利息，以及对发行者在到期日还款的可能性，即与资产相关的信用风险。虚拟货币作为资产不计利息，没有还款到期日，也没有发行人担保还款。因此，对投资者来说面临着巨大的信用风险，至少在用户放弃某种特定的虚拟货币，并由一种更先进的或出于其他原因更受青睐的支付工具替代的情况下，这种风险将变为现实。因此，用户对购买和接受虚拟货币的兴趣将取决于来自其他支付工具的竞争，这些支付工具将在成本效率和资产价值方面都将随着时间而不断发展。所有的支付工具都将在某个时刻被更有效的新支付工具所取代，就像当前的支票和现金发展情况一样。类似虚拟货币这样的具有投资特征的债券可能很难投放到传统金融市场。

虚拟货币的发行方式也类似于以入账为基础的债券。虚拟货币制定了不同的发行策略，这决定了特定虚拟货币的总发行量，有关部分虚拟货币发行策略的详细信息，请参阅表8.1。

表 8.1　　　　　　　　　部分虚拟货币发行策略示例

虚拟货币	发行方式	增长模式	最大绝对值
比特币	算法	几何	2100 万枚
莱特币	算法	几何	8400 万枚
域名币	算法	几何	2100 万枚
狗狗币	算法	几何	1000 亿枚
点点币	二维算法	1% 通胀目标	无限

资料来源：笔者总结。

虚拟货币的有限发行政策很重要，因为过度发行将导致资产价值迅速下跌。因此，虚拟货币在其算法中通过一定的技术特征以控制发行总量和年增长率。在传统的债券发行中，发行限制是人工控制的。

虚拟货币的特征是具有一个最大发行货币数量上限，以及发行新货币的数量呈几何递减状态。表 8.1 给出了一些虚拟货币的发行特点，显示了货币总数存在明显的差异。与示例中的其他虚拟货币相比，点点币似乎遵循了不同的发行模式。正如早期以数量为基础的货币理论家（Fisher, 1911；Pigou, 1917）指出的那样，货币的使用和价值也取决于流通速度。在 19 世纪和 20 世纪的现金环境中，现金的流通相当稳定，因为不同的物流限制决定了流通模式。然而，互联网环境缺乏流通速度的限制，因为支付可以在几微秒内完成。与已发行的比特币相比，处于交易量中的比特币数量较低，这表明，如果用于投机目的的金额开始被频繁用于支付，那么随着时间的推移，比特币的流通速度可能出现剧烈波动。

在传统货币体系中，以货币为基础的负债总额主要取决于银行业的发展。银行可以通过向客户提供信贷来创造更多货币，表现为用户持有更多的欧元和美元，同时也创造更多用于支付的银行存款（McLeay 等人，2014）。这与"基础货币"（即中央银行印制的实物货币或中央银行账户上的存款）的数量没有直接关系。借贷量，即货币的供求关系，更多取决于由传统货币市场的一般利率水平和利息差额。这种创造货币的二级市场可以而且似乎也在虚拟货币中增长。在比特币用户社区中，用比特币进行贷款的供应量似乎在增加。目前，大多数比特币安全保管方都可以被归类为比特币保管者。然而，一些保管者可以演变成虚拟货币的储蓄者，将收到的比特币进行再投资，并为存入的虚拟货币资金提供利息（关于基础设施的一节将更详细地分析保管者和储蓄者之间的差别）。虚拟货币的二级市场规模越大，对虚拟货币汇率和虚拟货币使用的影响就越大。这一发展可能遵循传统货币的模式，即发行的"真实"比特币将成为基础货币，并为比特币债权二级市场所需的流动性发挥作用。

由于市场上有大量不同类型的虚拟货币，在市场总需求量一定时，这将形成虚拟货币之间的竞争。技术发展、设计问题、定价政策、公共和私人监管和法规很可能影响客户对不同虚拟货币以及基于区块链技术的高效先进的支付工具的兴趣。因此，对某一种特定虚拟货币的需求会发生根本和迅速的变化，特别是在虚拟货币似乎存在大量投机性投资的情况下。

未来，在没有任何机构充当稳定者，也没有任何用于支持虚拟资产价值的实物资产的情况下，虚拟货币的汇率将变得非常不稳定。此外，虚拟货币还缺乏类似于传统债券的偿债特性。那么，使用基于区块链的支付工具建立一种自己的货币到底有多重要？或者这些支付工具是否也可以同时使用一些现有的传统货币或使用更值得信赖的实物资产支持呢？

8.5 处理支付交易的基础设施

传统的支付基础设施是所谓的三方或四方模型，并以传统货币的可赎回债务为基础，如图8.1中的图（A）和图（B）所示。

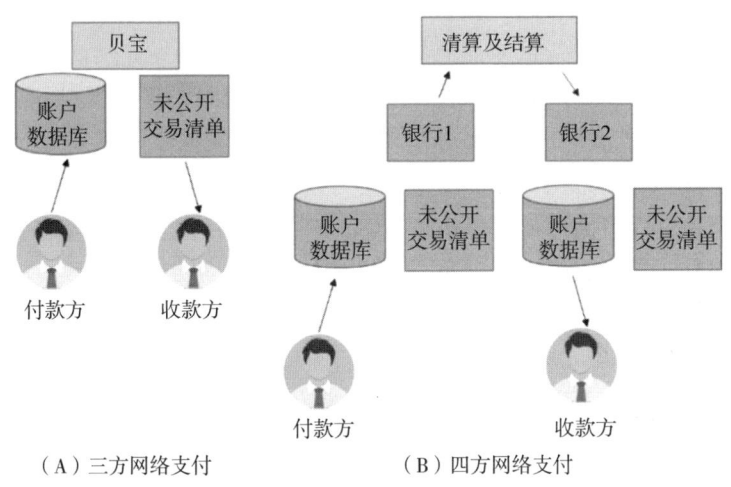

（A）三方网络支付　　　　（B）四方网络支付

图8.1　传统电子支付基础设施

在三方模式的基础设施（例如 PayPal）中，付款方和收款方拥有同一个支付服务提供商的账户，该提供商保存着有每个客户更新账户的数据库。它还保存了所有的交易和交易清单，但这些清单仅对涉及自己交易的客户公开。三方模式的主要问题是付款方和收款方需要使用同一服务提供商的服务，这限制了用户的连通性，导致垄断。或者要求用户使用多个并行服务提供商来解决连通问题，能够向任何收款人进行付款并可以从任何付款人处收款。另一方面，

PayPal 如今提供了全球范围的连接。

银行提供的传统支付服务是四方模式，即付款人和收款人可以在不同的服务提供商开立账户，银行间的清算和结算系统为银行间转账提供了便利。在共同支付区域内，清算和结算系统有共同交易处理标准，为其所有服务提供商的所有客户提供连通。欧洲的单一欧元支付区就是一个大型跨境互联互通的例子。而在大多数情况下，清算和结算系统只在国家范围内有效地运作。因此，当前全球互联网环境的一个基本问题是为传统支付提供全球性的互联互通。以 MasterCard 和 Visa 为主的国际银行卡组织，在为银行卡支付提供全球联通方面取得了成功。然而，在银行卡支付中，收款人一般只限于商户，银行卡支付不能用于消费者对消费者的支付。

在这些传统的电子支付系统中，每个服务提供商都保存每个客户账户和交易清单。传统支付系统中的账户信息是不公开的，服务提供商对其进行了严格的访问控制，只有客户自己才能访问自己账户信息并发起支付。然而，由于付款人必须根据监管要求（下一节将对此进行分析）了解收款人，而且每笔交易也必须包含付款人信息，因此付款人和收款人之间通常彼此知晓。在这些传统的设置中，用户以传统货币对服务提供商有要求权，服务提供商需要根据客户的要求进行维护。客户需要相信服务提供商将来可以赎回资金。这是通过对服务提供商的规定和监管，以及通过消费者客户的存款担保（下一节将更详细地分析这些因素）来得以保证的。

支付交易也可以通过使用证券结算系统中处理的证券（债券、共同基金、业主证书或股票）进行结算，这种基础设施如图 8.2 所示。

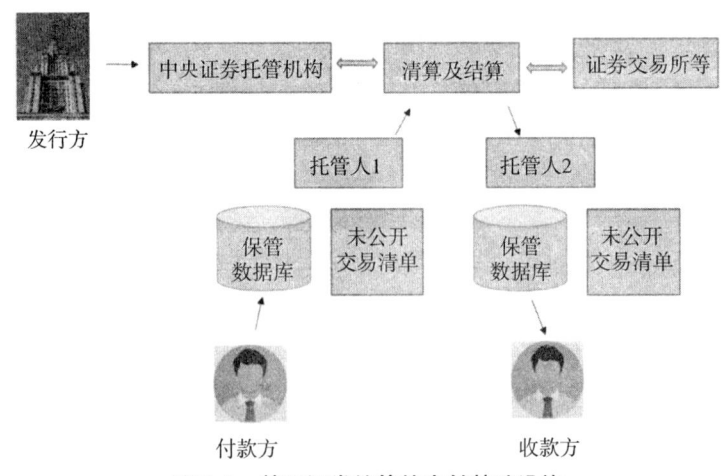

图 8.2　基于证券结算的支付基础设施

记账式证券是由某发行人发行的，该发行人负责支付股息和红利、偿还债券以及在股份情况下的各种公司行为。与发行人相关的信用风险和其他风险将影响单个证券的价值。不同资金构成证券组合分散了单个证券的风险，因此与单个证券相比，证券组合的兑换率波动较小。记账式证券是在中央证券存管机构（Central Securities Depository，CSD）内发行，该机构负责管理和核对已发行的证券总额，保证这些证券的安全并分发给保管人。客户将选择一个或多个托管人来管理他们的投资组合。如前所述，中央证券托管机构还可以在如上所述的三方或四方模式下运行。然而，有一种明显的趋势是，中央证券托管机构之间日益密切的联系导致四方模式的建立。这也是根据《欧盟中央证券存管机构条例》（EU 909/2014）对在欧盟境内经营的中央证券托管机构的一项要求。

每种证券的价值是根据使用不同交易平台——交易所、另类交易系统（Alternative Trading Systems，ATSs）或多边交易设施（Multilateral Trading Facilities，MTF）——的交易在市场中确定的。由于这些工具支持高频交易的实时操作，用户可以迅速改变其投资组合的内容。这也为将来使用证券作为支付工具提供了可能性，特别是在具有即时交付的基础设施中。付款人将从其投资组合中进行支付，而收款方将收到交易平台根据其投资组合要求转换的证券支付。传统的支付系统仅限于服务提供商存款类型的可赎回债务。基于证券结算的系统可以拓宽结算支付的资产范围，尤其是在采用区块链技术的情况下。

以上部分描述了基于证券结算的基础架构，它与虚拟货币基础架构中的许多元素类似（见图8.3）。

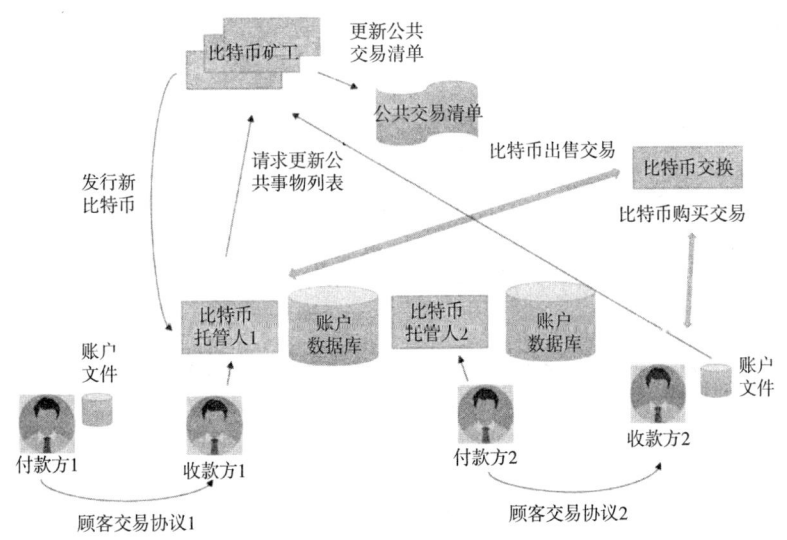

图8.3　虚拟货币支付基础架构

由于一些虚拟货币基本上是比特币结构的复制品，所以图 8.3 展示了以比特币作为虚拟货币的一般示例。虚拟货币的发行者被称为"矿工"，比特币和类似的虚拟货币的发行是基于加密算法进行递减的增长，当达到最大数量即停止发行（详情见 ECB, 2012）。此外，还有其他可能的解决方案来建立一套可以实现多年预期增长的虚拟货币，这将需要比比特币更少的计算机算力。矿工在基础设施方面有一项重要任务是，通过更新一个共同的交易清单确保比特币不会被重复使用，也就是所谓的双重支付控制，从而协调比特币流通总量。因此，与证券结算基础设施相比，矿工同时承担了发行者和中央证券托管机构的一些任务。收款人需要向矿工提出请求，将他们收到的比特币纳入公开交易清单以确保他们获得资金所有权，并能够使用收到的比特币。如果出现双重支付情况，矿工将接受先提交的交易并放弃随后任何额外交易。

比特币余额可以由用户自己保管，也可以由比特币托管人保管。对比特币账户余额的访问受到严格保护是非常重要的，否则计算机犯罪分子很容易从当前所有者手中窃取比特币，并且被发现和起诉的可能性非常小。例如，计算机罪犯可以使用特洛伊木马类型的恶意软件窃取所有者使用的私钥供其日后盗用比特币。比特币账户地址是匿名，不会透露其用户的身份。犯罪分子在很短时间或者使用一次，通过匿名形式在比特币自动取款机提取被盗比特币现金或使用无法追踪的比特币交易所交易来消除资金最终目的地的任何痕迹。用户还必须在物理上保护他们的比特币文件和相关密码，因为如果这些文件被销毁，就无法在比特币设置中重新创建。尽管公开的交易清单可以计算特定账户余额，但由于客户识别问题，当前比特币结构不允许而重新创建被破坏的金额。

使用的匿名可以在一定程度上保护用户的身份，但由于一些收款人和支付者将能够根据双方的交易信息和关系来了解对方，因此也无法提供完全的匿名性。因为交易信息是公开的，可以找出某个匿名账号的所有交易信息。这为分析已知和未知匿名账户的支付模式提供了额外的可能性。为了更彻底地隐藏用户身份，用户本身和他们所雇用的托管人可以伪装在其他匿名账户甚至是一次性匿名账户后面进行交易。

由于大多数消费者缺乏维护比特币安全存储的信息和通信技术知识，他们将需要托管服务提供商来妥善保管他们的资金。用户至少需要有非常安全的技术备份系统、针对计算机犯罪分子的安全访问控制，以及存储其私有加密密钥的安全保管处。因此，极为重要的是，这些托管服务提供商必须采取有力的访问控制，以便只有合法的所有者才能访问这些托管人账户。随着比特币用户数量的增加，比特币的托管服务也随之在增加。

似乎还有一种趋势是，接受虚拟货币存款服务的提供商随时准备向用户提供账户维护服务，但如果客户同意在更长的时间内（如 12 个月）保持资金不动，托管费用将会降低甚至是提供利息。存款客户允许服务商对这些资金进行再投资，这意味着服务提供商可以将这些基金再投资 12 个月，而不存在流动性风险。这种服务非常接近传统货币的存款业务。然而，目前普遍没有存款保险或准备金制度以保障存款资金应对各种信贷风险。

当客户使用托管人或收储机构时，虚拟货币的基础设施开始变得非常类似于传统证券结算和支付系统的基础设施。然后，区块链技术只在服务提供商之间使用，并为这些账户服务提供商之间的实时支付产生一个安全的、去中心化结算层，这被视为在大支付领域提供实时支付的一个重要发展（Leinonen 等人，2002）。这种发展可能增加虚拟货币的技术安全性和用户界面便利性。

虚拟货币交易所专门从事特定虚拟货币与传统货币之间的交易。这主要是通过传统的银行卡支付或信用转账来完成的。这些虚拟货币交易所在确定虚拟货币对传统货币汇率方面的任务与传统证券交易所在确定不同类型证券的汇率方面的任务完全相同。

尽管人们经常说比特币用户可以在没有第三方的情况下直接进行交易，但事实并非如此。他们需要依靠矿工确认和接受交易来确保其资金的安全。大多数消费者也会使用比特币托管人或收储机构来保护自己的资产，这可以与证券托管人或银行相提并论。区块链技术在一定程度上不同于传统的记账方法，但两种技术的基本要素是相同的，并且用户需要信任基础设施服务提供商。

虽然人们经常说比特币用户可以进行无成本交易，但事实也并非如此。矿工将承担维护公开交易、确认交易以及开采比以发行更多的比特币的费用。比特币的加密算法结构技术被认为比其他虚拟货币（如莱特币和瑞波币）使用的解决方案消耗更多资源。随着比特币地址网络的发展，比特币矿工所需的计算机资源将在未来呈指数级增长（Ali 和 Barrdear，2014）。此外，矿工还对他们的服务收费，目前确认每笔交易收取 0.0005 比特币（按比特币 200 欧元的汇率，相当于 0.10 欧元）。未来，随着计算资源需求的增加，比特币发行收入因新发行的比特币数量的减少而减少，矿工将需要增加其收费。比特币托管人对其托管服务收取费用，如 Easywallet 每月 1% 的利息加上每笔交易 0.9% 的交易费，并为用户提供有限的安全保障（见 Easywallet，2015）。虚拟货币交易所也将像传统交易所一样收取交易费用。虚拟货币交易的费用在 0.1%～0.6%，以及一些较小的免费兑换（Bitcoin – exchange – costs，2015）。这些数字表明，对比特币客户收取的交易费用非常高，甚至高于低成本的传统电子支付。这可能是由于比特币的投机性投资水平较高，实际支付使用水平较低，而同时服务提供商的竞争小导致的。

比较传统货币支付和虚拟货币支付的真实社会成本（不包括基础设施实体之间的内部成本转移的实际总生产成本）是很困难的，因为在之前的研究中已证实，核算传统支付的真实社会成本已经非常困难（Schmiedel 等人，2012；Norges Bank，2014）。真实的社会成本是不透明的，很难从服务提供商和用户的成本核算系统中提取出来。然而，由于未来的趋势是在"互联网云"的某个地方立即处理所有电子支付交易，这意味着类似会计服务所用资源的相对成本是相同的，因此很难找到这些技术之间的任何主要成本差异。例如，不论被托管人的托管账户上的资产如何，托管人将拥有相同的托管系统成本。矿工的服务类似于中央托管机构和发行者的服务，总的费用也将取决于管制的要求，以及从监管的角度，在新的和传统支付工具之间建立一个公平的竞争环境。

虚拟货币的交易确认过程相当漫长。比特币交易的处理时间至少为 10 分钟，但在高峰时段可以延长到 60 分钟，瑞波币可以在几秒内确认交易，莱特币可以在 1~2 分钟内确认交易。这使目前的虚拟货币难以用于需要快速处理的零售支付。使用付款人自己的数据文件进行虚拟货币支付要求付款者随身携带能够运行虚拟货币用户软件的笔记本电脑、平板电脑等，这限制了虚拟货币可以便捷支付的程度。传统的支付方式可以是快速的、全球性的，而且成本很低，如 ATM 现金取款和在线刷卡。因此，对于传统的支付服务提供商来说，利用传统的会计方法在几秒钟内建立具有全球联网和传输速度是完全可行的。

支付基础设施的另一项日益重要的服务是，它能够传送与支付有关的汇款信息，以供收款人和付款人使用。例如，收款人需要根据收到的款项核对其应收款，这就需要一些支付和相应票据的参考信息，而最初的虚拟货币设计缺乏这种汇款信息的转账可能性。

全球互联服务趋于增加的支付用户的直接连接和扁平化的组织结构，可用于为基本支付建立简化的全球基础设施。这些发展在很大程度上取决于市场竞争和其他监管问题，该问题将在下一节讨论。

8.6 私人和公共部门的规章和监管

支付系统受私人和公共法规的监管。服务提供商之间通常就促进支付处理的技术操作规则和标准达成一致，如为实现国际转账而达成一致的欧盟的欧洲支付委员会 EPC（European Payments Council，2015）、美国的电子支付协会

（NACHA，2015）以及环球同业银行金融电讯协会（SWIFT，2015）。私人参与者也可以就监督职能和各种统计数字达成协议，以确保参与方遵守商定的规则。公共规章通过法律措施实施，其目的是确保支付系统根据消费者和其他公民的需求运行，并且从一般社会观点来看，这些制度是有益的或者至少不是有害的。公共监督机构和程序设立，目的是确保现有的支付服务按规章运作。因此，现行的支付系统是由私人和公共规章和监管共同管理的。由于所有支付系统都是由众多的交易对手组成的网络，因此需要制定规章制度，使这些系统以可靠和预期的方式运行。历史表明，支付和银行系统需要受到规章和监管，以便达到稳定和效率的必要水平。历史也表明，很难找到监管不足与监管过度的平衡点，因为在"繁荣"时期，人们表达了对监管过度的担忧，而在危机时期，对监管不足的担忧又成为热门话题。然而，监管的最终目的是造福社会和整个经济。

在虚拟货币和传统支付服务方面，尽管有些由单一欧元支付区的地方当局制定，但典型的私人监管都是处理标准化交易。比特币的开源应用程序和相应的标准是由私人利益相关方开发的。

避免跨系统和工具的监管套利是很重要的，这意味着对于不同的支付工具，服务提供者或用户在同一类型的问题上会受到不同的监管。这就要求对市场上任何新的支付工具、服务提供者或用户自动执行现行的规章和监督程序。关于虚拟货币，相关部门发现，由于虚拟货币与传统支付系统存在一些不同，在一定程度上很难决定正确的政策立场，而且在确定如何定义虚拟货币方面就存在困难。另外，新的或现有服务提供商不应该仅仅通过使用一种新的账户技术来规避法规和监管，有效的规章制度应该独立于技术细节。虽然虚拟货币环境中服务提供商的叫法不同，但它们提供的服务类型相似，这在任何类型的支付系统中都很常见。

虚拟货币作为监管政策的基础，需要对其功能性进行定义。根据前面的分析，一项功能性定义是这些资产类似无记名债券的电子记录金融资产，在交易所以虚拟货币的名义价值进行交易，并且也可以作为电子支付工具。如果以这种方式定义虚拟货币，则应按照以下政策将现行法规扩展到虚拟货币。

（1）每个第一次发行虚拟货币的发行人，通常是矿工，都需要被识别出来。这些发行人需要向虚拟货币的投资者和使用者告知基础无记名债券类型资产的基本特征，如不计息、永久不可赎回责任和可接受性限制以及关于基础设施设置的基于自愿的不确定性。这些金融资产需要在中央证券托管机构或中央证券托管机构网络内发行。

（2）由于矿工还为这些无记名债券的转让操作提供了专业的证券托管服务

及结算设施,因此矿工的操作应以中央证券托管机构为基础,与其他记账式证券的中央证券托管机构的许可一致。

(3) 虚拟货币交易所为一种或几种虚拟货币维护专门的交易平台,与其他类似交易平台一样,它们需要获得交易平台许可证。

(4) 如果服务提供商提供证券保管服务,而未将这些资金纳入服务提供者资产负债表,则构成托管服务,需要取得相应的许可证。

(5) 当服务提供商以存款方式从公众接收虚拟货币,并将其作为资产负债表上的负债,且服务提供者可以对这些资金进行再投资时,那么接受虚拟货币就相当于接受存款,需要银行执照。如果收到的资金基于传统的货币或新的虚拟货币,则不应存在任何监管差异。

这些许可要求和相关监管安排的目的是确保用户的权利,基础设施具有长期坚实的基础,并使用户的潜在损失最小化,包括如由安全和访问控制不足、非法滥用资金、管理不善、操纵汇率、歧视用户群体等引起的损失。

消费者的资产需要在托管和存款类型余额方面得到可以让用户接受的保护。托管人和存款人需要能够为客户在托管和存款服务中因错误、失误等造成的不同类型的损失进行退款。但是在当前的比特币及大多数其他虚拟货币的设置中,在遭到物理破坏或忘记密码情况下用户将失去他们的资金。从技术上讲,利用公开交易清单可以重新找回此类余额,因此提供虚拟货币重建基础设施被视为加强对虚拟货币消费者保护的一项基本要求。

在受管制的行业中,确保足够的竞争对于确保高效的服务非常重要。单个虚拟货币作为支付服务与其他虚拟货币和传统支付工具竞争。然而,矿工服务的收费呈现出卡特尔式市场结构(cartel-type constructions),这与现行的竞争立法不符。例如,比特币社区的矿工对确认比特币交易收取 0.0005 比特币的费用。由于所有矿工都采取相同的收费标准,这似乎形成了服务提供商之间的卡特尔式市场定价,限制了竞争。从竞争的角度来看,找到一个开放的收费解决方案是非常重要的。目前,矿工通过发行新比特币获得了可观的收入,他们可以保持总发行价格。然而,随着比特币发行数量越来越接近发行总量(目前约占发行总量的67%),这一收入将消失,矿工将需要完全依赖交易费用,这将提高比特币成本的透明度。而提高成本透明度在当前来说就已经很重要了。这也意味着比特币商业模式将需要进行适当的改变(Ali 和 Barrdear,2014)。

在过去几十年里,支付和金融行业一般都会被要求实施反洗钱、限制逃税、反恐怖融资和了解客户等程序。所有这些都符合社会和公民的利益。如果没有这些要求,偷税漏税和恐怖主义的增加,将使税收变得更加艰难,犯罪行为将增加，这将对社会公众产生负面影响。计算机犯罪分子对基于可追踪交易的支付工具不太感兴趣。因此，法规要求传统支付系统中的付款人和收款人必须要按照"了解你的客户"这一要求对客户进行识别，这就减少了如各种与货币有关的犯罪。欧洲刑警组织已确定了与使用匿名或假名虚拟货币转账有关的主要风险（Europol，2015，pp. 30 - 31）。从整个社会的角度来看，将这一要求也扩大到虚拟货币也很重要，因为目前虚拟货币是基于匿名进行的。但是目前提出的支付解决方案因披露太多用户信息而受到质疑。一种平衡的替代方案可能是，所有的支付账户，无论是传统的还是虚拟货币的支付账户都需要当局登记。使用这类工具进行的支付时，只会显示一个普通的假名或登记标识符，当局部门可以在跟踪犯罪支付案件时获得用户信息。这一措施可类比汽车登记牌的作用，后者在减少汽车盗窃、肇事逃逸事故等方面起着至关重要的作用。这种解决方案将保持足够的匿名性，但也提供足够的可跟踪性，对日常事务处理的影响非常有限。这可以通过禁止公民（尤其是商户）与未注册的交易对手进行虚拟货币交易来实现。

这种监管政策与当前虚拟货币背后的许多理念相矛盾。监管的一般立场是，所有服务提供商均须遵守相同的最低监管要求以确保服务安全可靠。这可以与其他运输服务相比较，例如航班和海运船舶，所有服务提供商都需要满足相同的最低安全要求和其他要求。包括医疗保健、食品生产等在内的大多数行业都受到监管，所有服务提供商都遵循共同的行业规则。因此，关于虚拟货币的基本问题是，它们应该在多大程度上遵循支付行业的共同规则。

8.7 发展替代方案

一般而言，支付的发展非常缓慢，也就是说，客户不太愿意使用新的支付工具。一个重要的原因很可能是传统和现代支付工具所特有的隐性价格机制的特点（Leinonen，2008，pp. 136 - 146）。客户无法观察到成本差异，因此偏好继续使用支票和大面额现金等昂贵的支付工具。包括虚拟货币在内的所有新支付工具同样都面临着定价不透明问题。

区块链技术仅是一种新的会计方法，适用于各种服务提供商和支付系统。如基础设施部分内容所述（第8.5节，编者注），将区块链技术应用于托管人之间或银行之间的转账将形成一种高效的结算机制，这种机制可以用于虚拟货币和传统支付系统。

虚拟货币的解决方案缺乏相互间的连通性和先进的汇款信息功能。然而，它们在（几乎）即时支付共同标准的基础上提供了全球范围的服务，这使它们基本上比在区域一级运作的传统信用转账更具竞争优势。为了使传统的信用转账支付与虚拟货币的国际服务相匹配，银行需要在全球范围内引入即时信用转账。这听起来可能是一项非常具有挑战性的任务，但银行早在20世纪90年代就已经实施了自动柜员机服务，该服务在全球范围内提供 7×24 小时的实时现金提取服务。也就是说，大多数借记卡客户可以在世界任何地方的银行账户上实时提取现金。一个全球范围内的即时信用转账解决方案可以基于国际银行账户号码、ISO 20022 交易格式和在支付网络（如 SWIFT）中运行的区块链结算系统。基本上，所有这些建设模块都已经在 SWIFT 社区中就位，但是由于其原本的负担，它的运行速度较慢，开销也更高。

监管机构将在决定监管新支付解决方案的法规方面发挥核心作用，以便从社会角度在不同的支付替代方案之间找到平衡的政策立场。监管机构的决定既能促进又能阻碍新的支付工具有效发展。让所有支付服务都受同一种监管和监督以平衡风险显得至关重要。由于未来的支付系统和虚拟货币已经是实现真正的全球化，监督和管理机构需要在全球范围内加强合作和协调。互联网提供了用户需要的全球支付解决方案的全球市场和连接。当不同的交易方和服务提供商在不同的司法管辖区开展业务时，监督管理机构需要确保这些解决方案在跨境环境中也是稳定、可靠和高效的。

8.8 结论

虚拟货币和传统支付工具由相同的基本要素组成。为了获得和维护用户的长期信任，所有支付工具都需要基于对以下这些基本要素的可信赖的且高效的解决方案：会计方法、结算资产、货币、基础设施和监管制度。

根据本章的分析，区块链技术有可能提供一个全天候实时运行的安全、去中心化的支付和结算网络，这在未来主导的数字互联网和基于云的支付环境中非常重要。然而，虚拟货币（如不含利息、不含实物资产支持的永久无记名债券）似乎是一种相当弱的结算媒介，对用户来说存在较大的汇率风险和信用风险。用户可能更加信任基于实物证券或法定货币的支付工具。传统货币的数量似乎呈现相当明显的下降趋势，而且很难预见为什么单一的全球数字互联网市场会从大量相互竞争的虚拟货币中受益。以虚拟货币为基础的支付系统和传统支付系统的基础设施方基本相同，但会计方法不同，这意味着如果当现有服务提供商能有效地使用与虚拟货币相同的现代技术，前者将具有很好的竞争力。

监管机构未来将面临两大挑战：其一是如何将现有监管政策延伸到虚拟货币的基础设施和流程，同时在新老支付服务提供商之间保持公平竞争环境；其二是如何实现全球开放支付系统和支付工具的监管协调。支付服务将在某个时刻转向全天候实时服务，而区块链技术可能在这种发展中发挥特定作用。

参考文献

Ali, R. and Barrdear, J. 2014. "The economics of digital currencies", *Quarterly Bulletin*, Bank of England, 2014 Q3.
Bitcoin. 2015. www.bitcoin.org as per 15 June 2015.
Bitcoin-exchange-costs. 2015. https://en.bitcoin.it/wiki/Comparison_of_real-time_trading_exchanges as per 15 June 2015.
Chromaway. 2015. www.chromaway.com as per 15 June 2015.
Cryptocoincharts. 2015. www.cryptocoincharts.info/coins/info as per 15 June 2015.
Cuber. 2015. www.cuber.ee as per 15 June 2015.
Easywallet. 2015. www.easywallet.org as per 15 June 2015.
European Banking Authority (EBA). 2014. Opinion on virtual currencies. 4 July 2014.
European Central Bank (ECB). 2012. Virtual currencies, October 2012.
European Central Bank (ECB). 2013. Second SEPA migration report, October 2013.
European Central Bank (ECB). 2015. Virtual currency schemes – a further analysis, February 2015.
European Commission. 2008. EMU@10: Successes and challenges after ten years of Economic and Monetary Union, 2/2008.
European Payments Council (EPC), 2015. www.europeanpaymentscouncil.eu as per 22 June 2015.
Europol. 2015. Exploring tomorrow's organized crime, European Police Office, 2015.
Harvey, C.R. 2015. "Don't judge Bitcoin by its early inevitable problems", *Wall Street Journal*, 1 March 2015, http://www.wsj.com/articles/do-cryptocurrencies-such-as-bitcoin-have-a-future-1425269375 as per 22 June 2015.
Fisher, I. 1911. *The Purchasing Power of Money* (revised edn 1911). Macmillan, New York, 1922.
Leinonen, H. 2008. Payment Habits and trends in the changing e-landscape 2010+, *Bank of Finland Expository Studies* A:111, 2008.
Leinonen, H., Lumiala, V.-M. and Sarlin, R. 2002. "Settlement in modern network-based payment infrastructures – description and prototype of the E-Settlement model", *Bank of Finland Discussion Proposal Series*, No. 23.
Litecoin. 2015. www.litecoin.org as per 15 June 2015.
McLeay, M., Radia, A. and Thomas, R. 2014. "Money creation in the modern economy", *Quarterly Bulletin*, Bank of England, 2014 Q1.

NACHA. 2015. www.nacha.org as per 15 June 2015.

Nakamoto, S. 2008. "Bitcoin: A peer-to-peer electronic cash system", *Consulted*, Vol. 1, No. 2012, 28.

Norges Bank. 2014. Costs in Norwegian payment systems. *Papers*, No. 5.

PayPal. 2015. www.paypal.com as per 15 June 2015.

Peercoin. 2015. www.peercoin.net as per 15 June 2015.

Pigou, A.C. 1917. "The value of money", *The Quarterly Journal of Economics*, Vol. 32, No. 1 (Nov., 1917), pp. 38–65.

Polasik, M., Piotrowska, A., Wisniewski, T., Kotkowski, R. and Lightfoot, G. 2015. "Price fluctuations and the use of Bitcoin: An empirical inquiry." Paper presented at ECB's and Bank of Finland's joint conference on retail payments in June 2015.

Raymaekers, W. 2015. "Cryptocurrency Bitcoin: Disruption, challenges and opportunities", *Journal of Payments Strategy & Systems*, Vol. 9, No. 1, pp. 30–40.

Ripple. 2015. www.ripple.com as per 15 June 2015.

Schmiedel, H., Kostova, G. and Ruttenberg, W. 2012. "The social and private costs of retail payment instruments – A European perspective." *ECB Occasional Paper Series*, No. 137/September 2012.

Segendorf, B. 2014. "What is Bitcoin?" *Sveriges Riksbank Economic Review*, Vol. 2014, No. 2, pp. 71–87.

SWIFT. 2015. www.swift.com as per 22 June 2015.

Tymoigne, E. 2015. "As a currency, Bitcoin violates all the rules of finance", *Wall Street Journal*, 1 March 2015, http://www.wsj.com/articles/do-cryptocurrencies-such-as-bitcoin-have-a-future-1425269375 as per 22 June 2015.